民國歷史與文化研究

十 五 編

第 10 冊

民國英語教科書元話語研究（1912～1949）
——篇章語言學的視角

吁 思 敏 著

花木蘭文化事業有限公司

國家圖書館出版品預行編目資料

民國英語教科書元話語研究（1912～1949）——篇章語言學的視角／吁思敏 著 -- 初版 -- 新北市：花木蘭文化事業有限公司，2022〔民 111〕

目 4+272 面；19×26 公分

（民國歷史與文化研究　十五編；第 10 冊）

ISBN 978-986-518-929-7（精裝）

1.CST：英語 2.CST：語言學 3.CST：民國史

628.08　　111009776

民國歷史與文化研究

十五編　第 十 冊　　ISBN：978-986-518-929-7

民國英語教科書元話語研究（1912～1949）

——篇章語言學的視角

作　　者　吁思敏

總 編 輯　杜潔祥

副總編輯　楊嘉樂

編輯主任　許郁翎

編　　輯　張雅淋、潘玟靜、劉子瑄　美術編輯　陳逸婷

出　　版　花木蘭文化事業有限公司

發 行 人　高小娟

聯絡地址　235　新北市中和區中安街七二號十三樓

電話：02-2923-1455 ／傳真：02-2923-1452

網　　址　http://www.huamulan.tw 信箱 service@huamulans.com

印　　刷　普羅文化出版廣告事業

初　　版　2022 年 9 月

定　　價　十五編 14 冊（精裝）新台幣 42,000 元

民國英語教科書元話語研究（1912～1949）
——篇章語言學的視角

吁思敏 著

作者簡介

吁思敏（1990. 06 ～），華東師範大學、新加坡南洋理工大學聯合培養教育學博士。現任上海師範大學，外國語學院講師，上海市英語教育教學研究基地研究員。研究特長為話語分析、外語教科書、英語課程與教學論。曾獲上海市優秀畢業生；全國教育實證研究優秀成果獎（優秀學位論文）。攻讀博士學位期間，以獨立作者或第一作者身份發表核心期刊學術論文 6 篇，出版譯著 1 本，主持市級項目 2 項。

提　要

元話語被稱為「作者的聲音」，是組織篇章、吸引讀者、輸送編者主觀情態的重要渠道。對教科書元話語進行闡釋能夠回溯篇章組織特徵，反映編者「說服」、「型塑」讀者的可能路徑。民國時期，教科書出版事業「騰茂非常」，「形成了中國有史以來教科書出版最為異彩紛呈的時代」。本研究以篇章語言學為視角，採取目標性抽樣的方法，選取民國時期，中國學者自編的 15 本初中英語教科書為研究對象，圍繞民國時期英語教科書元話語形式、功能特徵如何？民國時期英語教科書元話語情景語境變量特徵如何，如何影響元話語？提升當代英語教科書元話語質量的策略有哪些？三個主要問題進行解答。研究發現：（1）民國英語教科書元話語反映出特定時代教科書篇章特性：如注重語法知識講授；傾向隱藏編者主觀情態；篇章組織具有高控制性；呈現「以讀者為中心」的交際態度等。（2）民國英語教科書元話語篇內語境、互文語境、文化語境具有超越時空限制的共性，它們共同影響著教科書元話語的分布。（3）中國當代英語教科書元話語意識較弱，教科書編者應提高元話語意識，明確交際主體角色，注意不同模塊之間話語表達的均衡性和銜接性，增加信息模塊內部元話語多樣性，對重要文化內容提供明確指導語。

目次

第一章　緒　論

《現代漢語詞典》指出「緒論」即學術論著開頭說明全書主旨和內容等的部分〔註1〕。本章將就研究的緣起、研究意義、核心概念和研究內容進行逐一解釋，以為全文鋪演提供說明。

一、問題的提出

信息、技術的不斷革新，打破了曾經相互隔絕的民族片區，國與國之間的聯繫越來越緊密，「地理對社會、文化交流的限制正在慢慢消退，而人們也越來越強烈地感受到了這樣的消退」〔註2〕。語言是人類交流的主要工具，它不僅是用於意義表徵的符號，而且承載了一個國家或民族的文化與歷史，影響著其國家或民族人民的思想和交往方式。如今，新的信息交流路徑使得不同國家和地區的人民可以相互交流，國際之間的商業、政治交往也愈發頻繁。然而，正是由於不同民族語言之間的差異，國際交往常常不能順利地進行。因此，習外語成為掌握國際信息，達成國際共識和交流的主要路徑。也就是說，在信息化、全球化的今天，外語不再是一種單純的交流工具，它更是一種資源。於個人而言，掌握一門外語能夠幫助他們在激烈的國際競爭中處於優勢地位，於國家而言，外語人才的充沛能夠幫助政府在外交、貿易、科技、文化、教育中掌握充足的話語權。教科書是教師組織課堂教學的重要依據，是學習者學習系統科學知識的重要工具，也是傳遞社會文明、體現國家意志的重要載體。正如束定芳、華維芬教授所言：「外語教材的品質直接關係到外

〔註 1〕現代漢語詞典〔M〕，北京：商務印書館，2002：1472。

〔註 2〕Waters M. Globalization〔M〕. London : Routledge, 1995: 3.

語教學的質量，在外語教學中起著十分重要的作用」〔註3〕。個人想要獲得「準確」、「有效」的外語知識離不開教材，國家想要提高國民外語水平、以其為把握科技前沿、傳播官方知識的手段更離不開高質量的外語教材。然而，中國外語教科書市場，尤其是英語教科書市場雖甚為繁榮，但「教材編寫方面高質量的學術論文並不多見，理論專著更是寥若晨星」〔註4〕。「任何一門社會科學都是歷史的科學，……從事教科書理論研究應有一定的教科書歷史知識，只有這樣才能理解教科書理論建設的內在聯繫，研究才能有深度、有遠見。缺乏歷史的分析，往往只能就事論事，浮於表面。對教科書發展史理解得越深，則對教科書理論的掌握也就越透徹」〔註5〕。因此，對中國英語教科書史料特徵挖掘，一來可成為瞭解中國教育變革和社會轉型的窗口；二來可訴清中國英語教科書從何而來？其理論基點是什麼？在歷史的滌蕩中存留下的編寫理念和內容是什麼？拋棄、散淡的理念及內容又是什麼？為何會有這樣的留存及失散？三來可為當前英語教科書的建設提供必要的歷史借鑒和理論指導。那麼本研究為何將英語教科書的元話語作為研究起點？又為何選取民國時期的英語教科書為研究對象？以下將一一說明。

（一）為何專注英語教科書元話語？

恰如費爾克拉夫（Fairclough）所言，話語研究內容之廣，發展之可能都是無可限量的，現已存在的種種社會現象和社會問題都需要通過話語分析來透析和解答〔註6〕。的確，「話語」構成了我們生活、交流的全部內容，沒有「話語」的世界將成為靜默、靜止的空曠蠻野。「元話語」這一概念在20世紀60年代，跟隨著「話語分析」這一新熱話題被提出，主要用以指代說者、寫者組織個人觀點和實現交際互動的話語。然，彼時研究者們將更多的研究熱情投入到更顯著的篇章（話語）命題中，而忽視了連接這些命題的微小集合。直至80年代，學界又重新將注意力轉回至「元話語」上，發現話語背後

〔註3〕束定芳、華維芬，中國外語教學理論研究（1949～2009）〔M〕，上海：上海外語教育出版社，2009：215。

〔註4〕莊智象，構建具有中國特色的外語教材編寫和評價體系〔J〕，外語界，2006（6）：49～51。

〔註5〕李金航，中國近代大學教科書發展歷程研究〔D〕，蘇州：蘇州大學，2013：1～2。

〔註6〕（荷）圖恩・梵・迪克（Teun A. Van Dijk），萬卷方法 話語研究 多學科導論〔M〕，重慶：重慶大學出版社，2015：3～10。

的主觀情態都由「元話語」發出，僅依靠對篇章（話語）命題的探討不足以揭示命題背後的深層意義。在威廉姆斯（Williams）克里斯摩爾（Crismore）、萬德．庫珀（Vande kopple）、海亮（Hyland）等學者的努力下，元話語研究逐漸成為一個獨立的研究支派。中國的元話語研究仍處於起步階段，從引進、介紹到作為一個研究方向不過 10 年，大部分的研究也只是集中在科技篇章和學術篇章中，其他篇章類型研究少之又少〔註 7〕。截至 2019 年 5 月，筆者在中國最大學術文獻檢索平臺：中國知網，以「教科書元話語」、「外語教科書元話語」、「英語教科書元話語」為主題搜索文獻，竟得不到一篇。但正如前文所言，教科書是組成教學活動的主要內容之一，作為書面篇章，元話語不僅是教科書編者連接鬆散教學材料的紐帶，而且是他們引導學習者理解這些材料，實現編者—讀者交際的重要，甚至可以說是唯一手段，其研究意義不言而喻。我們可以看到下面這段話（該片段取自林語堂《開明第二英文讀本》）：

> *, which has extended over two years, with the Kaiming English gramophone records, spoken by Prof. Daniel Jones giving the of English sounds and sound combinations, possess now a volume which did not have .*

其中陰影遮蔽部分為元話語，見得失去元話語的篇章很難理解。

2011 年中國頒布的《義務教育英語課程標準》明確提出「英語教材既是英語教學的主要內容和手段，也是對學生開展思想品德教育的重要媒介。教材選材……既要有利於學生瞭解外國文化的精華和中外文化的異同，還要有利於引導學生提高文化鑒別能力，樹立民族自尊心、自信心和自豪感，促進學生形成正確的人生觀和價值觀。……積極滲透愛國主義教育、社會主義核心價值觀教育、中華傳統美德教育以及民主與法制教育」。2017 年《普通高中英語課程標準》也強調：「高中英語教材的編寫理念、設計思路應突出英語學科的育人價值，有機融入社會主義核心價值觀，將立德樹人根本任務落到實處。」也就是說，中國對教材的要求不僅僅是呈現知識或事實，更是要利用這些知識、事實來加強文化教育、意識形態教育、價值觀教育。正如前文所言，「元話語」不僅聯繫篇章而且達成編—讀交互，因此，要實現以上教育，還需依靠編寫者通過元話語這一交際渠道來積極引導。總之，對外語教科書

〔註 7〕胡曙中，英語語篇語言學研究〔M〕，上海：上海教育出版社，2005：200。

元話語進行研究，不僅可以充實元話語研究成果，而且有利於培養編寫者元話語意識，實現教科書篇章情態、意態的多方位呈現。

（二）為何選取民國時期英語教科書？

海亮在《元話語》（Metadiscouse）一書中探討了元話語研究的未來展望，其中有一點就是期望今後的研究加大對元話語的歷時研究，此舉有助於瞭解某一語言社團的整體變化，也有助於進行批評話語分析〔註 8〕，之所以選擇民國（1912～1949）這一特殊歷史時段有以下考慮。

首先，「清末、民國時期中小學英語教科書的系統研究幾乎是一個空白」〔註 9〕，對此時段英語教科書研究具有較高的史學價值。清朝末年，國門大開，地主權貴們見識到西方炮艦的威力，轉而期望通過培養軍事、科技人才來鞏固封建統治。而「欲悉各國情形，必先諳其語言文字，方不受人欺蒙。各國均以重資聘請中國人講解文義，而中國迄無熟悉外國語言文字之人，恐無以悉其底蘊。」〔註 10〕為此，以奕訢、曾國藩、左宗棠、李鴻章、張之洞為首的洋務派，十分重視外國語學堂的建設及外國語言的教學。設立了包括京師同文館、上海同文館、廣州同文館及湖北自強學堂等外國語專門學校，並鼓勵福建船政學堂、廣東水師學堂、天津水師學堂、江南製造總局等新式軍事、科技類學校採用外語作為教學媒介語〔註 11〕，可以說掌握外語是辦洋務、學洋務的「第一要務」。19 世紀末至 20 世紀初，新學制的頒布使得外語教學，尤其是英語教學在中國正規教育中囊得一席之地，不少改制的書院、籌建的新式學校都將英語作為必修科目，重視英語成為政府和坊間的一致認識〔註 12〕。但，此時的英語教學仍在起步階段，教科書一方面大量引自原版，自編教科書十分匱乏，另一方面，中國沿用的教科書內容較為單一，大多為詞語、語法書。通過梳理可見：（1）鴉片戰爭至甲午中日戰爭之前，中國通行

〔註 8〕（英）Hyland K. Metadiscourse〔M〕，北京：外語教學與研究出版社，2008：202。

〔註 9〕吳馳，由「文」到「語」——清末民國中小學英語教科書研究〔D〕，湖南：湖南師範大學，2012：5。

〔註 10〕奕訢等，總理各國事務奕訢等折〔R〕，北京，1862-08～20。

〔註 11〕籲思敏，中國雙語教學發展軌跡略探〔J〕，外語教學理論與實踐，2017（2）：57～61。

〔註 12〕李良佑、張日昇、劉犁，中國英語教學史〔M〕，上海：上海外語教育出版社，1988：70～71。

英語教科書基本為文法書。比如由京師同文館學生汪鳳藻編譯的中國第一部英文文法教材：《英文舉隅》，介紹了英文的基本詞性，以及用字之法、造句之法、章句條分、同字異用、標點符號的使用等等〔註 13〕；上海同文館使用《韋氏拼寫書》指導學生練習語法和拼寫〔註 14〕；福建船政局使用的兩類基礎工具書之一便有「語法」〔註 15〕。其他流通的教科書，如郭贊生 1878 年編撰的《文法初階》、點石齋 1879 年編錄的《華英文字合璧》、楊勳 1880 年編寫的《英字指南》等，都以介紹英語詞法、句法為本。（2）甲午戰敗後至新政開始前，中國的教科書以文法書為主。1897 年，商務印書館在上海創立，館內不僅開展印刷業務而且承擔了出版教材的任務，至 1910 年，商務印書館印發了至少六十三種英語教材，其中文法類就佔了三分之一〔註 16〕。（3）新學制頒布後清政府欽定的學堂用書也以文法為主。1905 年清學部成立，對教科書的出版和使用進行了說明。以中學堂為例，其規定的英語書目凡例大多為文法書（具體見表 1-1）。與清末相比，民國時期英語教科書資源豐富，據可考的史料記載就有超過 150 餘種被發行使用〔註 17〕〔註 18〕〔註 19〕；此外，民國英語教科書類型多樣，不僅包括文法類教材，還有讀本類、會話類、綜合實踐類等教材；再者，彼時圖書市場相對開放，出現了像中華書局、開明書店、世界書局等頗有影響力的教科書出版社，出版社邀請眾多學界知名學者編撰書籍，自編教科書相對成熟和充裕。中國現行使用的英語教科書，特別是基礎教育階段的英語教科書大都為國內自編教材，且教科書內容多為綜合類，即不是單純以「文法」抑或「交際」為主的教科書。因此，綜合考慮，「民國」時期的英語教科書研究對中國當前英語教科書編寫之參考意義更高。

〔註 13〕陳雪芬，中國英語教育變遷研究〔M〕，杭州：浙江大學出版社，2011：35。

〔註 14〕熊月之，上海廣方言館史略（上海地方史資料 4）〔M〕，上海：上海人民出版社，1986：81～83。

〔註 15〕林慶元，福建船政局史稿〔M〕，福州：福建人民出版社，1999：128。

〔註 16〕張英，啟迪民智的鑰匙一商務印書館前期中學英語教科書〔M〕，上海：中國福利會出版社，2004：47。

〔註 17〕北京圖書館編，民國時期總書目 1911～1949 中小學教材〔M〕，北京：書目文獻出版社，1993：203～214。

〔註 18〕吳豔蘭，北京師範大學圖書館館藏師範學校及中小學教科書書目 清末至 1949 年〔M〕，北京：北京師範大學出版社，2002：137～147。

〔註 19〕吳馳，由「文」到「語」——清末民國中小學英語教科書研究〔D〕，湖南：湖南師範大學，2012：5。

表 1-1　學部審定中學堂教科書凡例〔註 20〕

書　名	冊　數	出版機構	教材類型
《英文普通史綱目》	1	不詳	語言、通識類
《(初、中、高）等英文典》	3	商務印書館	語言、通識類
《新法英文教程》	1	商務印書館	文法類
《英語作文教科書》	1	商務印書館	文法、寫作類
《簡要英文法教科書》	1	商務印書館	文法類
《英文漢詁》	1	商務印書館	文法類
《英語捷徑前後編》	2	商務印書館	語言、文法類
《應用東文法教科書》	1	湖北官書局	文法類
《英文初範》	1	商務印書館	文法類
《華英初學》	2	上海一新書局	語言、通識類
《帝國英文讀本》	3	商務印書館	語言、通識類
《英文典教科書》	不詳	商務印書館	文法類
《英文典（初、中、高)》	3	商務印書館	文法類
《英文教程》	不詳	商務印書館	不詳
《英文益智讀本》	不詳	商務印書館	閱讀、通識類
《初學英文規範》	不詳	商務印書館	文法類

其次，民國時期出現了許多質量上乘的英語教科書，對當前英語教科書建設具有積極的借鑒意義。自 1912 年《普通教育暫行辦法》頒布伊始，民國高小以上普遍設有英語課，英語與國文、數學並列為三大主課，有一門不及格就無法升學〔註 21〕。可見，彼時政府對英語教學十分重視，這也在一定程度上催生了優秀教科書的編發。比如由中國著名藏書家、翻譯家周越然編制的《英語模範讀本》，「編寫思路明確，注意到學生的興味所在，得到學生老師的歡迎」〔註 22〕，其在出版的兩個月之內便被銷售一空，而後不得不一再加印，在餘後的 20 年裏影響力絲毫不減，總發行量累超 100 萬冊〔註 23〕。又如林語堂先生

〔註 20〕表格根據李良佑、張日昇、劉犁編著的《中國英語教學史》及孫廣平博士論文《晚清英語教科書發展考述》、吳弛博士論文《由「文」到「語」——清末民國中小學英語教科書研究》相關內容整理而得。

〔註 21〕胡明揚，外語學習和教學往事談〔J〕，外國語：上海外國語大學學報，2002，21（5）：2～9。

〔註 22〕楊建民，昨日文壇的別異風景〔M〕，西安：西安出版社，2013：249。

〔註 23〕董憶南，周越然與《英語模範讀本》〔J〕，浙江檔案，2006（3）：58～59。

的《開明英文讀本》系列教材，不僅配圖精美，語言風趣，內容紮實，而且將複雜的語言知識形象簡化，很受學習者的喜愛。可以說，此書自出版起便在眾多英文教材中獨領風騷，成為最受歡迎的一部英語教材〔註24〕，郁達夫亦評析該書是「看過的及用過的各種教本中最完善的東西」〔註25〕。此外，中國著名教育家林漢達先生編寫的《標準英語讀本》兼具「人文性」及「工具性」，「無論從質量、思想性，還是從影響力來說都具有較高價值」〔註26〕〔註27〕，並一直沿用至「新中國」成立。那麼，這些具有影響力的教科書有何歷史特點？其元話語的呈現與組織是否具有相似規律？實在值得研究者進一步分析和總結。

最後，民國時期英語教科書元話語豐富，符合本研究的研究需要。外語教授的理念和方法可隨著歷史的腳步而改變，但是外語學習的本質基點是不變的，即掌握語言知識、技能，吸收和辨別語言文化。從當前中國時興的初中英語教科書中可以發現，課本內的知識呈現多，講解少；文化內容描述多，引導少。而這恰恰與民國時期英語教科書形成強烈對比，我們以《英語模範讀本》為例，其書中包括的語言知識、技能的系統講解，和對英美文化的穿插、介紹就占整個教科書內容的三分之一。也正如林語堂所言：語法知識具有公式性質，要用於解答疑惑；文化內容具有倫理導向，要注意引發思考〔註 28〕。特別是在學習者水平弱、師資水平低的地區，教科書編者對知識內容使用的正確指導尤其重要。而這些關於講解和引導的話語正是由元話語呈現的，因此，對民國時期普遍豐富的教科書元話語進行研究，有助於當前教科書編寫者借鑒經驗，總結教訓。

二、研究意義

本研究旨在通過篇章語言學的視角對民國英語教科書元話語進行細緻分析，從理論和實踐兩個方面看，本研究的意義主要有三，分別是：打開英語教科書研究的理論視角；充實元話語研究的多點觸面；提供專門針對英語教科書編寫者話語的可能建議。

〔註24〕王久安，開明書店的成功之路〔J〕，出版發行研究，1994（2）：46～48。

〔註25〕郁達夫文集 第12卷：譯文、其他〔M〕，廣州：花城出版社，1981：240。

〔註26〕唐華君，林漢達小傳〔M〕，寧波：寧波出版社，2012：30。

〔註27〕方成智，艱難的規整 新中國十七年（1949～1966）中小學教科書研究〔M〕，長沙：湖南師範大學出版社，2013：152。

〔註28〕林語堂，開明第二英文讀本〔M〕，上海：開明書店，1928：10～11。

（一）打開英語教科書研究的理論視角

中國教材研究專家石鷗教授直言，中國現階段對於教科書的態度極其依賴，將教科書作為一種供學習者理解、背記的權威材料，而不能批判，如此導致中國中小學教科書理論研究十分薄弱〔註 29〕。這一情境在國際教科書研究中也有體現，加頓（Garton）等學者指出，市面上出版的教材研究專著大都為「實踐取向」，傾向於告知教材使用者和開發者「如何去做」，缺少關於教材的專門「理論指導」〔註 30〕。課程教材研究所唐磊教授也提出，教材編制理論一直是課程研究的薄弱環節，缺少用以指導外語教材編制的系統、實用的理論資料。〔註 31〕而語言教育終要回到語言上面，制定外語教學政策、教育目標、教科書編制要求等，都應該「首先考慮其語言學理據」〔註 32〕。篇章語言學是研究小句以上言語材料的學科理論，強調語言的功能性和層次性，能夠用以分析教學材料內容的適宜性、連貫性、情境性、信息性等〔註 33〕，符合英語（外語）教科書研究的理論需要。

（二）充實元話語研究的觸面

元話語研究自上個世紀 80 年代以來，已成為一股極具勢頭的新生語言學研究方向，但也正是因為它的「年輕」，研究對象也常侷限在幾個特定的篇章類型中。就教科書元話語研究來說，目前最有影響力的兩位研究者分別是克里斯摩爾和海亮，特別是後者，其研究對象不光是語言學教科書，而且包括諸如哲學、社會科學、管理學、物理學、生物學、機械製造、電子工程等多個領域的教科書元話語比較研究，建成了集合五十餘萬字語料的教科書元話語語料庫。儘管已有學者耕耘在前，但專門針對外語（英語）教科書的研究幾乎罕見。因此，出於充實元話語研究觸面的考慮，和提高外語（英語）教科書元話語數據支持的考慮，本研究都具有一定的學術意義。

（三）提供專門針對英語教科書編寫者話語組織的可能建議

曾天山在《教材論》一書中總結了影響教材編制的十大要素，其中最後

〔註 29〕石鷗，百年中國教科書論〔M〕，長沙：湖南師範大學出版社，2013：116。

〔註 30〕Garton S& Graves K. International Perspectives on Materials in ELT〔M〕. Palgrave MacMillan, 2014 : 1.

〔註 31〕唐磊，外語教材編制理論初探〔J〕，課程 教材 教法，2000（12）：22～31。

〔註 32〕程曉堂，語言學理論對制定中國外語教育政策的啟示〔J〕，外語教學與研究，2012（2）：298～307。

〔註 33〕劉辰誕，教學篇章語言學〔M〕，上海：上海外語教育出版社，1999。

一項為「教材建設者」，包括教材生成的決策者、設計者和實施者。設計者為「建構具體教材的人員」，是直接參與編寫教科書的專業人員，他們的社會價值觀、教學觀、學科專業能力等都直接影響著教材質量〔註 34〕。然而，從知網所獲文獻來看，與英語教科書編寫者話語相關的研究，都侷限在「選材」，即對英語教科書編者所選材料（如閱讀材料、練習設計）進行文本分析；或「編寫體例」，即對教科書整體編排格式、組織形式進行探究上。深入話語內部，探尋各材料內部如何銜接、連貫，編者情態如何凸顯、弱化之研究不多。前文曾敘，外語教材不應只呈現語言知識，更應引導學習者應用知識；不應只介紹人文知識，更應該引導學習者反思這些知識。這就亟需編寫者養成「元話語意識」，知曉強調重點、引導思考、開放交際、輸送意識形態的可能手段。本研究旨在以篇章語言學為視角，對民國英語教科書元話語的歷史特徵進行總結歸納，吸取其中經驗，並盡可能地為當前英語教科書編寫者，提供確實可行的元話語組織建議，因此，本研究亦具有一定實踐意義。

三、概念界定

在本研究開始著文之前，有必要對本研究的兩個基本概念：英語教科書及元話語進行澄清。

（一）英語教科書

《教育大辭典》（上）對教科書的定義是：根據各科教學大綱（或課程標準）編寫的教學用書；教材的主體；師生教學的主要材料，考核教學成績的主要依據，學生課外擴大知識領域的重要基礎〔註 35〕。《現代漢語詞典》將教科書定義為「按照教學大綱編寫的為學生上課和複習用的書」〔註 36〕。《中國大百科全書·教育卷》對教科書的定義與《教育大辭典》類似，是「根據教學大綱（或課程標準）編定的系統地反映學科內容的教學用書。教科書是教學內容的主要依據，是實現一定教育目的的重要工具，是師生教與學的主要材料，也是考核教學成績的主要標準。」〔註 37〕從以上定義可以發現，教科書是根據教學計劃，按學科門類，為課堂教學而編寫、研發的專門用書。英語

〔註 34〕曾天山，教材論〔M〕，南昌：江西教育出版社，1997：68～70。
〔註 35〕顧明遠，教育大辭典（上）〔M〕，上海：上海教育出版社，1991： 1659～1660。
〔註 36〕現代漢語詞典〔M〕，北京：商務印書館，2002：639。
〔註 37〕中國大百科全書一教育卷〔M〕，北京：中國大百科全書出版社，1989：146。

教科書即可定義為「根據英語教學計劃，為英語學科課堂教學而編寫、研發的專門用書」。必須澄清的是，在本文中，無論是英語教學還是英語教科書，指代的都是「以英語作為外語」的教學及教科書，不涉及英語母語教科書的討論。

另外，在國外，教科書一般指代 textbook，而 teaching material 則一般代表「教材」〔註 38〕。「教科書」與「教材」是兩個不同的概念，一般認為，「教科書」為狹義的「教材」〔註 39〕〔註 40〕〔註 41〕。雖然教材的內涵較教科書更為廣泛，但是在教材所包括的種種屬類中，「那本教科書畢竟是核心」〔註 42〕，人們在談到課堂教學時也常常將教科書稱為教材〔註 43〕。因此，在本研究中，也順應稱謂習慣，將教科書偶稱為教材。

（二）元話語

「元話語」這一概念最早出現在哈里斯（Harris）的著作中，指「理解語言使用、表示作者、或說話人引導受眾理解語篇（篇章）的一種方法」〔註 44〕。而後，元話語研究在轉換生成語法大行其道的現實下，逐漸暗淡至無人問津。直到 1981 年，威廉姆斯重提「元話語」，並對其做了較為系統的研究，將元話語定義為「寫作的寫作」（writing about writing）、「話語的話語」（discourse about discoursing）〔註 45〕。威廉姆斯之後，克里斯摩爾、萬德．庫珀、海亮等學者專注於元話語的理論建構，逐漸形成了以系統功能語法為理論基點的元話語分析框架。阿德爾（Ädel）根據現有元話語研究，將元話語的定義分為「廣義元話語」與「狹義元話語」〔註 46〕。廣義的元話語指的是話語發起者

〔註 38〕程曉堂，英語教材分析與設計〔M〕，北京：外語教學與研究出版社，2002：2。

〔註 39〕曾天山，教材論〔M〕，南昌：江西教育出版社，1997：1～10。

〔註 40〕Klippel F. Teaching Method〔A〕. In M. Bybram（ed.）. Routledge Encyclopedia of Language Teaching and Learning〔C〕. New York : Routledge, 2000 : 626.

〔註 41〕梁史義、車文博主，實用教育辭典〔M〕，長春：吉林教育出版社，1989：546。

〔註 42〕張志公，張志公語文教育論集〔M〕，北京：人民教育出版社，1994：58。

〔註 43〕王立忠，改革開放 3 年中國基礎教育英語教科書建設研究〔D〕，湖南：湖南師範大學，2010：11。

〔註 44〕（英）Hyland K. Metadiscourse〔M〕，北京：外語教學與研究出版社，2008：i。

〔註 45〕Williams J M. Style : Ten Lessons in Clarity and Grace〔M〕. Boston : Scott Foresman, 1981 : 226.

〔註 46〕Ädel A. 2006. Metadiscourse in L1 and L2 English〔M〕. Amsterdam : NLD, John Benjamins Publishing Company, 2006 : 15.

為了在篇章中展現自我存在而使用的語言，比如建構篇章所使用的話語：and、then、in conclusion 等，以及體現發話者對命題信息態度、情感或評價的話語：pretty、certainly、perhaps 等。狹義元話語則不包括人際互動相關的情感、態度類元話語，只關注篇章連接所使用的元話語，此時，元話語常用「metatext」：元篇章這一術語代替。綜上所述，本文對元話語的定義屬於「廣義元話語」，即包含作者篇章組織語言資源也包括人際互動語言資源。

四、研究內容

本研究以緒論為引，導出本研究的緣起、意義、基本概念定義及論文的總體結構。第二章通過對教科書、外語教科書、外語教科書元話語相關研究進行綜述和反思，指明今後相關研究可能之方向。第三章是對本研究的理論基礎——篇章語言學的發展、流派進行梳理，並對本研究的行進方式進行邏輯論證。第四章是對本研究的研究問題、研究方法、研究語料、語料分析步驟進行詳細介紹。第五章為民國英語教科書形式—功能特徵分析，包括對引導式元話語、互動式元話語特徵的詳細解讀。第六章是對民國英語教科書元話語情景語境的分析，試剖析出元話語與語境之間的可能關係。第七章為當代中國英語教科書元話語的提升策略分析，通過調查中國大陸通行的「人教版」初中英語教科書元話語呈現情況，基於前文已得研究成果，提出可行建議。第八章是本研究的結語，包括對當前研究結果的總結，以及對未來英語教科書元話語研究的展望和建議。

第二章　文獻綜述

文獻綜述能夠幫助研究者「發現事物發展的內在聯繫，發現某種社會現象產生的規律性，還能看到社會生活的許多方面，獲得對各種社會現象和社會結構的正確認識」〔註 1〕。本節將對教科書相關研究進行爬梳，總結已有研究成果，發現研究不足，為將來的研究提供有意義的指引。

一、教科書研究動向

教科書的歷史可謂源遠流長，在古希臘就有為「自由七藝（The seven liberal arts）」編撰的，語法、修辭、邏輯（辯證法）、算數、音樂、幾何、天文相關教科書〔註 2〕。同一時期的中國，也有經諸子百家之手流傳於世的經典教育專著，如《大學》、《中庸》、《學記》等等。然而，奴隸、封建社會的教育內容囿於社會經典、名人撰著，主要目的也不過是培養統治階級所需的官僚貴戚，教科書的編排缺少科學性且與群眾生活相背離〔註 3〕。直到 16 世紀後期西方資本主義興起、發展，以神學為本的教育體系逐漸被現代科學取代。為滿足生產生活的需要，知識被類別化、專門化，教科書也向著學科化、科目化方向駛進。專業教科書的產生為廣大教師提供了一份合理的教學方案，使其可以節省搜集、整理、編排教學材料的時間，專心關注學生的學習；另

〔註 1〕李方，馬克思恩格斯全集（第二卷）〔M〕，廣州：廣東高等教育出版社，2007：166。

〔註 2〕（美）戴維・L 瓦格納，中世紀的自由七藝〔M〕，長沙：湖南科學技術出版社，2016：1～32。

〔註 3〕王建軍，中國近代教科書發展研究〔M〕，廣州：廣東教育出版社，1996：1～7。

外，教科書也有利於國家普及教育，統一人才培養規格。與此同時，教科書在學校教育中的地位越來越高，成為教學的「聖經」，被認為是可替代教師作用的「沉默教師」〔註4〕。19 世紀末至 20 世紀中後葉，歐美各國開始了一場影響廣泛的教育改革運動，教師中心、教材中心、課堂中心的傳統教育理念受到批判。實驗主義、結構主義、後現代主義思潮此起彼伏，教科書的本質被重新打量，各國亦開始放鬆對教科書編制的鉗制，普遍採取「一綱多本」的管理政策。由此，教科書建設更加繁榮，形式、內容更加多樣。此部分的文獻綜述將以近、現代教科書歷史進程為線索，總結不同歷史階段研究者對教科書的典型認識，並對未來教科書研究的發展方向進行預測和分析。

（一）百科全書式的知識分類：教科書科學化的前哨

16 世紀至 17 世紀，近代自然科學在歐洲大陸飛速發展，新的生產方式崛起，資本主義制度首先在英國確立，人們對知識、對教育的認識提高到了一個新的階段。法國教育家彼得·拉莫斯（Peter Ramus, 1515～1572）、英國哲學家弗蘭西斯·培根（Francis Bacon, 1561～1626）、捷克教育家誇美紐斯（J.A.Comenius, 1592～1670）等注意到了廣博知識之間的統一性和聯繫性，提倡打破僵死、一統的神學系統，建立起百科全書式的知識分類體系。知識分類體系的提出為知識的快速傳播和教授提供了可能，也為教科書學科化、科學化發展奠定了基礎。

1. 拉莫斯：知識教科書化

彼得·拉莫斯出生於經院哲學盛行的年代，當時的教學內容不僅零碎、隨意而且晦澀難懂，學生們疲於消化這些高深的知識。另外，當時的主流教學方法——辯論已淪為「喧囂與爭論」，而非為了獲得「啟發和真理」〔註5〕。面對這樣的現實情況，拉莫斯設計了一種由「一般」到「特殊」的知識分類體系，體系涵蓋和分化了已知學科所有知識，以去情景化、簡單化、條理化的教科書形式呈現〔註6〕。翁（Ong）認為拉莫斯的學說之所以影響甚廣，與其知識教科書化（Textbookize Knowledge）的操作程序密不可分，知識變成可攜

〔註 4〕曾天山，教材論〔M〕，南昌：江西教育出版社，1997：1。

〔註 5〕Randall J H. The Making of the Modern Mind（50th anniversary ed.）〔M〕. New York : Colombia University Press, 1976 : 215～216.

〔註 6〕Doll W E. Chaos, complexity, curriculum and culture〔M〕. New York : P. Lang, 2005 : 24～26.

帶的一本本教科書，非常方便傳施〔註 7〕。多爾（Doll）在其主編的《混沌、複雜性，課程與文化：一場對話》（Chaos, Complexity, Curriculum and Culture A Conversation）中提到：儘管現在的教科書實體不再使用拉莫斯的分類方法，但是卻體現了其知識分類的觀點。比如，知識內容可以且應當細化；粗淺易懂的表達是最好的；辯證比探究更佳；假定「最佳方法」的存在〔註 8〕。

2. 培根：百科全書式知識體系

馬克思（Karl Marx）曾評價培根是「英國唯物主義和整個現代實驗科學的真正始祖」〔註 9〕。作為新興資產階級的一份子，培根反對蒙昧主義，反對神本主義，認為「人是自然的奴僕和解釋者，人要改造自然必要認識自然，只有知識才有力量駕馭自然」〔註 10〕。在他眼裏，經院哲學是無法生育的修女，是玩弄詞藻的空洞爭辯〔註 11〕，並不能改善人類生活。惟有自然科學才是真正的科學，人類掌握了自然科學知識便有可能征服自然，獲得行動上的自由。因此，他提出了「知識就是力量」這一重要推論，並在「把整個人類知識全部加以改造的理想計劃下」〔註 12〕，對歷史上零散、偶得的研究成果聚攏梳理，構建出了一個基本的知識分類體系。該體系包括歷史、詩歌、哲學三大類，其中歷史包括自然史、人文史、宗教史、文學史；詩歌包括敘事詩、描寫詩、諷刺詩；哲學包括宗教哲學、自然哲學、人生哲學。這樣的分類實際上是一個完整的百科全書提綱，它為紛亂無序的學說理出了大致的發展方向，對近代學科分類起了先導作用，也為學科化教科書的產生提供了理論支持。

3. 誇美紐斯：泛智論

17 世紀，歐洲資本主義生產關係與封建制度矛盾不斷加劇，捷克民眾也掀起了反抗封建統治的「反哈布斯堡王朝運動」，然而運動不僅以失敗告

〔註 7〕Ong W. Rhetoric, Romances, and Technology〔M〕. Ithaca；Cornell University Press, 1971：142.

〔註 8〕Doll W E. Chaos, complexity, curriculum and culture〔M〕. New York：P. Lang, 2005：28.

〔註 9〕李方，馬克思恩格斯全集（第二卷）〔M〕，廣州：廣東高等教育出版社，2007：163。

〔註 10〕徐麗嫦，培根及其哲學〔M〕，北京：人民出版社，1987：19。

〔註 11〕滕大春、姜文閔，外國教育通史 第 2 卷〔M〕，濟南：山東教育出版社，1982：290。

〔註 12〕單中惠，西方教育思想史〔M〕，北京：教育科學出版社，2007：100。

終，而且加劇了當局政府對人民思想的鉗制。此時，捷克正經歷「三十年戰爭」，政治經濟面臨崩盤，所謂「興，百姓苦；亡，百姓苦」，人民無論是在經濟上還是在文化生活上都遭受到了前所未有的剝削，生活變得十分貧苦。在這樣的社會環境下，教育只為少數富人階級服務，學校成為了「兒童恐怖的場所，變成了兒童才智的屠宰場」〔註 13〕。受拉莫斯、培根等學者的影響，以及捷克兄弟會學校教學實踐的啟發，誇美紐斯提出了著名的「泛智論」，期望實現一種「周全的教育」，「把一切知識教給一切人」。他認為，實現泛智教育，「完全係於一種百科全書式的教本的適當供應」。這種教科書必須具備如下特點：

首先，教科書應是「一種全部學科的完全的、徹底的、準確的縮影」〔註 14〕。比如國語學校的教本應「包括該班所學的全部學問方面、道德和宗教教導的教材。……它們需包括一套完全的國語文法，其中有這種年齡的兒童所能瞭解的一切事物的名稱和一套最常用的習語選集」〔註 15〕。其次，教科書應簡明且具有趣味性。誇美紐斯認為，新穎、有趣的教學內容能夠吸引兒童的注意，使他們保持長久的學習熱情。他自己撰寫的教本《世界圖解》（The Orbis Pictus）秉承了這一觀點，全書首次運用圖文相間的方式呈現知識點，使「一個完整的世界和一套完整的語言融匯在一本小小的書本裏。……兒童不必再忍受學校裏枯燥的練習，學習變成美味佳餚，圖畫使他們的眼睛愉悅，嚇人的『稻草人』從智慧的花園中被驅趕出去」〔註 16〕。最後，教科書內容編排應保證循序漸進。誇美紐斯在其代表作《大教學論》（Great Didactic）中，討論了「圓周式」教科書編排方法，即以同心圓的方式將知識由淺及深地逐步排列在教科書中。此外，他還十分注重教科書之間的邏輯關聯，表示前、後教本也應保持難度遞增。誇美紐斯的知識觀、教學觀深深影響了此後的教科書編寫方式，他開創性地在教材中使用插圖，提倡科學的教科書體例

〔註 13〕（捷）誇美紐斯著；傅任敢譯，大教學論〔M〕，北京：教育科學出版社，1999：61。

〔註 14〕（捷）誇美紐斯著；傅任敢譯，大教學論〔M〕，北京：教育科學出版社，1999：130。

〔註 15〕（捷）誇美紐斯著；傅任敢譯，大教學論〔M〕，北京：教育科學出版社，1999：216。

〔註 16〕（捷）Comenius J A 著；（美）Syracuse C H 譯. The Orbis Pictus〔M〕. New York : C.W. Bardeen, 1887 : 15～16.

形式，使「教科書從文化典籍中分離出來，成為專門為學生設計的教學用書」〔註 17〕。

布魯巴克（Brubacher, J S）在《教育問題史》（A History of the Problems of Education）中評價了 16 至 17 世紀歐洲提倡的泛智教育和百科全書式知識學習。他認為，「學習一切知識」的願景是現代科學發展的產物，人們意識到只要掌握了科學的方法就能提高生產、生活。知識學習也是如此，一旦知識以便捷的形式呈現，人們便能將其全部吸收。但是，他們忽視了科學本身的作用，它一方面使知識的獲得變得容易，另一方面也不斷向外擴大知識的邊界，如此一來，知識變得越來越廣博，「人們根本無力掌握所有的知識」。18 世紀後，神學不再處於主導地位，科學和哲學成為了權威學科，隨著法國啟蒙運動的擴散，人們對自由、民主、理性產生了更多嚮往。在教育領域，一些學者認識到教授百科全書式知識不應作為教育的最終目的，因而將注意力從「知識內容」轉移到「知識學習」上〔註 18〕，對學習者賦予了更多的同情和關注，他們著書立說，宣揚平等教育和世俗教育，推動了近代國民教育制度的建立，進而促進了現代教科書的形成和發展。

（二）教育普及：教科書研究視角的多樣化呈現

18 至 19 世紀，資本主義制度逐漸走向成熟，歐洲、美國，以及亞洲的日本紛紛建立了資產階級政權，與此同時，工業革命如烈火般吞噬著落後的生產方式，生產力得到極大提高。政治、經濟上的穩定為教育的重新洗牌和發展帶來了契機，英國、法國、德國、美國等國家在此階段紛紛建立了國民教育體制，將義務教育納入國家計劃，把無用的古典學科剔除並普遍採取按年齡、分學科的授課形式。內收的教育體制使教育者、利益相關者不得不思考「什麼知識最有價值」？至此，教科書的內容也更具組織性、選擇性。

1. 赫爾巴特：基於興趣的教科書觀

「現代教育之父」、「科學教育奠基人」——德國著名教育家約翰・弗里德里希・赫爾巴特（Johann Friedrich Herbart, 1776～1841）將教育學建立在實踐哲學和心理學之上，試為其建立一個科學化、體系化的理論基礎。他提出

〔註 17〕楊治平，教科書的技術形態演變〔J〕，全球教育展望，2006，35（4）：35～38。

〔註 18〕Brubacher J S. A history of the problems of education〔M〕. New York : McGraw-Hill, 1966 : 6～21.

了「注意」和「統覺」兩個概念，認為興趣是一切教育的基石，已有觀念是獲得新知識的前提。在代表作《普通教育學》（Allgemeine Padagogik）中，赫爾巴特詳細解釋了「興趣的多方面性」，並以此為基礎提出了教學形式階段論，即教學是由清楚、聯合、系統、方法四個階段構成的。於教科書而言，教師首先需要選取那些可以引起學生興趣、吸引學生注意力的書籍作為教學用書，並將其切割成方便理解的、清晰的若干細節。其次，教科書的內容應該是近、遠交織的，也就是說，每一處教學內容「首先與離它最近的其他各點聯合起來，但是同時又與其他遠離它的各點分開一定距離，並只能通過一定的中間環節與這些遠離它的各點結合起來」〔註 19〕。第三，赫爾巴特認為，系統的作用在於突出主要思想，使學生感覺到系統知識的優點，並通過其較高的完整性增加知識總量〔註 20〕。那麼教科書除了要注意毗鄰知識點和陌生知識點之間的聯繫之外，還要突出重點，並將知識系統化、概念化。第四，系統除了要學習它，更應該運用它〔註 21〕。作業和習題是幫助學生思考方法的重要手段，教師可以借由這種練習形式及時檢驗學習者運用知識的能力。

除以上論述外，赫爾巴特還提出教科書要根據學習者的情況作出多樣化、更進一步的限定〔註 22〕。比如教師可以通過更換教學內容來緩解學生長時間學習的疲憊感；通過刪減和壓縮教學材料來培養學生多方面的興趣；通過增加輔助材料來擴寬教科書的限定內容等等。

2. 第斯多惠：以人為本的教科書觀

阿道爾夫·第斯多惠（Friedrich Adolf Wilhelm Diesterweg, 1790～1866）是與赫爾巴特同時代的德國教育家，二者都繼承和發展了裴斯泰洛齊的教育理念，但相比赫爾巴特在政治上的保守性和教育上的思辨性，第斯多惠更關注教育民主和教育實踐〔註 23〕。他的代表作《德國教師培養指南》（Wegweiser

〔註 19〕（德）赫爾巴特著；李其龍譯，普通教育學、教育學講授綱要〔M〕，杭州：浙江教育出版社，2002：243。

〔註 20〕（德）赫爾巴特著；李其龍譯，普通教育學、教育學講授綱要〔M〕，杭州：浙江教育出版社，2002：245。

〔註 21〕（德）赫爾巴特著；李其龍譯，普通教育學、教育學講授綱要〔M〕，杭州：浙江教育出版社，2002：244。

〔註 22〕（德）赫爾巴特著；李其龍譯，普通教育學、教育學講授綱要〔M〕，杭州：浙江教育出版社，2002：244。

〔註 23〕北京師聯教育科學研究所，師訓思想與《德國教師教育指南》〔M〕，北京：中國環境科學出版社，2006：11～12。

zur Bildung für Deutsche Lehrer）集中探討了教師的使命及素質；教育原理及方法論；教學方法及原則等。其中也另闢章節討論了教科書的編排以及使用原則。綜合來看，第斯多惠的教科書觀與他的教育理念相一致，即強調「全人類教育」，要求培養「全面發展的一般的人」〔註 24〕。

就教科書編排來說，第一，第斯多惠提出教科書本身必須具有連續性，這種連續性首先要求教材內容前後呼應，不同科目教科書若有實質性的聯繫也應保持聯絡，其次要考慮學習者智力發展的漸進性。第二，教科書內容要反映現代科學的發展狀況。個體的精力是十分有限的，不應將其浪費在無意義的、已被否定的知識上，應融入現代科學相關內容。

就教科書使用來說。第一，根據第斯多惠的理解，教學有兩種目的：一種是幫助學習者理解教材，獲得一種知識或技能；另一種是培養學習者的實際能力。前者為教育的「實質目的」，後者是「形式目的」，單純的形式目的無法存活，需要以教材為基礎，因此，教師必須採用不同的教材來發展學生的智力。第二，教師要熟悉並適時精簡教科書。第斯多惠在書中談到，教師不僅要吃透本年級的教學材料，還要縱向瞭解整個學段的教學內容〔註 25〕。此外，教師應具備精簡教科書的能力，「盡可能地少教些」，把最本質、最基礎的知識授於學生〔註 26〕。

3. 斯賓塞：科學中心的教科書觀

19 世紀初期思想界被新人文主義及浪漫主義（Romanticism）囲據，在思辨、主情的哲學、文學取向達到頂點之後，逐漸於世紀的後半葉凋敗。取而代之的是主智、崇尚實證和事實科學的實證主義（Positivism）。實證主義思潮的湧起，影響了許多教育工作者，其中的代表人物即英國哲學家、教育家赫伯特・斯賓塞（Herbert Spencer, 1820～1903）。斯賓塞 19 世紀中後期曾參與了與古典主義學派的論戰，他的相關教育主張集中體現在《教育論：智育、德育和體育》（Education Intellectual, Moral, and Physical）一書中。該書由四篇論文組成，分別是：什麼知識最有價值？（What knowledge is of most worth）；智育（Intellectual education）；德育（Moral education）；體育（Physical

---

〔註 24〕單中惠，西方教育思想史〔M〕，北京：教育科學出版社，2007：100。

〔註 25〕（德）第斯多惠著，德國教師培養指南〔M〕，北京：人民教育出版社，2001：154～156。

〔註 26〕（德）第斯多惠著，德國教師培養指南〔M〕，北京：人民教育出版社，2001：151～152。

education）。在開篇，斯賓塞提出「當前教育的問題不是討論某一知識價值幾何，而是討論這些知識的相對價值」〔註 27〕，他認為與「裝飾性」的古典主義教育相比，科學知識更具價值。根據「完滿生活」必備的五種活動，斯賓塞建構了以科學知識為中心的課程體系。第一種是直接保全自己活動必備的課程，如生理學、解剖學。第二種是間接保全自己活動必備的課程，如物理、化學、數學、生物、地理等。第三種是與子女教育相關的課程，如教育學、心理學等。第四種是維持社會、政治關係的課程，如歷史、自然史等。第五種是有關閑暇生活的課程，如文化、藝術等。斯賓塞一再強調「只有那些能夠服務於我們的知識，才是可以掌握的」〔註 28〕，他的課程論彌散著濃鬱的功利主義和科學主義。於教科書而言，「此種知識價值之輕重論，亦即是教材價值之輕重論」〔註 29〕，也就是說根據斯賓塞的理論，只有與社會和科學緊密相關的教學內容才是有價值的，而脫離生產、生活的教學內容應該除去。

著名史學家陳衡哲先生曾評價 19 世紀以來的近代科學是「直接的既已成為一切學問的基礎」〔註 30〕，可見彼時自然科學的發展已到達前所未有的高度。在教育領域，學者們拋開思辨和空想，投入科學和實證的懷抱。為了規整教育內容，國家加大了對教科書的投入力度，不少研究者也將教材（教科書）看成是決定教學成敗的重要一環，比如第斯多惠在《德國教師培養指南》中明確指出：「修訂教材是重點，其次才是培養人才。……靈魂沒有普遍的力量，只有通過實踐適當的教材，靈魂才會產生力量」〔註 31〕。筆者認為，人們之所以十分依賴教科書，原因有二：首先是師範教育的落後，教師需要一本由專家編制的教科書指導教學；其次是國民教育制度的建立，使得教科書成為一種國家意志，教師將其奉為教學標準，認為只要教好教材便完成了教學任務。至 20 世紀，人們發現「人類的理性是有限的，科學並不能提供所有的答案」〔註 32〕，反對主知主義的教育改革運動旋即在各國展開，教科書改革亦隨之而起。

〔註 27〕Spencer H. Education Intellectual, Moral, and Physical〔M〕. New York : D. Appleton, 1920 : 12.

〔註 28〕Spencer H. The Principles〔M〕. Cambridge : Cambridge University Press, 2009 : 86.

〔註 29〕雷通群，西洋教育通史（下）〔M〕，福州：福建教育出版社，2011：78。

〔註 30〕陳衡哲著，西洋史〔M〕，瀋陽：遼寧教育出版社，1998：288。

〔註 31〕（德）第斯多惠著；袁一安譯，德國教師培養指南〔M〕，北京：人民教育出版社，1990：130。

〔註 32〕Lawton D& Gordon P. A History of Western Educational Ideas〔M〕. London : Woburn Press, 2005 : 4.

（三）從規整到打碎：對教科書本質的再思考

19 世紀後期開始，反對傳統教育理論，提倡個性及學習者個人自由發展的教育改革、教育實驗運動在世界主要資本主義國家開啟。其中 20 世紀前葉美國進步主義運動代表杜威（John Dewey, 1859～1952）；20 世紀中期結構主義課程改革運動先驅布魯納（Jerome Seymour Bruner, 1915～2016）；及 20 世紀後半葉批判教育理論的推進者阿普爾（Michael W. Apple, 1942～）分別對教科書著有觀點鮮明的論述，這些論述打破了以往教科書中心的觀點，嘗試從內部將教科書解構，為當今教科書理論的發展提供了有意義的視角。

1. 杜威：教科書心理化、經驗化

杜威教育理論的核心即：教育即生活；教育即生長；教育即經驗的改造〔註 33〕，他對課程和教科書的思考也基於以上論點。首先，杜威反對由符號和文字堆砌而成的教科書，認為它們反映的是成人世界的邏輯和標準，將兒童的直覺和活動排除在外。他直言「現在需要一種變化、一種變革，這種變化或變革完全不遜於哥白尼將太陽中心說轉為地球中心說——我們需要把兒童看作是『太陽』，是教育圍之縈繞的主體和中心」〔註 34〕，超出兒童經驗範圍的傳統教科書明顯有悖於此。另外，他指出現有的教育使兒童機械般地照例行事、照本宣科，「教材內容都是固定不變的，它是一種產品，無需去考慮它源於何處，也無需思忖它未來會有何變化」，但是當今世界「變化是常規」〔註 35〕，無論是科技還是兒童的經驗都在無時無刻地生長變化著，傳統的教科書顯然無法適應兒童的需要。最後，兒童的生活具有統一性和完整性，他們原本對孤立，對割裂無所察覺。但是「當他們踏入校門，學校為他們展現的，的確是一個被各種各樣學科分裂出來的世界。地理是由一部分選擇、摘錄、分析後的事實所組成的材料；代數是一個分部；語法又是一個分部，所有的科目都如是而已。」〔註 36〕為了改變這樣的現狀，杜威提出教科書心理化、經驗化的改革路徑。

〔註 33〕褚洪啟著，杜威教育思想引論〔M〕，長沙：湖南教育出版社，1998：1。

〔註 34〕Dewey J. The Child and the Curriculum : The School and Society〔M〕. Chicago : The University of Chicago Press, 1966 : 34.

〔註 35〕Dewey J. Experience and Education〔M〕. New York : Kappa Delta Pi, 1997 : 19.

〔註 36〕Dewey J. The Child and the Curriculum : The School and Society〔M〕. Chicago : The University of Chicago Press, 1966 : 5～6.

第一，抽象化的間接經驗應恢復為直接經驗，教科書需要被心理化（Psychologized）。教科書心理化指的是把教學內容作為個體全部和生長經驗中的相關因素，那麼凡是已有的學科，一開始就應該選取與兒童生活經驗相關的材料。教師在此過程中的作用非常顯著，他需要思考以下問題：（1）兒童現有的生活和經驗哪些是可以被利用起來充實教學內容的？（2）教師本人的教科書知識如何用於理解兒童的需要和行為？（3）如何確定兒童的學習程度以方便教師本人對其進行正確指導？〔註 37〕

第二，當符合兒童心理和經驗的教學內容被發現之後，就應該把它們構建為更加豐滿、充實、有組織的形式，這時候，教科書便逐漸接近成年人的世界〔註 38〕。杜威認為，就像嬰兒在學習摸、爬、走、說的過程中擴大經驗的固有內容一樣，教師可以在學校中布置主動作業，比如烹飪、裁縫、遊戲、講故事等等讓兒童在活動中生長、增加知識〔註 39〕。

2. 布魯納：教科書結構化

20 世紀中期，以美國和前蘇聯為首的兩大國際陣營在政治、軍事、經濟、教育領域開始了全方位的競爭。1957 年，蘇聯成功發射了第一顆人造地球衛星，美國朝野震驚不已。為改變進步教育運動時期遺留下來的學生基礎知識薄弱、教學散漫、效率低等事實，1958 年美國國會通過《國防教育法》，以法律形式增加教育撥款，加大人才培養力度。第二年美國全國科學院組織召開了伍茲霍爾會議，會議集結了當時美國各著名學府的知名教授和專家，集中就中小學理科教育改革問題進行了討論，結構主義教育思潮得到大會認同。會議主席，哈佛大學教授布魯納成為了當時結構主義課程改革運動的推動者，他的教育思想主要體現在代表作《教育過程》（The Process of Education）、《教學論探討》（Toward a Theory of Instruction）、《教育的適合性》（The Relevance of Education）中，其中對教科書的思考主要有兩方面：首先是教什麼？即對教科書內容的思考；其次是如何呈現？即對教科書內容編排的思考。

〔註 37〕Dewey J. Democracy and Education〔M〕. United States : The Pennsylvania State University, 2001 : 189～191.

〔註 38〕Dewey J. Experience and Education〔M〕. New York : Kappa Delta Pi, 1997 : 73～74.

〔註 39〕Dewey J. Democracy and Education〔M〕. United States : The Pennsylvania State University, 2001 : 192.

第一，教什麼？——結構化的教學內容。布魯納在《教育過程》的序言部分首先說到，學生習得的教學內容是非常有限的，如何使得這些有限的習得在其之後的人生中充滿價值呢？那就是無論我們教授何種學科，都應該讓學生理解該學科的根本結構。這是運用知識的最低要求，是用以應對課外可能遇到的問題和事件的有效路徑，也是幫助自己日後深造的知識基礎〔註 40〕。那麼作為課程設計工作的核心：教材編寫，也應該以「學科的根本結構」為基準。學科的基本結構即一般觀念、原理、以及對待學習和探究的可能性態度。以數學為例，在代數中解方程式的基本法則是：交換率、分配率、結合率，掌握了這三點就能夠有效解算其他的「新方程式」，我們完全可以把它們作為代數的基本知識結構〔註 41〕，並以此設計教科書內容。另外，呈現的學習材料絕不是僵化、無趣的，而是留下「讓人興奮的部分」，引導學習者自己探索和發現知識間的聯繫與規律。

第二，如何呈現？——螺旋形的排列方式。布魯納指責了過去十幾年中美國教育領域「為兒童而忽視成人」的現象，認為現在的教師往往以教材內容過於困難為由，將教學內容推後，這不僅浪費了寶貴的學習時光，而且加劇了不同年級知識體系的割裂。實際上精尖的知識和粗渾的知識之間只存在著量級和難易的差別，並無本質上的不同。教科書編寫者需要做的就是按學習者智力和興趣的發展，以「螺旋式」（Spiral）方式將結構化的學科知識向上及向外不斷拓充。以數學的核心知識點：「概率推理」為例，一般而言，這種高深的知識只有在高等教育階段才會涉及，但是根據皮亞傑（Jean Piaget）的認知發展理論，如果借助具體的圖形和對象，兒童也能夠運用最基礎的邏輯運算方法，發現概率概念〔註 42〕。所以關於「概率」這部分教學內容的編寫可以從小學開始，並以循環往復的方式讓這一概念貫穿他們的整個學習階段，使其由易到難地獲得關於「概率」的整個「完整知識系統」。

〔註 40〕Bruner J. The process of Education〔M〕. United States : Harvard University Press, 1990 : 11～12.

〔註 41〕Bruner J. The process of Education〔M〕. United States : Harvard University Press, 1990 : 7～8.

〔註 42〕Bruner J. The process of Education〔M〕. United States : Harvard University Press, 1990 : 41～42.

3. 阿普爾：意識形態與教科書

上世紀 50、60 年代美、蘇兩大經濟體針尖對麥芒，不同意識形態之間的矛盾被拉扯得更加劇烈。不少學者看到教育在維持社會制度及意識形態中的力量，轉而對其進行社會學的研究。作為呈現國家意識以及主流價值觀的載體——教科書逐漸成為該領域所關注的重點內容。阿普爾（Michael W. Apple, 1942～）延續了葛蘭西的唯意志論，提出「誰的知識最有價值？」這一具有劃時代意義的命題，教科書價值分析隨即成為重要研究領域〔註 43〕。

綜合阿普爾的幾本代表性著作《意識形態與課程》（Ideology and Curriculum）、《文化政治與教育》（Culture Politics and Education）、《官方知識：保守時代的民主教育》（Official Knowledge : Democratic Education In A Conservative Age）、《教育與權利》（Education and Power）、《教科書政治學》（Politics of the Textbook）及教科書相關論文，可以看出，他的教科書觀主要有以下內容：

首先，教科書呈現的知識是具有意識形態的「官方知識」。阿普爾言道：「關於什麼是知識，什麼樣的知識應該被教授，誰的知識是官方的，誰有權利決定教什麼、怎麼教、怎麼評價教學這些問題向來是教育領域衝突的核心。因此，我們需要一種真正批判的眼光去關注除教育技術性問題以外的事情。那就是教育與經濟、政治和文化權利之間的關係」〔註 44〕。在此，知識絕不是中立、客觀的，而是社會權利在鬥爭、妥協之後留下的「合法性」產物，它代表的是官方認為最可靠、最具價值的「主流意識形態」。在學校，教科書則是獲得和傳播這些「官方知識」及「主流意識形態」的最主要載體，它通過參與製造社會認可的「真理」，告知學生什麼知識、文化、態度是正確的。在這個過程中，弱勢群體的文化被排除在外，即使他們嘗試爭取自己文化的合法地位，但是教科書文本的「主要意識形態框架並不會有多大改變，……非統治階級的歷史和文化，只會給予極少和零散的空間予以呈現」〔註 45〕。此外，技術革新及生產的不斷分化要求經濟資本和文化資本保持穩定增長，學校，

〔註 43〕時麗娜，意識形態、價值取向與大學英語教材選材——一種教育社會學分析〔D〕，上海：復旦大學：V。

〔註 44〕Apple W M. Ideology and Curriculum（3rd Edition）〔M〕. New York : Routledge Falmer, 2004 : vii.

〔註 45〕Apple W M. Official Knowledge : Democratic Education In A Conservative Age（2rd Edition）〔M〕. New York : Routledge, 2000 : 53.

特別是高等院校作為生產代理人及知識的雙重場所，必須迎合社會需要加大對技術性知識（Technical Knowledge）的生產〔註46〕。這種技術性知識成為學校的「高地位知識」（High Status Knowledge），其引起的直接影響就是人文、藝術類學科被排擠到經濟受益圈的邊緣，而數學、科學等與生產、技術掛鉤的學科獲得了更多的關注和支持〔註47〕。

第二，教科書的出版與發行交織著複雜的政治、經濟、文化因素。教科書既是一種文化製品，也是一種「商」品。圖書出版商們為了利益最大化，必須首先保證政府對其教科書的「認可」。一旦書目通過審批，即有可能獲得地區政府非常豐裕的資金資助。因此，教科書在編寫之初就需要確保文本內容與國家主流價值觀相吻合。但是，主流意識形態和文化並不是封閉的、不受威脅的，相反，它們在矛盾中不斷發展、再造，並將非統治階級的知識和觀點融合進統治階級的話語體系中〔註48〕。在這裡，教科書文本成為衝突爆發的圍場，也成為限制性人、本關係消解的屬地。

第三，作為教科書使用主體的教師與學生在與權利角力的過程中扮演著「雙重角色」。阿普爾認為，文本中的權利具有雙重性〔註49〕。一方面，它灌輸教師和學生以主流意識形態，使他們成為更加順從並符合統治階級利益的「維護者」；另一方面它也激起教師與文本的鬥爭，養成學生「批判性讀寫能力」，使他們成為促進社會變革的潛在力量。阿普爾指出，以上情況產生的原因，與教科書本身存在的矛盾性，以及解讀和使用的多樣性分不開〔註 50〕。每一個文本都不存在唯一的理解，教師和學生基於自己生、存的文化歷史背景，可以接受、解讀亦或是拒絕所謂的「合法性知識」。那麼，對於教科書而言，「重要的不是規範和融合那些能使我們具備文化修養的概念，而是創造一個能使所有人參與創造以及再創造意義和價值的必要

〔註46〕Apple W M. Education and Power（2nd Edition）〔M〕. New York : Routledge, 2012 : 198～199 ; 135～136.

〔註47〕Apple W M. Ideology and Curriculum（3rd Edition）〔M〕. New York : Routledge Falmer, 2004 : 35～36.

〔註48〕Apple W M. Official Knowledge : Democratic Education In A Conservative Age（2rd Edition）〔M〕. New York : Routledge, 2000 : 53.

〔註49〕Apple W M. Official Knowledge : Democratic Education In A Conservative Age（2rd Edition）〔M〕. New York : Routledge, 2000 : 51.

〔註50〕Apple W M. Official Knowledge : Democratic Education In A Conservative Age（2rd Edition）〔M〕. New York : Routledge, 2000 : 59.

條件。」〔註 51〕

從 19 世紀斯賓塞提出「什麼知識最有價值」到 20 世紀阿普爾提出「誰的知識最有價值」，人們從關注課程知識內容轉向關注課程知識內涵。進入 21 世紀，知識研究呈現出多視角的態勢，而作為其載體的教科書亦更加多樣化。

（四）21 世紀教科書研究趨勢：基於知識圖譜的可視化分析

引文分析可視化技術能夠多元、分時、動態地顯示科學知識的發展進程與結構關係。本段將使用質性分析軟件 CiteSpace 5.3.R6 對 Web of Science（WOS）核心合集 2000 年至 2018 年發表的 2356 篇以「textbook」為標題的期刊論文進行分析，並對同一時間段在中國知網 CSSCI 及核心期刊發表的以「教科書」為標題的 2140 篇期刊論文進行對比分析，以瞭解最新教科書研究趨勢。

從發文總量來看，中國教科書研究量並不遜於國際水平。具體來看，圖 2-1 為國際及中國國內研究主題共現圖譜，其中每一個十字形節點代表一個主題詞，十字形越大，則對應的主題詞在文獻中出現的次數越多。由圖可知，在 WOS 數據庫中被廣泛研究的主題包括：內容分析（content analysis），歷史教科書（history textbooks），學校教科書（school textbooks）等；在 CNKI 數據庫中被廣泛研究的主題包括：教科書，人教版，歷史教科書等。從中可以發現，國際和國內所關注的教科書主題非常相近，都包括當代課堂流行的教科書，學科教科書，基礎教育階段教科書，但國際上關注的學科方向較國內更廣，且涉及的類型更多，如數字教科書，開放教科書（open textbook）等。其次，中國國內對教科書研究方法的關注遠不如國外，國外「內容分析」中心性〔註 52〕數值最高，達 0.24，而國內相關研究稀少，研究主題中心性最高的為「教科書」達 0.7，此結果說明中國教科書研究還停留在宏觀描述上，對教科書的深入研究不夠（主題詞共現頻次表可見附錄 1）。

圖 2-2 為研究主題突現圖譜，用於反映本研究處理的文獻時間段 2000～2018 年中，研究數量突然增加的時間段，並在最右側時間軸上用紅色進行可

〔註 51〕Apple W M. Official Knowledge : Democratic Education In A Conservative Age（2rd Edition）〔M〕. New York : Routledge, 2000 : 60.

〔註 52〕「中心性」是測度每一個主題節點在共現網絡分析中的重要性指標，其數值越大，則表示在共現網絡分析中該主題越重要。

視化標記。「Strength」表示突現強度，「Begin / End」表示突現的起／止時間。從圖中可以看出，近幾年國際教科書研究熱度不斷攀升，研究內容非常豐富。語言教科書，如英語教科書、外語教科書在近五年內得到廣泛關注，教科書內容的批評話語分析受到重視。反觀中國境內相關研究，語文教科書研究一直是研究熱點，近期研究者關注的研究方向為數字教科書及核心素養。

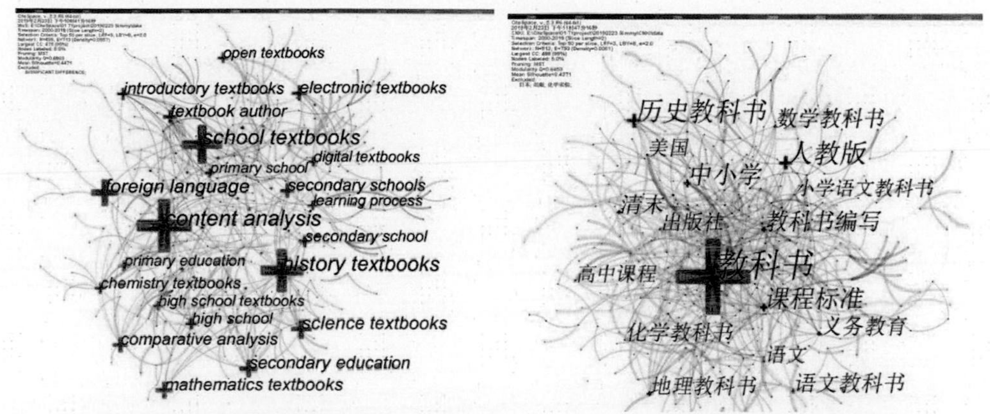

圖 2-1　textbook（左）／教科書（右）研究主題共現分析圖譜

Top 25 Terms with the Strongest Citation Bursts

Terms	Year	Strength	Begin	End	2000 - 2018
textbook example	2000	6.4783	2000	2007	
medical textbooks	2000	4.4034	2000	2008	
medical students	2000	3.54	2000	2009	
introductory psychology textbooks	2000	3.8628	2000	2005	
introductory textbooks	2000	6.7165	2000	2005	
twentieth century	2000	3.6512	2013	2015	
digital textbooks	2000	3.119	2014	2016	
primary school	2000	3.7838	2014	2018	
learning outcomes	2000	3.1859	2014	2015	
national identity	2000	3.1859	2014	2015	
qualitative analysis	2000	3.698	2014	2018	
middle school	2000	3.6326	2014	2016	
educational resources	2000	3.3472	2015	2018	
teaching materials	2000	3.2466	2015	2018	
secondary education	2000	4.0652	2015	2018	
english textbooks	2000	3.7948	2015	2018	
primary education	2000	4.1124	2015	2018	
current textbooks	2000	3.0253	2016	2018	
secondary school	2000	4.917	2016	2018	
critical discourse analysis	2000	4.927	2016	2018	
high school students	2000	3.4591	2016	2018	
elementary school	2000	3.2769	2016	2018	
textbook content	2000	3.425	2016	2018	
foreign language	2000	5.7529	2016	2018	
undergraduate students	2000	3.4591	2016	2018	

Top 25 Keywords with the Strongest Citation Bursts

Keywords	Year	Strength	Begin	End	2000 - 2018
美利坚合众国	2000	4.306	2000	2004	
北美洲	2000	4.306	2000	2004	
美国	2000	4.1314	2000	2004	
义务教育	2000	8.4948	2001	2007	
教科书问题	2000	3.9081	2001	2005	
文部省	2000	3.3899	2001	2002	
历史教科书	2000	3.6694	2002	2006	
人教版	2000	6.279	2003	2008	
教学设计	2000	3.8818	2003	2005	
课程标准	2000	8.215	2003	2008	
高中课程	2000	4.3428	2005	2008	
初中语文教科书	2000	3.4428	2005	2009	
语文	2000	3.4678	2006	2009	
苏教版	2000	4.4765	2006	2008	
新中国	2000	3.529	2010	2011	
语文教科书	2000	4.5829	2010	2018	
比较研究	2000	3.3789	2011	2015	
初中化学教科书	2000	3.3385	2012	2016	
科学素养	2000	3.1935	2012	2015	
选文	2000	3.6458	2012	2016	
民国	2000	3.3385	2012	2016	
数学教科书	2000	4.8639	2012	2018	
数字教科书	2000	3.0519	2014	2018	
教科书	2000	3.3859	2015	2018	
核心素养	2000	3.0034	2016	2018	

圖 2-2　textbook（左）／教科書（右）研究主題突現圖譜

（五）小結與反思

教科書研究經歷了幾代人的建設，如今已呈現出多視角發展的態勢。反觀教科書的歷史發展進程，其映像出不同時代，人才培養的不同要求。16～

17 世紀，近代自然科學破土發展，資產階級開始登上歷史舞臺，反對神本論，培養百科全書式人才成為時代需要。隨著資本主義逐漸成熟，歐美多國推翻封建愚昧，建立起資產階級政權，工業革命使人類的生活變得快捷，強調功利和效率的教育思潮在西方資本主義國家捲起，「什麼知識最有價值」將主智、崇實的「實證主義」推向高潮，於是，教育成為服務生產力的助推手，知識成為有價值指向的實體，科學、技術人才成為驕子。在西方資本主義快速膨脹及各國政權相互摩擦的 19 世紀，教育是什麼，知識是什麼重新納入研究視野，彼時，各國開始了以提倡個性和自由的反傳統教育改革，學習者個人經驗之生長得到重視。然而，過於強調個性的教育也帶來了效率低下、教學質量難以保證等問題。20 世紀中期，在美、蘇爭霸的情境下布魯納提出「教學內容結構化」，期望以最精簡的方式，達到最快的人才培養目的。也正是在這種情境下，教學背後的政治、意識形態因素亦被挖掘，「誰的知識最有價值？」，成為教科書研究者無法規避之問。

二、英語教科書研究綜述

倫敦大學著名語言教學研究專家威廉・麥基（William Francis Mackey）教授在其《語言教學分析》（Language Teaching Analysis）一書中總結道：「語言教學的發展史就是一部隨教學法鐘擺逸動的歷史」〔註 53〕。中世紀之前，外語教學以注重「口語」的教學法為先，中世紀之後變為「文法」為先；文藝復興中後期，外語教學又回到「交際」中；而後普洛茨（Plotz K）、雅克托（Jacotot）倡導的「語法—翻譯法」再成先導，「交際」回居二線；20 世紀開始，外語教學進入「方法時代」，從此外語教學便一直遊走於「語法」和「交際」之間，成為教學法之下的一個部分〔註 54〕，教科書的編寫也呈現出以「教

〔註 53〕Mackey W F. Language Teaching Analysis〔M〕. Great Britain : Longmans, 1965 : 139～151.

〔註 54〕理查茲和羅傑斯（Richards J C& Rodgers T S, 1986 ; 2001 ; 2014）認為外語教學方法（Method）包括教學原理（Approach）、教學設計（Design）和教學程序（Procedure）。其中，教學原理包括：(1) 關於語言本質的理論，即關於語言能力和語言基本結構的理論；(2) 關於語言學習本質的理論，即討論語言學習中的心理和認知過程，及利用這些過程達到有效學習的條件。教學設計是對教學原理實現路徑的設想，包括：(1) 教學目標；(2) 教學大綱；(3) 學習任務及教學活動的類型；(4) 學生角色；(5) 教師角色；(6) 教材角色。教學程序則是將教學設計試用於課堂的具體行為，包括：(1) 具體的教學活動（如：練習、對話、填空遊戲等）；(2) 使用教學活動的具體方式；(3) 基

學法」為馬首的情況。20 世紀後半葉，庫馬拉瓦迪為盧（Kumaravadivelu B）提出「後方法」這一概念，學界普遍認可「處方式」的教學方法並不存在，語言教學被理解和操作的最好方式應是把「方法」這一概念徹底拋諸腦後〔註 55〕。於是，各種「折衷」、「融合」的教學法出現在語言教學中，英語教科書也不再盲目地「隨大流」，基於教科書本體的研究越來越多。

（一）外語教科書研究與教學法的膠漆關係

近代，誇美紐斯首先對外語教科書作了較系統的論述。他認為兒童語言的發展過程就像是朝聖者從聖廟外廊到達內殿的旅程，而教科書的編排也應遵循這個過程。即兒童在「門廊」（the Vestibulum）時提供簡單對話所需詞彙，至「大門」（the Janua）時提供難度分級並能拓展語言知識的課文，至「庭院」（the Palatium）時集中呈現語言使用情境和風格，最後到達「內殿」（the Theaurus）時進行語言對比和翻譯訓練〔註 56〕。誇美紐斯認為「外語教學應該只以交際為目的，其他複雜的、詳細的語言知識都是不需要的」〔註 57〕，這種觀點反映了中世紀後期古典外語教學法向現代外語教學法的轉向。19 世紀末，弗朗西斯．古安（François Gouin）完成了他具有劃時代意義的著作：《外語學習的藝術》（The Art of Learning and Studying Foreign Language），這本以「直接教學法」（Direct Method）為主題思路的著作，為現代外語教學的形成奠定了方法論基礎，也由此開啟了教科書依附教學法的時代。20 世紀「方法時代」到來，各種教學法層出不窮，配套教科書的研發工作亦變得十分熱烈。

「沉默教學法」（The Silent Way）的發起人加特加諾（Gattegno C）提倡外語學習的「獨立、自主和責任」〔註 58〕。這種教學法的目標是使外語初學者獲得接近母語者的語言聽說能力，並掌握目標語言的韻律要素。而這一切

於學生表現，所設計和使用的教學步驟及教學技術。可見，教學方法在此是一個有關教學的上位概念，教科書是教學設計的一個部分，並與其他教學部分緊密聯繫。

〔註 55〕Kumaravadivelu B. Beyond methods : Macrostrategies for Language Teaching〔M〕. USA : Yale University Press, 2003 : 28.

〔註 56〕Clark J L. Curriculum Renewal in School Foreign Language Learning〔M〕.Oxford : Oxford University Press, 1987 : 29～30.

〔註 57〕Howatt A P R. The History of English Language Teaching〔M〕.Oxford : Oxford University Press, 1984 : 43.

〔註 58〕Gattegno C. 1972. Teaching Foreign Languages in Schools : The Silent Way〔M〕. New York : Educational Solutions, 1972 : 81～85.

的學習都必須依賴學習者盡可能多地自我學習。教科書在此有非常鮮明的特點，首先發音表全部由不同的顏色標注，單詞中相同的元音或輔音顏色一致，學習者在學習完一些發音知識之後，可以很自然地將其遷移到新單詞的學習中。其次，書內的單詞和詞組都有相對應的具象圖像、符號或顏色，對低年級學習者來說，他們能夠不需要翻譯而直接瞭解詞、句意思〔註 59〕。20 世紀 70 年代，從「暗示學」(Suggestology) 發展而來的暗示教學法 (Suggestopedia) 要求重視非理性和無意識對學習者的影響〔註 60〕。該教學法的倡導者斯德維克（Stevic）及諾扎諾夫（Lozanov）認為教科書應該具有情緒感染力（Emotional Force)，那些「讓人不愉快的主題和使人注意力分散的新詞彙都應該儘量避免」因此，「教科書每個單元都應該圍繞一個主旨來設置下屬的子主題」〔註 61〕。20 世紀末至 21 世紀初，外語教學進入「後方法」時代，教學方法被看作是一種「原理性」的指導方針，可以根據「個人」、「情境」進行調整和修改。與此同時，語言學從結構主義轉向功能主義，語言交際能力成為整個語言學的關注對象。在此基礎上，強調語言社會功能的「交際法」（Communicative Language Teaching）應運而生。該教學法實際是關於語言本質和語言教學的「一種兼具統一性和包容性的理論立場」〔註 62〕。與前文所敘沉默法和暗示法不同，教材在交際法中的地位很高，被認為是「提高語言交際的首選路徑」〔註 63〕。理查茲（Richards）與羅傑斯（Rodgers）在《語言教學流派及方法》(Approaches and Methods in Language Teaching) 中總結了交際法常見的三種教材類型。分別是基於文本的教材（text-based materials），基於任務的教材 (task-based materials) 以及實物教材 (realia)。基於文本的教材可以根據課程大綱進行結構化的編排；也可以脫離教材的結構或難易順序，以主題、話題的形式呈現。基於任務的教材即教材內容由各種待定完成的「任

〔註 59〕Richards J C& Rodgers T S. Approaches and Methods in Language Teaching〔M〕. UK : Cambridge University Press, 2001 : 86.

〔註 60〕Stevick E W. Memory, Meaning and Method : Some Psychological Perspectives on Language Learning〔M〕. Rowley Mass : Newbury House, 1976 : 42.

〔註 61〕Lozanov G. Suggestology and Outlines of Suggestopedy〔M〕. New York. Gordon and Breach, 1978 : 278.

〔註 62〕Brown H D. Principles of Language Language Learning and Teaching〔M〕. New York : Pearson Education, 2007 : 241.

〔註 63〕Richards J C& Rodgers T S. Approaches and Methods in Language Teaching〔M〕. UK : Cambridge University Press, 2001 : 168.

務」組成〔註 64〕。紐南（Nunan D）認為該類型教科書應包括：(1) 圖示建構，即為任務營造語言情境，介紹關鍵詞彙和詞組；(2) 控制練習，即設置目標語言相關的單詞，話語結構和功能練習；(3) 真實性聽力練習，即提供由本族語者對話組成的真實性聽力材料；(4) 關注語言要素，即對同一聽力材料進行反覆練習，以掌握語言重點；(5) 提供自由練習，撤掉原限制性語言訓練模式，鼓勵學習者自由練習。(6) 介紹教學任務，基於以上所學語言知識，設置高於原任務的總結性任務。實物教材指的是源於生活的真實語言材料，教師可以將目的語國家雜誌、廣告、報紙等內容作為支持交際任務的工具〔註 65〕。中國至上個世紀 80 年代起開始以「交際法」為指導編制英語教科書，其中就包括李觀儀、薛蕃康主編的《英語》(1～4 冊)，李筱菊主編的《功能交際法英語教材》(1～4 冊) 等優秀教科書。教育部也多次組織會議首肯以「交際法理論」為指導制定英語教學大綱、編寫英語教科書〔註 66〕。21 世紀的今天，現行的教科書仍可見「交際法」的深刻烙印，但值得一提的是，中國英語教科書編寫已越來越多地考慮使用者需求、一本教科書中一般由多種教學法原理支撐。

（二）英語教科書本體研究的三個維度

維因布倫納（Weinbrenner）曾對教科書研究的方法論進行總結，並得出了教科書本體研究的三個取向：過程取向；產品取向；接受取向〔註 67〕。後一年，埃吉爾・喬納森（Johnsen E B）在《萬花筒中的教科書：對教科書文獻和研究的再審視》(Textbooks in the Kaleidoscope. A Critical Survey of Literature and Research on Educational Texts) 一書中又將教科書本體研究分為四類，分別是內容分析；評價及選擇基準研究；編制與開發研究；使用情況研究〔註 68〕。

〔註 64〕Richards J C& Rodgers T S. Approaches and Methods in Language Teaching〔M〕. UK : Cambridge University Press, 2001 : 168～170.

〔註 65〕Nunan D. Task-Based Language Teaching〔M〕. UK : Cambridge University Press, 2004 : 31～34.

〔註 66〕夏穎，跨文化視角下的大學英語教育探索〔M〕，哈爾濱：哈爾濱工程大學出版社，2014：40。

〔註 67〕Weinbrenner P. Methodologies of Textbook Analysis used to date〔A〕. In H Bourdillon (ed.). History and Social Studies- Methodologies of Textbook Analysis〔C〕. Amsterdam : Swets and Zeitlinger, 1992 : 11～14.

〔註 68〕Johnsen E B. Textbooks in the kaleidoscope : a critical survey of literature and research〔M〕. : The University Press, 1993.

臺灣教科書研究學者藍順德則通過總結前 20 年教科書研究脈絡，將教科書研究分為兩個大向：內容分析和開發研製過程研究〔註 69〕。其中開發研製過程研究就包括了喬納森總結的：選擇基準、編制與開發、使用情況。湯姆林森（Tomlinson）等對近 30 年教科書研究進行了歸編，整理出三個語言教科書研究熱點：教科書評價、教科書編制、教科書使用〔註 70〕。筆者認為「內容分析」一般包括在教科書編寫、評價抑或使用研究中，因此，不在本段對其單論，而參考維因布倫納和湯姆林森的三維分類，對教科書評價（產品取向）、教科書編制（過程取向）和教科書使用（接受取向）相關研究進行綜述。

1. 英語教科書評價研究

教科書評價不僅有助於甄別和選定高水平、高質量的教材，而且能夠促進教師專業發展，提高學生的教學參與。埃利斯（Ellis）認為，現行的教育評價主要有兩種，一種是基於大規模項目的宏觀評價（macroevaluations），另一種是基於教師日常教學的微觀評價（microevaluations）。前者以教育問責和發展為目的，後者以提高具體情境中的教學效率為目的〔註 71〕。當前的教科書評價一般為微觀評價〔註 72〕，評價的標準及內容與教、學緊密相關。

斯奇爾索（Skierso）根據課程大綱，學生、教師的背景知識，以及外語、二語專家的建議構建了包括目錄，目標，內容，詞彙及結構，練習及活動，整體排版在內的六個教科書評價標準〔註 73〕。坎寧斯沃思（Cunningsworth）則認為語言內容，語言選擇及排序，語言呈現及訓練，發展語言技能及交際技巧，對其他教材和學習動機的支持，總體評價，是英語教科書評價的重點內容〔註 74〕。之後，他又於 1995 年修改了原評價框架，將目標與路徑，設計與

〔註 69〕藍順德，20 年來博碩士論文教科書研究之分析〔J〕，國立編譯館，2004（10）：52。

〔註 70〕Tomlinson B& Masuhara H. Research for materials development in language learning : Evidence for Best Practice.〔C〕London : Continuum, 2010.

〔註 71〕Ellis R. The Evaluation of Communicative Tasks〔A〕. In B Tomlinson（ed.）. Materials Development in Language Teaching〔C〕. Cambridge : Cambridge University Press, 1998 : 217.

〔註 72〕Tomlinson B. Developing Materials for Language Teaching.〔C〕London ; NY : Continuum, 2003 : 41.

〔註 73〕Skierso A. Textbook Selection and Evaluation〔J〕. Teaching English as a second or foreign language, 1991（2）: 432～453.

〔註 74〕Cunningsworth A.Evaluating and Selecting ELT Materials〔M〕. London : Heinemann, 1984.

組織，語言內容，語言技能，話題，方法論，教師指導，現實考量作為英語教科書評價標準〔註75〕。帕特爾與賈恩（Patel& Jain）在坎寧斯沃思的評價標準上，依據自身經驗，總結了教科書的九個評價標準：（1）考慮學習者個體的差異；（2）與教學目標緊密聯繫；（3）內容層次遞進；（4）練習題和實踐學習放於每一章的最後；（5）能夠發展學習者道德素養；（6）沒有任何印刷錯誤；（7）價格低廉；（8）紙質優良；（9）封面具有吸引力〔註76〕。利艾茲〔註77〕（Riazi & Mosalanejad）、蘇丹娜〔註78〕（Sultana）、艾維勒斯〔註79〕（Aviles）等研究者則基於布魯姆（Bloom）的目標分類，設計了包括知識、領會、運用、分析、綜合、評價六個維度的教科書評價標準。另外也有不少研究者關注教科書的內部評價，比如教科書文化內容的評價〔註80〕〔註81〕〔註82〕〔註83〕，教科書篇章結構的評價〔註84〕〔註85〕等。

近年來，英語教科書的種類越來越多，但是它們大都歸屬於不同的出版社，依賴不同的編制理念，因此，許多研究者呼籲建立統一的英語（外語）教

〔註75〕Cunningsworth A.Choosing Your Coursebook〔M〕. Oxford : Heinemann, 1995.

〔註76〕Patel M F& Jain P M. English Language Teaching（Methods, Tools& Techniques）〔M〕. India : Sunrise Publishers & Distributors, 2008 : 65.

〔註77〕Riazi A M& Mosalanejad N. Evaluation of learning objectives in Iranian high-school and pre-University English textbooks using Bloom's taxonomy〔J〕. TESL-EJ : The Electronic Journal for English as a Second Language, 2010 : 13（4）.

〔註78〕Sultan Q. Scholarly teaching - Application of Bloom's taxonomy in Kentucky's Classrooms〔Z〕. The Third Annual Conference on Scholar- ship and Teaching, Bowling Green : KY, 2001.

〔註79〕Aviles C B. Teaching and testing for critical thinking with Bloom's taxonomy of educational objectives〔Z〕. ERIC Document Reproduction Service, 2000.

〔註80〕Almujaiwel S& Analysing Culture and Interculture in Saudi EFL Textbooks : A Corpus Linguistic Approach〔J〕. English Language Teaching, 2018, 11（2）: 31.

〔註81〕Gokce A T& Agcihan E . Analyzing the Types of Discrimination in Turkish for Foreigners Books〔J〕. Universal Journal of Educational Research, 2018, 6.

〔註82〕Er O. Evaluation of the Cultural Elements in the Textbook "Genki I : an Integrated Course in Elementary Japanese"〔J〕. Journal of Education and Training Studies, 2017（5）: 193～204.

〔註83〕吳曉威，人教版高中英語教科書中文化內容的選擇及其呈現方式研究〔D〕，東北師範大學，2014。

〔註84〕Zhang M& Zhu W& Wan M. Corpus-Based Evaluation on Instrumental Texts in Textbook〔J〕. Higher Education Studies, 2018（8）: 104～112.

〔註85〕Gürbüz O& Emine A B. Evaluation of English Textbooks in Terms of Textuality Standards〔J〕. Journal of Education & Training Studies, 2016, 4（12）: 36～44.

科書質量評價程序〔註 86〕〔註 87〕〔註 88〕。麥克唐納、肖恩（McDonough J& Shaw D et al.）等人描繪了教科書質量評價的基本過程：評價人員首先要對教科書進行外部評價（External Evaluation），即判斷目標受眾的需要、教科書的基本類型（必備教科書還是輔助教科書）、視覺呈現情況，記錄其所包含的單詞量、特殊文化、目錄、練習題等。如果被評教科書具有良好的發展潛力，則可進入內部評價（Internal Evaluation），主要分析教科書外部要素在內部的組織和一致性。最後，評價人員需對教科書作總體評價（Overall Evaluation），即評價教科書的易用性、普適性、適用性、靈活性〔註 89〕。坎寧斯沃思〔註 90〕和湯姆林森〔註 91〕則認為，教師可以從使用前、使用中、使用後三個階段對教科書進行評價。此外，還有根據既定目標對教科書潛力的預估，如預測性評價（Predictive Evaluation）和反思性評價（Retrospective Evaluation），預測性評價包括兩種模式：第一印象描述和檢查表打分；反思性評價用於確定和提高預測性評價模式的有效性及可用性〔註 92〕〔註 93〕。

2. 英語教科書編制研究

教科書的編制與一個國家、地區甚至是編制者的課程哲學取向緊密相關〔註 94〕。艾斯納和瓦倫斯（Eisner& Vallance）曾總結：認知過程取向的課程觀要求教科書注重學習者心智技能的發展；學術理性課程觀要求教科書呈現

〔註 86〕Dalim S F& Mubarrak M. Quantitative method of textbook evaluation for chemistry （KBSM）Form 4 textbooks〔Z〕. International Conference on Social Science Research, Malaysia: Penang, 2013.

〔註 87〕Klanawong, S. A Study of Reading Questions in High School English Textbooks and National Tests〔J〕. The New English Teacher, 2017（1）: 44～68.

〔註 88〕Kraishan O M& Almaamah I. Evaluation of the Third Class Science Text Book from the Teacher's Perspective at Madaba Municipality〔J〕. International Education Studies, 2016, 9（3）: 123～130.

〔註 89〕McDonough J& Shaw C. Materials and Methods in ELT : A Teacher's Guide〔M〕. Oxford : Blackwell, 1993: 52～61.

〔註 90〕Cunningsworth A.Choosing Your Coursebook〔M〕. Oxford: Heinemann, 1995.

〔註 91〕Tomlinson B. English Language Learning Materials: A Critical Review〔C〕London; NY: Continuum, 2008.

〔註 92〕Ellis R. The Empirical Evaluation of Language Teaching Materials〔J〕. ELT Journal, 1991（1）: 36～42.

〔註 93〕Mukundan J. Evaluation of English Language Textbooks: Some Important Issues for Consideration. Journal of NELTA, 2010（1）: 80～84.

〔註 94〕陳月茹，教科書內容屬性改革研究〔D〕，華東師範大學，2005：25～26。

人類社會發展過程中最基礎和精練的學科知識；自我實現課程取向則關注學習者學習興趣的養成，把學習者放在教科書編制的中心位置；社會重建課程取向認為教科書應該呈現社會爭議性問題，培養學習者批判性思維〔註 95〕。李子建和黃顯華也從課程範式轉變的角度討論了不同時期課程取向對教科書內容編制的影響〔註 96〕。值得一提的是，現階段教科書編寫往往受多種課程取向的綜合影響，比如 2011 年中國頒布的《義務教育英語課程標準》就規定了教材編制的四個原則：思想性原則（自我實現取向），科學性原則（自我實現取向、認知過程取向、學術理性取向），趣味性原則（自我實現取向、認知過取向），靈活性原則。

以上課程取向只是引導教科書編制基本走向的上位觀念，如何將它們體現在教材中，則需要更加詳細的教科書編寫方法。麥格拉斯（McGrath）深入教材設計中，集中探討了教科書設計系統化的原則和方法，認為學習者是教材編制過程中極易被忽視的主體，「科學的教科書編制」必須在教材使用前、使用中、使用後加入學生的教科書評價意見〔註 97〕。湯姆林森等則從「語言習得」這一視角出發，推崇「真實語料」的選擇。其等認為，教科書編制、投入時程一般較長，常出現「內容過時」的情況，為保證語料的真實性和時代性，教材編制者可放權給教師，提供「開放性教材」，抑或選擇經典的、有批判性意義的材料作為應對〔註 98〕。喬林和波利什（Jolly & Bolitho）具體指出，英語（外語）教科書編寫可參考以下步驟：（1）確定教師和學習者對教科書的需求；（2）選擇大致的體裁、內容、文本；（3）設計相應並適當的練習及活動；（4）對教科書主體設計進行考慮〔註 99〕。中國也曾刊發過幾本有關英語（外語）教科書編制與開發的論文集，比如：廣東省教育研究院，中小學外語課程教材改革與發展研究課題組 2015 年合編的《中小學外語課程教材改革

〔註 95〕Eisner E W& Vallance E E. Conflicting Conceptions of Curriculum〔M〕. Berkely: McCutchan, 1973: 1～18.

〔註 96〕李子建、黃顯華，課程：範式、取向和設計〔M〕，香港：香港中文大學出版社，1994：257。

〔註 97〕McGrath I. Materials Evaluation and Design for Language Teaching〔M〕. Edinburgh: Edinburgh University Press, 2002.

〔註 98〕Tomlinson B. English Language Learning Materials: A Critical Review〔C〕London; NY: Continuum, 2008.

〔註 99〕Jolly D& Bolitho R. A framework for materials writing〔A〕. In B. Tomlinson（ed.）. Materials Development in Language Teaching〔C〕. Cambridge: Cambridge University Press, 2011: 34～107.

與發展研究》，中國公共外語教學研究會 1987 年彙編的《公共外語教材研究文集》等，這些文集不僅包括了中國當時教材編制現狀的調查報告，而且提出了具有理論指導意義的方法論。此外，黃建濱〔註 100〕、劉曉華〔註 101〕等研究者具體到不同學習階段，如基礎教育、高等教育階段；和不同專業方向，如英語專業、非英語專業提出了相對應的英語教科書編寫方案改進策略。

3. 英語教科書使用研究

麥格拉斯與湯姆林森曾直言，現階段的教科書研究大多關注教材本體，教材使用研究相對匱乏。但其實，「無論一套教材編撰得多麼『完美』，印刷得多麼『精緻』，其最終都要回歸到師生手中，也就是說，如果這套完美又精緻的教材不符合教學情境或學習者需求的話，一切都成枉然」〔註 102〕〔註 103〕。的確，瞭解教科書使用主體的體驗，圍繞他們對教科書使用效果進行測量，並提出改革策略是英語教科書研究的必要趨勢。

當前較典型的教科書使用研究歸納如下：麥克唐納與肖恩〔註 104〕對以交際教學法為指導的英語教科書進行了分析，發現該類教科書缺乏系統的語法練習，閱讀部分包括太多生僻單詞，口語訓練的指導語使用亦不夠。坎寧斯沃思〔註 105〕從學習者整體出發，總結了影響教科書使用的五大因素：課堂氛圍，教學參與者的個性，教學大綱的限制，可利用教學資源，學習者期待和動機。此外，以上學者還對教師如何有效使用教科書進行了述評，提出了增加、刪減、簡化、重述、代替五個教科書使用策略。增加即在現有教科書的基礎上對教科書內容進行延伸（extending）：只增加教科書同類型輔助教材，和擴展（expanding）：增加與教科書內容不同的輔助材料，如根據課堂教學情境或教學經驗，自行增添某一單元討論話題。與增加相對的是刪減，其包括刪節（subtracting）和節略（abridging）兩種手段，刪節即教師適時減少教科書

〔註 100〕黃建濱，英語教材研究〔M〕，杭州：浙江大學出版社，2015。

〔註 101〕劉曉華，英語專業綜合英語教材研究〔M〕，北京：北京理工大學出版社，2006。

〔註 102〕Tomlinson B. Developing Materials for Language Teaching〔C〕. London; NY: Continuum, 2003: 15～16.

〔註 103〕McGrath I. Materials Evaluation and Design for Language Teaching〔M〕. Edinburgh: Edinburgh University Press, 2002.

〔註 104〕McDonough J& Shaw C. Materials and Methods in ELT: A Teacher's Guide〔M〕. Oxford: Blackwell, 1993.

〔註 105〕Cunningsworth A.Choosing Your Coursebook〔M〕. Oxford: Heinemann, 1995.

的某些內容或練習，節略是教師從教科書「質量」出發，把不適合當前學習者語言習得的某些材料刪除。簡化在於改寫某些教材內容，使其更利於師生接受。重述是對即得教科書內容布局的重新編排，比如將討論置於閱讀前。代替則是教師將教材的某一內容、活動、圖片等更換成滿足特定文化需求和具備時代性的材料。

一些學者也試圖從實證數據出發，以瞭解當地英語教科書使用狀況，並提出提升意見，比如：湯姆林森的論文集《英語語言學習教材研究綜述——批判的角度》（English Language Learning Materials: A Critical Review）〔註 106〕就收錄了各大洲英語教科書使用情況的研究報告。阿爾·卡塔尼〔註 107〕（AL-Qahtani）從教師專業發展這一領域，對沙特阿拉伯地區在職教師的英語教材使用情況進行總結。阿巴斯和葉海亞〔註 108〕（Abbas& Yahya）調查了伊朗 119 名本科生和 36 名教師的「本土英語教材」使用滿意度。索尼斯金納等人〔註 109〕（Solnyshkina& Vishnyakova et al.,）對俄羅斯當前使用的英文原版教科書篇章複雜程度進行了研究，結果發現，該研究樣本（Spotlight 11）缺少難易的過渡，篇章深度銜接也存在問題。麥克科納奇〔註 110〕（McConachy）另闢蹊徑，他在發現現行英語教科書普遍存在文化表徵錯誤的前提下，提出這些「錯誤」是增進學生批判性文化意識的一種可能途徑。中國研究者黃建濱〔註 111〕及何東〔註 112〕則分別從「校本課程開放」和「國際理解教育」兩個視角對英語教科書使用現狀及提升策略進行了辨析。

〔註 106〕Tomlinson B. English Language Learning Materials: A Critical Review〔C〕London/ NY: Continuum, 2008.

〔註 107〕Al-Qahtani M F. Relationship between English language, learning strategies, attitudes, motivation, and students' academic achievement〔J〕. Education in Medicine Journal, 2003, 5（3）: 19～29.

〔註 108〕Abbas Z& Yahya S. Iranian University Learners' and Teachers' Views on Adopted and Locally-Developed English Language Teaching Textbooks〔J〕. International Journal of Instruction, 2018（11）: 291～308.

〔註 109〕Solnyshkina M I& Vishnyakova D et al. English Textbooks for Russian Students: Problems and Specific Features〔J〕. Journal of Social Studies Education Research, 2017, 8（3）: 215～226.

〔註 110〕McConachy T. Critically engaging with cultural representations in foreign language textbooks〔J〕. Intercultural Education, 2018: 1～12.

〔註 111〕黃建濱，英語教材研究〔M〕，杭州：浙江大學出版社，2015。

〔註 112〕何東，國際理解教育視角下的大學英語教材研究〔M〕，廣州：廣東世界圖書出版有限公司，2016。

（三）小結與反思

坎寧斯沃思在其代表作《如何選擇教材：英語教學指南》（Choosing Your Coursebook： Handbooks for the English Classroom）中談論了教科書的角色：它不僅是引導教學活動、呈現教學材料的載體，而且是輔助學習者自我學習、教師備課的重要工具〔註 113〕。但是也正如湯姆林森說的那樣：「我理想中的英語教科書首先應基於語言習得理論，它們內部各個單元之間應該具備組織性、相關性、銜接性。然而現實往往並不如此，商業化的教材首先想到的是『買家』需要什麼而不是『學習者』如何從中獲益。另外，現行的英語教科書大多跟著『直覺』編寫，而不去思考哪些內容可以促進語言習得。」〔註 114〕的確，英語教科書的編寫、發行夾雜著太多的利益衝突，語言教學的本質被擱置，學習者的需求被忽略。作為教科書研究者不應侷限於「直覺性」的內容分析，而應從語言學出發，建立科學的英語教科書評價體系。其次，我們應該看到制約教科書內容選擇與呈現的社會、文化要素，擴展英語教科書研究的寬度和深度。最後，教科書的使用者：教師與學生始終是教科書研究的中心，今後的研究應把關注點聚焦在教科書使用過程監測，以及教科書使用效果評估上。

三、外語教科書元話語研究成果

如海亮所言，元話語研究長期以來都對「學術語篇」情有獨鍾〔註 115〕，與教學相關的分析也只是集中在課堂話語或教學實踐中，關於英語（外語）教科書元話語的專敘幾乎沒有。偶現的「外語教科書元話語」相關論述，主要出現在克里斯摩爾以及海亮的研究成果中。

（一）克里斯摩爾的相關研究

克里斯摩爾是較早對外語教科書進行研究的修辭學專家，她最初涉獵元話語研究主要是為增加教科書的可讀性，她發現一些明顯的元話語標記比如標題、邏輯聯結語、過渡語等都能夠提升學習者對教科書的理解。儘管那個

〔註 113〕Cunningsworth A.Choosing Your Coursebook〔M〕. Oxford: Heinemann, 1995: 2.

〔註 114〕Tomlinson B. English Language Learning Materials: A Critical Review〔C〕London; NY: Continuum, 2008 : 17.

〔註 115〕Hyland K. Metadiscourse: What is it and where is it going?〔J〕. Journal of Pragmatics, 2017, 113 : 16～29.

時候克里斯摩爾並沒有直接使用「metadiscourse」這一術語，但其對「非命題話語」的認識，為今後元話語系統研究奠定了堅實基礎。1982 年，克里斯摩爾發表了自己第一篇元話語專題論作：《元話語要素：理解寫作中的閱讀指向標記》（The Metadiscourse Component: Understanding Writing about Reading Directives），並明確提出，元話語的主要目標是為讀者提供篇章關聯信息。在此文中，她引用了大量篇章語言學、話語分析領域的研究成果，認為范迪克（van Dijk）所言「詞義關聯線索」和「語用關聯線索」其實就是元話語。詞義關聯線索中，她列舉了三種次類型，分別是直接關聯表達（比如 important、critical）、主體指示詞（如 the subject…）、總結語（如 the conclusion），連接詞（如 so、thus）以及超結構標記語（如 our premises are）；語用關聯線索則包括言外之力指示詞（比如 I hereby warn you）。除以上元話語分類之外，克里斯摩爾還歸納出模糊限制語（如 maybe、probably）、增強語（如 certainly）、排序語（如 first、second）、話題組織語（如，now）四種元話語，並指出「大多數元話語都可歸為副詞」。1983 年，她發表了名為《元話語：校際與非校際社會科學篇章的元話語特徵及使用》（Metadiscourse: What it is and How it is Used in School and Non-School Social Science Texts）這一學術論著，首先對元話語進行了清晰、簡明地解釋：作者有意或無意地話語闖入，對讀者的「引導」而非「告知」〔註 116〕。這一定義後被萬德．庫珀、海亮等人引用、發展，成為描述元話語的主要表達。她接著把元話語劃定為兩大類，分別是信息元話語、態度元話語，並用於對比社會科學類教科書及學術篇章。結果發現，信息元話語方面，教科書目標類元話語、預計劃元話語要遠高於後者，而學術篇章的後計劃元話語、話題組織語則高於前者。態度元話語方面，其在學術篇章中的出現頻率要遠遠高於各類社科類教科書，尤其是評價元話語，幾乎高出教科書四倍有餘。而後，她繼續深入教科書研究，得出，運用元話語可以使篇章呈現溫暖、交際的良好氛圍，但同時也將失去篇章的正式性，並提出外語教科書編寫者在編撰教科書時應思考的問題：（1）你呈現的是主觀觀點還是客觀事實？（2）這些觀點或事實應該通過第一人稱代詞來承接，還是直接使用鮮明的觀點陳述？為更好地瞭解學習者對元話語的態度，克里斯摩爾對 120 名六年級學生進行了教科書接受性的實驗研究，在對原教科書元

〔註 116〕Crismore A. Metadiscourse: What is it and How is it Used in School and Non-School Science Texts〔M〕. Urbana-Champaign: University of Illinois, 1983: 18.

話語改良之後，其發現，信息類元話語能提高學習者，特別是低語言水平學習者對教科書的理解力，態度類元話語則能明顯幫助學習者更好地理解作者觀點、感受、態度。1984 年，克里斯摩爾以修辭學為視角對外語教科書元話語的未來發展作了預測，她認為，當前外語教科書應該向「修辭學轉向」，即使「理想的教科書內容與作者對這些內容的態度達成共通」〔註 117〕。

（二）海亮的相關研究

海亮在克里斯摩爾的研究基礎上對教科書進行了更大規模的分析，其中就包括學科（外語）教科書的比較研究。海氏基於韓禮德的系統功能語言學，首先將元話語分為篇章元話語（textual metadiscourse）及人際元話語（interpersonal metadiscourse），篇章元話語主要用來引導讀者理解命題信息；人際元話語則提示讀者，作者對讀—寫關係及命題的觀點。2004 年，海亮將這個框架應用到教科書研究中，通過對八本不同學科專業教科書進行研究，發現，成熟的教科書編寫者都具有一定元話語意識，在所有的元話語中模糊限制語及增強語要遠遠高於其他元話語出現頻次，這說明，教科書話語並不僅僅陳述、復述無爭議的學科事實，也表現作者本人對其描述內容的強烈認知。在不同學科中，人文社科類教科書使用更多連接語（如 and、but）、言據語（如 according to）及關係連接語（如 see…），而自然科學類教科書偏向使用更多內指標記語（如 noted above）。2005 年，海亮出版了其標誌性的著作《元話語：探索寫作中的交際》（Metadiscourse: Exploring Interaction in Writing），在書中，他重新修正了原先的分析框架，將篇章元話語改為引導式元話語（interactive metadiscourse），人際元話語改為互動式元話語（interactional metadiscourse）。海亮使用該框架，對通識類教科書和期刊文獻進行了比較，發現教科書連接語使用率為期刊文獻兩倍之多，參與標記（如 let』s）、內指標記語略高於期刊文獻，而期刊文獻中模糊限制語、增強語、言據語皆高於教科書。海亮的研究結果告訴我們，不同專業（人文社科類、自然科學類）、不同類型（專業類、通識類）教科書元話語具有不同特徵，在描述其功能特性時，一定要注意區分研究對象的篇章屬性、適用對象，及所在言語社團。

〔註 117〕Crismore A . The Effect of a Rhetorical Textbook on Students: Two Studies of Metadiscourse and Interpersonal Voice〔J〕. Content Analysis, 1984: 33.

（三）小結與反思

元話語研究作為一門新興學科，融合了修辭學、社會學、語言學等多學科研究成果，其發展雖然不久，卻表現出強健的學術生命力，其成熟、豐碩是可期、可預的。但，元話語研究仍有研究對象單一，概念界定模糊，研究手段程式化等問題，此在教科書元話語研究中亦然。本文認為，未來的研究應該加大對不同年級、不同言語社團教科書元話語的解讀；增強元話語研究的理論基礎；從元話語研究偏向量化、描述的研究方法中脫離出來，充實質性研究的比重；加大語料庫的建設工作，為教科書元話語對比研究、大規模研究提供技術支撐。

第三章　英語教科書元話語研究的理論基礎梳理

本研究的開展依託於篇章語言學這一學科視角，作為從古典修辭學、文體學演化而來的「古老」學科，其在 20 世紀產生了分野和融匯，最終成為汲取百家之長的「新生」學科。本章將對篇章語言學的相關概念、發展歷程、主要流派進行辨析和爬梳，並在此基礎上對本研究演進的邏輯思路進行總結。

一、篇章語言學相關概念釋義

20 世紀 60 年代理論語言學不斷發展和分化，以喬姆斯基（Chomsky）為首的轉換生成學派佔據了語言學研究的主嶺，語言研究逐漸向篇章研究靠攏。作為一門交叉學科，篇章語言學與話語分析、語篇分析、文本分析等研究領域有著千絲萬縷的聯繫。而無論是在中國國內還是在國外，對以上領域關鍵概念的解釋都存在混淆。本段將著重對此進行澄清。

（一）篇章、話語及語篇

在王宗炎編著的《英漢應用語言學詞典》中，他將 discourse 譯為語段、語篇、話語，text 譯為篇章、語篇。Discourse 指語言運用的各種實例，即語言交際過程中所說的話〔註 1〕；Text 指口頭或書面語的一個單位，或短或長〔註 2〕，需要參照上下文理解。在狹義的理解中，口語研究可指稱為話語分

〔註 1〕王宗炎，英漢應用語言學詞典〔M〕，長沙：湖南教育出版社，1988：107。
〔註 2〕王宗炎，英漢應用語言學詞典〔M〕，長沙：湖南教育出版社，1988：389。

析（discourse analysis），書面語研究則屬於篇章語言學（text linguistics），但是也有許多研究者將二者混為一談，即同時將口語和書面語作為研究對象〔註 3〕。

在理查茲·傑克（Richards J）編著劉潤清翻譯的《朗曼應用語言學詞典》中，discourse 被翻譯為語篇、話語，是由於一次交際行為而產生的語言，是指諸如段落、會話、面談等更大的語言單位，discourse analysis 為語篇分析，即是對以上語言單位的研究〔註 4〕。Text：話語、語段、篇章，指的是一段口頭或書面語言，與語境聯繫緊密。Text linguistics 為篇章語言學，研究口頭或書面語篇（text），分析語段的各部分如何組織，有什麼關係，如何成為有意義的整體〔註 5〕。

在克里斯特爾（Crystal D）編著，沈家煊翻譯的《現代語言學詞典》中，

discourse 意為話語，指一段大於句子的連續語言（特別是口語），分析話語語言學規律的學科為話語分析（discourse analysis）〔註 6〕；text 為篇章、語篇，不僅指書面材料，也指口說材料〔註 7〕，相關學科名稱為篇章語言學（text linguistics）。

從以上詞典的定義中不難發現，text 和 discourse 並沒有一個唯一、確定的翻譯。但一般來說，篇章一般指代 text，而話語一般指代 discourse，存在爭議的翻譯主要為「語篇」。此論點可以從中國語言學研究者的著作題目中窺證。作者在「讀秀」中文圖書數據庫中分別以「篇章」、「話語」、「語篇」為名搜索外語語言類圖書，剔除重複書目，查詢對應的書目翻譯名稱，結果如表 3-所示。

〔註 3〕王宗炎，英漢應用語言學詞典〔M〕，長沙：湖南教育出版社，1988：107；389～290。

〔註 4〕（英）理查兹（Richards J）等編著；劉潤清等譯，朗曼語言學詞典〔M〕，太原：山西教育出版社，1993：97～98。

〔註 5〕（英）理查兹（Richards J）等編著；劉潤清等譯，朗曼語言學詞典〔M〕，太原：山西教育出版社，1993：336～337。

〔註 6〕（英）戴維·克里斯特爾（David Crystal）編；沈家煊譯，現代語言學詞典〔M〕，北京：商務印書館，2000：111。

〔註 7〕（英）戴維·克里斯特爾（David Crystal）編；沈家煊譯，現代語言學詞典〔M〕，北京：商務印書館，2000：358。

表 3-1　外語語言類書名翻譯統計

以篇章為名的書目	以話語為名的書目	以語篇為名的書目
總數：22 本	總數：71 本	總數：88 本
翻譯為 text：17 本	翻譯為 text：2 本	翻譯為 text：31 本
翻譯為 discourse：4 本	翻譯為 discourse：65 本	翻譯為 discourse：51 本
其他：1 本	其他：4 本	其他：6 本

基於上述分析，本文認為，在語言學中，篇章的英譯名應為 text，篇章語言學即 text linguistics；話語英譯名應為 discourse，話語分析即 discourse analysis；而語篇有兩種翻譯，既可指代 text 又可指代 discourse。為了防止混淆，在本文中，text 均等同於「篇章」，discourse 均等同於「話語」，而「語篇」一詞將不作為用。

為了進一步澄清篇章與話語之間的區別和聯繫，本文將對二者的實際內涵進行解釋。從上列字典析譯中可知，話語：discourse 對應的主要是「口語」，篇章：text 可對應「口語」、「書面語」。但加納威〔註 8〕（kinneavy）、希夫林〔註 9〕（Schiffrin）、范迪克〔註 10〕（Van Dijk）等研究者認為 discourse 也可表示書面語，因為「有些會話也具有書面語的特徵」〔註 11〕。另外，二者都是大於句子的語言單位，皆滿足語言結構的完整性（銜接、連貫）並包括相應演繹規則（言語行為規則）〔註 12〕，但前者是靜態產品，後者是聽、說者或寫、讀者建構關係的抽象過程〔註 13〕〔註 14〕〔註 15〕。然而，也有小部分研究

〔註 8〕Kinneavy J L. A Theory of Discourse: The Aims of Discourse〔M〕. New York: W. W. Norton and Company, 1971.

〔註 9〕Schiffrin D. Conversation Analysis〔A〕. In F J. Nermeyer（ed.）. Linguistics: the Cambridge Survey IV〔C〕. Cambridge: Cambridge University Press, 1988.

〔註 10〕Van Dijk T A.Ideology: a multidisciplinary approach〔M〕: London: sage publications, 1998.

〔註 11〕Schiffrin D. Conversation Analysis〔A〕. In F J. Nermeyer（ed.）. Linguistics: the Cambridge Survey IV〔C〕. Cambridge: Cambridge University Press, 1988: 253.

〔註 12〕（德）Hadumod Bussmann 著；（英）Gregory P. Trauth，（英）Kerstin Kazzazi 編譯，Dictionary of Language and Linguistics（語言與語言學詞典）〔M〕，北京：外語教學與研究出版社，2000：131。

〔註 13〕Cook G. Discourse〔M〕. Oxford: Oxford University Press, 1999.

〔註 14〕Brown G& Yule G. Discourse Analysis〔M〕. Cambridge: Cambridge University Press, 1983.

〔註 15〕Nunan D. Discourse Analysis〔M〕. London: Penguin Group, 1993.

者不同意此論點，認為篇章並非實體「產品」，它實際對比話語更加抽象，話語是篇章實現的具體手段〔註16〕。面對如此爭議，范迪克解釋道，最初的篇章語言學和話語分析關注點不同，前者主要研究語言活動的產物，後者關注語言過程，因此大家對「篇章」和「話語」的解釋存在差異。但隨著篇章語言學不斷發展，其研究範圍逐漸覆蓋了話語分析的多個領域，兩個領域越來越靠攏，已難分彼此，因此也無需過多強調二者的區別〔註17〕。徐赳赳在《現代漢語篇章語言學》中比較了（中國）國內、外學者對話語分析和篇章語言學的定義，得出以下結論：（1）大多數學者認為話語、篇章既包括口語也包括書面語；（2）話語、篇章有廣義和狹義之分。廣義上的話語和篇章並無本質區別；（3）對話語、篇章的準確理解，可建立在「話語、語篇」這類詞所出現的語境基礎之上〔註18〕。胡壯麟〔註19〕、胡曙中〔註20〕等學者的觀點與范迪克和徐赳赳一致，也認為語言學中，「篇章」和「話語」的涵義大抵一致，只是美國好用「話語分析」，歐洲愛用「篇章語言學」罷了。作者同意篇章、話語同義不同譯，認為它們皆是「一個小句（clause）以上，語義連貫、語言銜接，具有完整信息和交際目的的文字或口頭材料」，本文也將不加區分地參考篇章語言學及話語分析的研究成果。只不過在中文語境中，篇章較側重書面語言，話語側重口語形式表達〔註21〕，為了契合本文的研究對象——「教科書」，遂使用「篇章語言學」這一術語。

（二）篇章與文本

「Text」不僅是篇章語言學關注的對象，也是文學研究的重要內容，在文學中 text 一般被翻譯為「文本」。字面上看文本是一種實體，是「文件、文獻，或文章原稿」〔註22〕。文學中這種可計量，佔有物理空間的實體被認為是「一

〔註16〕（英）戴維・克里斯特爾（David Crystal）編；沈家煊譯，現代語言學詞典〔M〕，北京：商務印書館，2000：358～359。

〔註17〕Van Dijk T A. Macrostructures〔M〕. Hillsdale: Lawrence Erlbaum Associates, Inc., 1980: 21.

〔註18〕徐赳赳，現代漢語篇章語言學〔M〕，北京：商務印書館，2010：4。

〔註19〕胡壯麟，語篇的銜接與連貫〔M〕，上海：上海外語教育出版社，1994：1～2。

〔註20〕胡曙中，語篇語言學導論〔M〕，上海：上海外語教育出版社，2012：i-ii。

〔註21〕林予婷、張政，再議術語翻譯的規範性問題——以「discourse」譯名為例〔J〕，外語研究，2013（3）：69～72。

〔註22〕夏徵農、陳至立等，辭海（第6版）〔M〕，上海：上海辭書出版社，2008：2378。

個方法論的場域，不可握在手中，它是有待闡釋的、存在於語言之中的抽象體」〔註 23〕。語言學中，文本等同於篇章〔註 24〕，是多個符號（口頭言詞、書面文字）的組合（語言的符號性）。關於文本在文學和語言學中的區別，羅特曼〔註 25〕等認為，從文化上看，文本有三層意義，一層是亞文本意義，即「構成文化的文本的一般語言內容」，屬於語言學範疇；一層是文本意義，即「文本內容」；最後一層是超文本意義，即文本的「文化價值」。文學文本的特徵就在於它「不聚焦具體的語言信息，而矚於文本的超信息」，所以我們才常能看到許多跳脫常規，或喪失語言意義的文學表達。也正因語言學欠缺文化上的表達，所以才出現話語（篇章）分析——即不止對文本進行語言學解釋，而且對它進行超文本的解讀，這一研究領域。以上三層意義可組合成八種不同類型的文本，具體可見表 3-2。丁爾蘇〔註 26〕、張樹錚〔註 27〕認為，語言學中的文本包括口語、書面語和文學語言。由文學語言構成的文本是最高級的語言表達形式，代表了語言的規範和發展方向。王熙梅、潘慶雲進一步說明文學文本與語言學文本的主要區別在於文學具有藝術性，它呈現的文字符號是藉以反映社會生活、表達思想情感的，而語言學中所研究的種種文本，比如科技文本、政治文本等並不全具有藝術性和審美性〔註 28〕。胡明揚的觀點與王、潘兩人一致，他提出「文學是語言的藝術」這一論點，認為文學是對語言的藝術加工〔註 29〕。

表 3-2　文本類型

文本意義／文本類型	亞文本意義（語言學意義）	文本意義	超文本意義（文學意義）
1. 廣泛範圍的文本。比如由民眾口頭創作的民間傳說、民間故事。	√	√	√

〔註 23〕金宏宇，文本周邊 中國現代文學副文本研究〔M〕，武漢：武漢大學出版社，2014：7。

〔註 24〕楊敏，愛國主義語境的話語重構〔M〕，北京：中央編譯出版社，2013：16。

〔註 25〕（俄）Лотман 等著；（美）Daniel P L 編譯. Soviet Semiotics〔M〕. USA: Baltimore, 1977: 127～135.

〔註 26〕丁爾蘇，語言的符號性〔M〕，北京：外語教學與研究出版社，2000：79。

〔註 27〕張樹錚，語言學概論〔M〕，武漢：武漢大學出版社，2012：65。

〔註 28〕王熙梅，潘慶雲著，文學的語言〔M〕，北京：文化藝術出版社，1990：2。

〔註 29〕胡明揚著，語言和語言學 修訂版〔M〕，北京：語文出版社，2004：42。

2. 取消解釋者，從外部消解符號性。比如別林斯基所說的「真實在哪兒，詩歌就頌揚到哪兒」	√	×	√
3. 過於儀式化的文本。比如托爾斯泰認為莎士比亞「太藝術化」。	√	√	×
4. 大部分語言信息沒有文本的文化意義。	√	×	×
5. 難以解讀的、神秘的文本，語言學意義被消解。	×	√	√
6. 文本文化價值在一定程度上影響文本的理解程度。	×	√	×
7. 是人們所謂「沉默」的意義。	×	×	√
8. 完全的沉默。	×	×	×

由上可見，文學文本是一種特殊的篇章形式，它具有文化性、藝術性、審美性。語言學中的「文本」實際與前文所言「篇章」同義，都是包括書面語、口頭語的連貫符號系統。文學文本可作為篇章語言學的研究對象，它們形態完整，保留了產生時的文化和歷史規範、制約。通過歷時和共時分析，可以瞭解「既定社會群體相關的社會學環境，承載語言的媒介品質，以及文本之間的互文特徵」〔註 30〕。篇章語言學也可為文學文本研究提供方法論基礎，首先，它超越了傳統語言學和文學的文本研究範圍，不僅包括對「亞文本意義」的追尋，並在此基礎上涉及對「超文本意義」的解讀。比如系統功能語言學的鼻祖韓禮德〔註 31〕（Halliday）在試圖描述篇章語言結構的同時，更力求探究出現該語言結構的社會、文化因素。費爾克拉夫〔註 32〕（Fairclough）認為所有的文本，無論是文學文本還是非文學文本都存在著潛在的意識形態和社會動機，因此篇章語言學包括篇章（文本）的語言學描述、篇章實踐的生成與詮釋、篇章建構過程中的社會文化因素。其次，篇章語言學能夠「超越文本結構，提出如何建構和應用篇章，為什麼建構和應用

〔註 30〕（法）埃利亞（Elisa）、薩爾法蒂（Sarfati）著；曲辰譯，話語分析基礎知識〔M〕，天津：天津人民出版社，2006：10。

〔註 31〕Halliday M A K.The Linguistic Sciences and Language Teaching〔M〕. London: Longman, 1964.

〔註 32〕Fairclough N. Critical Discourse Analysis: The Critical Study of Language〔M〕. London: Longman, 1995.

篇章」〔註 33〕。韓禮德在《文學文本的語言學研究》(The Linguistic Study of Literary Texts）中講到，從文學分析的角度看，語言學家存在的價值就是提出該如何描述篇章（文本）的建議。通過篇章分析，作者能夠找出文學文本這一特殊語言組織形式所允許的非規律性，從而添加另一種規律性〔註 34〕。根據著名文學理論家羅蘭·巴特（Barthes R）的論述，文學文本意義的產生源於讀者對它的消化和理解〔註 35〕。篇章語言學力圖探索讀者與作者之間的建構關係，解釋作者作出語言選擇背後的篇章交際目的，有助於文學文本的深入研究。

二、篇章語言學的發展歷程

真正意義上的篇章語言學不過 50 年，但其淵源可追溯至古希臘、古羅馬時期的修辭學、文體學。1916 年索緒爾（Saussure）學生整理發表了他的講稿《普通語言學教程》(Course in General Linguistics)，現代語言學由此開啟。語言學從對某一具體語言的研究轉向對語言共通內在性質的研究。在索緒爾的影響下，語言學逐漸建立起完整、系統、科學的理論體系，並形成了三股有力量的學科派別：以布龍菲爾德（Bloomfield）為代表的結構主義語言學；以喬姆斯基為首的轉換生成語言學；以韓禮德為先導的系統功能語言學。篇章語言學在語言學研究轉向、發展的歷史背景下逐步成型，並開始吸收符號學、教育學、心理學、社會學、計算機科學等多個領域的研究成果，呈現出多視角、多方法的發展態勢。

（一）篇章語言學的始源——修辭學與文體學

古希臘、羅馬時期，語法研究逐漸和修辭研究分開，前者關心語言規則，後者則試圖揭示「如何用語言做事、如何用語言取得效果、如何在語境中與人成功地交際」〔註 36〕。亞里士多德（Aristotle）是西方古典修辭學的集大成者，他與伊索克拉底（Isocrates）一樣，認為修辭家是可以培養的，修辭學是一門「勸說的藝術」。亞氏在《修辭學》(Ars Rhetorica）和《亞歷山大修辭學》

〔註 33〕劉辰誕，教學篇章語言學〔M〕，上海：上海外語教育出版社，1999：11。

〔註 34〕Halliday M A K. The Linguistic Study of Literary Texts〔M〕. Hague: Mouton Publishers, 1964: 5～21.

〔註 35〕Barthes R. The Pleasure of the Text〔M〕. New York: Hill and Wange, 1975: 11.

〔註 36〕劉辰誕，教學篇章語言學〔M〕，上海：上海外語教育出版社，1999：11。

（Rhetorica ad Alexandrum）中，闡釋了修辭學的定義、辯證修辭的要素、文體的布局等。首先，修辭術與辯證法一樣，最終目的不在於「勸服」，而是「在每一事例上發現可行的勸服方式的能力」〔註 37〕。其次，成功的修辭家具有鮮明的人格，他能夠緊緊抓住聽眾的心理，並利用「人工手段」（修辭方法）和「非人工手段」（證據、證人）達到演說目的〔註 38〕〔註 39〕。最後，演講按照其目的和功能可分成三種：議事的（Parliamentary）、宣道的（Ceremonial）、法學的（Forensic）。其中，議事演講的文體結構包括：（1）介紹：對案子進行初步陳述；請求注意；與觀眾達成「和解」——當他們的友善、中立、敵對源於對過去或現在的誤解，抑或由於他自己的個性和當時所處的環境。（2）闡述：無論是表達過去的事實、現在的境況、未來的期望，都應風格清晰、簡明扼要、令人信服；演講內容需有條理、有依據，如果證據已經非常充分了，還需要作整體梳理。（3）從論證的對立方思考。（4）用友誼、感激和憐憫來勸勉人，用嫉妒和仇恨來勸阻人。宣道的文體結構包括：頌揚和譴責。主要針對青年和成年人的性格、家族傳統、財富、行為。法學的文體結構包括：（1）對於檢舉來說。首先向法庭展示被代理人的善意，澄清已有的誤解；其次展示證據；引出被告人的辯論；最後扼要重述關鍵內容。（2）對於辯護來說。反駁正方的證據立場或承認被控訴訟，要求減刑；對檢察官重申你的辯護要求；不斷反問；煽動法庭內對被告人的同情，引起他們對告訴者的憎惡〔註 40〕。從公元前 476 年開始，文體學一直孕育在修辭學當中，直到亞里士多德將修辭、雄辯術提煉成修辭學，文體學才顯現出脫離母體的態勢。他指出，「我們知道說什麼是遠遠不夠的，關鍵是知道怎麼去說」，因此需要考慮：如何從事實中產生說服力？在語言中如何安排這些事實？怎麼表達才是合適的？〔註 41〕前兩點可以說是繼承了高吉亞斯（Gorgias）和柏拉圖（Plato）的修辭觀，但亞氏的貢獻在於第三點，即特別關注不同體裁文本各自的特徵和

〔註 37〕（古希臘）Aristotle 著；（美）Hett W S & Rackham H 譯. Aristotle〔M〕. London: William Heihemann LTD, 1957: 338.

〔註 38〕（古希臘）Aristotle 著；（美）Hett W S & Rackham H 譯. Aristotle〔M〕. London: William Heihemann LTD, 1957: 338.

〔註 39〕姚喜明，西方修辭學簡史〔M〕，上海：上海大學出版社，2009：67～68。

〔註 40〕（古希臘）Aristotle 著；（美）Hett W S & Rackham H 譯. Aristotle〔M〕. London: William Heihemann LTD, 1957: 264～265.

〔註 41〕胡壯麟編著，理論文體學〔M〕，北京：外語教學與研究出版社，2000：23；26。

作用，這在一定程度上促進了文體風格學的發展。此後，德米特里烏斯（Demerius）、西塞羅（Cicero）、崑體良（Quintilianus）對文體類型，以及優秀文體風格品質的闡述皆可見亞里士多德學說的影響。

不難看出，古代修辭學和文體學與現代的篇章語言學仍有許多共通之處。引用劉辰誕的總結，首先，概念的形成和發展都受制於某一（些）篇章系統；其次，通過學習這些篇章系統的運行規則，可以完成對應的表達；第三，表達同一概念的不同篇章，具有質量高低之分；第四，篇章評價的主體是聽眾，其效果取決於聽者的反應；第五，篇章是具有交際目的和意義的語言載體〔註 42〕。

（二）現代篇章語言學的產生——從句內研究到超句研究

20 世紀以來，語言學經歷了三次轉向，首先是索緒爾將歷史比較語言學的考據明古之學轉變為統觀關係之學，他提出二元對立偶分的語言學辯證法，將內部語言學作為語言研究的正統。其次是 20 世紀中期喬姆斯基突破了雄踞美國語言學界一時的布龍菲爾德結構主義語言觀，將對語言成分的描述、歸納提升為對語言生成、轉換機制的解釋、演繹。第三次是 20 世紀後半葉韓禮德超越喬姆斯基句本位的研究，嘗試探討超句語言單位及其與語境的互動關係。至此，語言學研究逐步匯聚為兩大主流：形式主義（formalism）——研究語法成分之間的形式關係，和功能主義（functionalism）——研究語言本體及其使用環境，「除此之外，不再有第三條語言學研究路徑」〔註 43〕。

篇章語言學的產生得力於語言學內部的分化和轉向，索緒爾推動了結構主義語言學發展，語言學家開始嘗試對語言的最小單位進行分析，組成篇章的句法結構被挖掘出來，但是儘管人們能夠瞭解法素、語素在句子中的分布，結構主義推崇的直接成份分析法並不能窮盡地分析出所有句子類型。這時，轉換語法為語言分析提供了新的思路，語言的複雜性和開放性得到歸置。然而，一些研究者也發現，喬氏的理論雖關注了句法平面的形式化語言層級系統，但卻無法解釋句際之間的關係。20 世紀 60 年代，語言研究從形式轉向功能，語域、語境、語用受到重視，詞句分析也逐步擴大到話語、篇章分析。1967 年，德國語言學家維因里希（Weinrich H）發表論文《作為辯證法的句法》（Syntax als Dialektik），率先提出「篇章語言學」（Textlinguistik）這一術

〔註 42〕劉辰誕，教學篇章語言學〔M〕，上海：上海外語教育出版社，1999：11。
〔註 43〕徐烈炯，功能主義與形式主義〔J〕，外國語，2002（2）：8～14。

語。此後，篇章語言學在裴多菲、裏澤（Petofi& Rieser），韓禮德、哈桑（Hasan），范迪克，博格蘭、德雷斯勒（Beaugrande &Dressler）等人的努力下，進入了發展的「黃金時期」〔註 44〕。1981 年，篇章分析專門刊物 *Text* 在荷蘭創刊，篇章分析有了屬於自己的領地。1987 年，在久負盛名的「國際語言學家大會」上，「篇章」與「話語」分組而議，篇章語言學顯現出作為獨立學科的實力。但，必須指出的是，篇章語言學髮際之初，受「句子語法」研究影響很深，學者們總是致力於尋找出一種「大一統」的研究路徑，然篇章較之句子複雜性、多樣性更甚，這種尋找常無疾而終。一個典型的例子是，60 年代末至 70 年代初康斯坦茨大學開啟的篇章語法（text grammar）研究項目，儘管大學中彙集了諸如范迪克、裴多菲這樣的話語分析大家，但是他們也無法「找出一條規則來判斷篇章是否符合語法」，無法解釋「為什麼有些句子的次序不能替代和轉換？」〔註 45〕直至 70、80 年代，篇章語言學開始融入多學科的研究成果，特別是計算機自然語言處理技術為篇章研究帶來了極大便利，新的篇章語言學學派在此基礎上發展起來，研究重點從超句結構漸向篇章宏觀結構轉移。

（三）篇章語言學的後續發展——多方法、多視角的浸入

北京大學功能語言學研究專家姜望琪教授曾發文預測：「21 世紀的語言學將以非索緒爾為標誌。語言學將從理性思辨走向實證分析，從抽象回到具體，從研究單句擴大到篇章，從注重抽象語言系統變為注重實際語言運用」〔註 46〕〔註 47〕。的確，21 世紀的今天，功能主義無可厚非地佔據了語言研究的高地，而這一勢頭在上世紀中後期便可見苗頭，在篇章語言學中的主要表現有：大數據分析應用於篇章研究；篇章體裁研究興起；宏觀篇章結構研究得到重視；篇章研究向語用交際轉向。

1. 大數據分析應用於篇章研究

陳平教授認為〔註 48〕，篇章語言學得以發展，除了與語言學自身的揚棄

〔註 44〕Graesser A C& Gernsbacher M A& Goldman S R. Introduction〔A〕. In A C Graesser& M A. Gernsbacher& S R Goldman（eds.）, Handbook of Discourse Processes. Mahwah, NJ: Erlbaum, 2003：1～24.

〔註 45〕徐赳赳，現代漢語篇章語言學〔M〕，北京：商務印書館，2010：70。

〔註 46〕姜望琪，語言學的前沿領域——語用學〔J〕，福建外語，2001（4）：9～15。

〔註 47〕姜望琪，再論當代語言學的發展趨勢〔A〕，載陳新仁（編），外國語文研究〔C〕，上海：譯林出版社，2010：1～13。

〔註 48〕陳平，現代語言學研究 理論·方法與事實〔M〕，重慶：重慶出版社，1991：61。

相關以外，還和科學技術的進步分不開。上世紀，喬姆斯基的句法理論推動了世界各國篇章語料庫的建設，與此同時，計算機技術飛速發展，使得語料庫開發熱烈空前。往前需要人工閱讀、記錄、分類、核算的篇章處理手段被更快捷的計算機自動分析技術取代，大規模、重複的文本提取，大量、快速的詞塊、語塊檢索得以實現。此外，在以上過程中計算機後臺生成的統計數據（比如，在語言條目檢索時產生的概率計算等），還能服務於篇章語言學的理論建設，研究者可以在數以萬計的真實文本中總結出一般語言規律。而這些語言規律又可被投入到計算機自然語言處理技術的開發中，從而進一步提升篇章語言學的科學維度。如今，篇章語言學專家已經不必揪心於如何處理文本，可以專注於語言學問題〔註 49〕。現在比較成熟的篇章語料庫有：從社會語言學、語用學、方言學等視角專注英語歷時變遷的赫爾辛基歷史英語語料庫（The Helsinki Corpus of Historical English）；以華爾街日報為語料，關注篇章連貫性和篇章關係的賓州篇章樹庫（Penn Discourse Treebank, PDTB）；擬識別篇章基本單元和生成篇章修辭結構的修辭結構篇章樹庫（Rhetorical Structure Theory Discourse Treebank, RST-DT）；以及提供中、英、阿拉伯文共指消解測評的筆記雲語料庫（OntoNotes）等。

2. 篇章體裁研究興起

語料庫與計算機技術發展的同時，功能語言學派也在茁壯生長，曾經備受冷落的「言語」（parole）和「語言運用」（language performance）成為研究熱點，人們把眼光又重新聚焦到具體的文本上。言語和語言運用分別是索緒爾和喬姆斯基語言學理論中的重要內容。索緒爾認為語言（language）是社會的、共在的、主要的，而言語是個人的、散在的、從屬的，真正的語言學是語言的語言學，而不是言語的語言學〔註 50〕。喬姆斯基發展了索氏的理論，提出了語言能力（language competence）和語言運用兩個對立概念，他說，句子的內在意義是由語言規則決定的，掌握某一語言的個體實際上是內化了這些決定句子語音形態和內在語義內容的語言規則，在他掌握語言的整個過程中，發展的便是「語言能力」。「語言運用」，即語言的實際使用，不會明確地顯現出語言形式與意義之間的內在語言規則，而是包括了一些語言之外的要素，

〔註 49〕黃昌寧、李涓子，語料庫語言學〔M〕，北京：商務印書館，2001：17。

〔註 50〕（瑞士）費爾迪南·德·索緒爾（Ferdinand de Saussure）著；高名凱譯，普通語言學教程〔M〕，北京：商務印書館，1980：42。

比如說話者自身及他所屬的環境等，這些要素可以決定話語是如何產生、識別和理解的〔註 51〕。在喬氏的理論體系中，語法是語言能力的核心，語言學的最重要目標就是探索語法結構及其運作方式〔註 52〕。索氏、喬氏理論獨領語言學界風騷之時，人們十分熱衷對「純語言」的研究，直至 20 世紀中期，這種境況漸漸扭轉，不少研究者痛斥獨立於意義而描寫語法的語言學研究是毫無意義的〔註 53〕，語言結構的「表意作用」被拉回研究視野。篇章，又或話語，按照索氏、喬氏的理論，可被視作言語作品，和語言實際交際過程中的產物，它們是個體的、獨特的、交際的，是依賴情境生存的，這些曾經被擱置的言語特點，在語言學功能主義轉向之時終於重現光彩。隨著篇章研究越來越豐富，人們發現雖然篇章個體具有「獨特性」，但是在長期的篇際和篇—人交互中，相同領域的篇章產生了相對「穩定」的表現形式，這種表現形式被稱作體裁（genre）〔註 54〕。「體裁」這一概念實際是從文學中借用過來的，在很長一段時間內，講體裁就等同於講「文學體裁」。近三十年，語言學進入體裁研究，計算機技術飛速發展，新的篇章體裁被不斷發現、分類和細化，篇章體裁的外延得到了前所未有的擴展。現在的體裁分析不單單是分析文學作品，各種的篇章體類，如學術篇章、新聞報導篇章、廣告篇章、悼文篇章等等都成為研究對象。

3. 宏觀篇章結構研究得到重視

正如前文中所提及的，篇章研究最開始囿於句子語法的研究路子，因而並未有太大理論建樹，功能主義語言學為篇章研究打開了回歸本真的窗口，篇章研究開始跳脫句子，邁向更宏大的篇章整體。范迪克在句法分析的基礎之上，提出了宏觀結構理論（Macrostructure Theory），該理論認為篇章最小的意義單位是「命題」（proposition），即包含謂詞與相關題元的語義單位。研究者可以通過刪除（deletion）、概括（generalization）、建構（construction）等操作模式，自下而上、一步步地剝離出更高層次的語義單位，即「宏觀命題」

〔註 51〕Chomsky N. Language and Mind〔M〕. Cambridge: Cambridge University Press, 2006: 102.

〔註 52〕Chomsky N. Language and Mind〔M〕. Cambridge: Cambridge University Press, 2006: 103.

〔註 53〕李悅娥、范宏雅，話語分析〔M〕，上海：上海外語教育出版社，2002：2。

〔註 54〕（蘇）巴赫金（M.M.Бахтин）著；錢中文主編；曉河等譯，巴赫金全集 第 4 卷〔M〕，石家莊：河北教育出版社，1998：140～187。

（macro-proposition），從而獲得整個篇章的主題思想。宏觀命題是一個相對而言的概念，只要是高於較低平面的命題都可以稱作宏觀命題，篇章由一個個不同層級的命題組成，通過對各命題進行組編，篇章的全局性語義結構，即宏觀結構就能夠被表徵出來。圖 3-1 為篇章宏觀結構的示意圖，其中 M 代表了宏觀命題，P 代表了最底層的命題，n 代表了命題所屬層級，數字越高則命題的中心程度越高〔註 55〕。與范迪克相似的篇章語義分析理論還有曼及湯姆森（Mann& Thompson）的修辭結構理論（Rhetorical Structure Theory, RST）。兩位學者認為篇章是一個由小句組成的層級系統，小句之間的關係是不對稱的，有處於中心地位的核心（nucleus）小句，也有位於邊緣地位，做輔助作用的衛星（satellite）小句，將核心和衛星之間的語義關係逐一標注，便能夠呈現出整個篇章的修辭結構〔註 56〕。

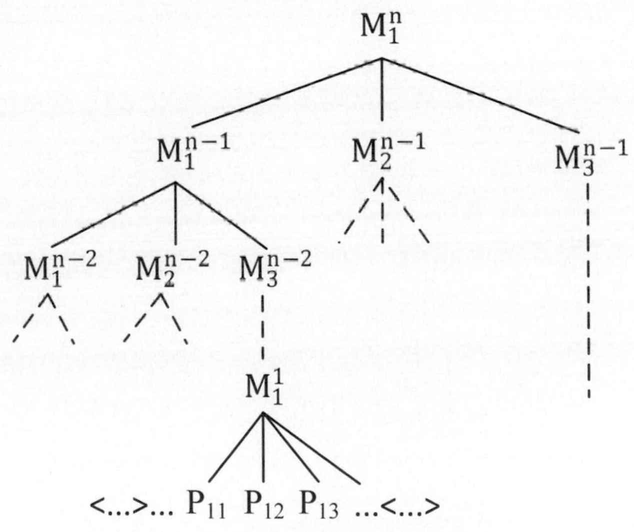

圖 3-1　篇章宏觀結構示意圖〔註 57〕

除以上研究之外，不得不提博格蘭和德雷斯勒在 1981 年出版的篇章語言學權威之作《篇章語言學入門》（Introduction to Text Linguistics），在書中，他

〔註 55〕Van Dijk T A. Macrostructure: An Interdisciplinary Study of Global Structures in Discourse, Interaction, and Cognition〔M〕. Hillsdale: Lawrence Erlbaum Associates, 1980: 43.

〔註 56〕Mann W C & Thompson S A. Rhetorical Structure Theory: A Theory of Text Organization〔M〕. California: Information Science Institute, 1987: 4～8.

〔註 57〕Van Dijk T A. Macrostructures〔M〕. Hillsdale: Lawrence Erlbaum Associates, Inc., 1980: 43.

們提出了篇章生成的 7 個條件：銜接（cohesion）、連貫（coherence）、意圖性（intentionality）、可接受性（acceptability）、信息性（informativity）、情境性（situationality）、互文性（intertextality）〔註 58〕。銜接是指篇章表面的構成成份，這些表面成份根據語法形式和慣例相互依存。比如我們看見這樣一個句子：「Children play slow at」是很難分辨出它所要表達的意義的。但是，如果換成：

「SLOW！CHILDREN AT PLAY！」便能夠意識到，這可能是一條提醒司機注意路段情況的警示語。因此篇章表面的語法依賴性（Grammatical Dependencies）是辨別篇章意義和用法的主要信號。連貫，關注的是篇章世界（Textual World）的構成成份，即蘊含於表面篇章之下促成相互理解和關聯的概念（認知內容）及關係（認知內容在篇章世界中同時出現的紐帶）。連貫能夠表明作為人類活動的篇章本質，篇章不是自明的，它需要通過個人儲存的世界知識與篇章表層知識發生關係。意圖性，指的是篇章發起者將一連串事件組成銜接、連貫的篇章來實現自己的意圖。實際上，若篇章滿足了意圖性，它的銜接及連貫程度可被允許降低（特別是在隨意的交談中），如「Well where do- which part of town do you live？」。可接受性，即由一連串事件組成的銜接與連貫的篇章，應該對篇章被授者有用或與之相關。信息性，即篇章所表達的內容有哪些是意料中的，哪些是意料外的，哪些是已知的，哪些是未知的。每一個篇章或多或少都具有一定的信息性，區別只是程度的高低而已，低信息性的篇章往往是無意義的。情境性，關注篇章與事件發生情境的關聯度。比如第二個例句中，slow 是對 speed 的要求，那麼行人的速度不可能快到侵害兒童的安全，因此大部分行人可以認為這一標語與自己無關，而機動車司機則會將詞標語與自己聯繫起來。換句話說，即是篇章接受者是否感知或使用篇章與其所處情境密不可分。互文性，指的是個體對新篇章的運用依賴其先前所遇篇章所帶給他的經驗知識。篇章的互文性是實現「篇章體裁」分類的推手，因為「每一個詞或篇章都是另一些詞或篇章的再現，……任何一篇文本的寫成都如同一副語錄彩圖的拼成，任何一篇文本都吸收和轉換了別的文本。」〔註 59〕在更多的作者／說者，讀者／聽者接觸了更多的篇章時，篇

〔註 58〕De Beaugrande R A & Dressler W U. Introduction to Text Linguistics〔M〕. London: Longman, 1981: 3～12.

〔註 59〕（法）克里斯蒂娃（Kristeva J.）著；史忠義譯，符號學　符義分析探索集〔M〕，上海市：復旦大學出版社，2015：145。

章之間產生了更加緊密和微妙的關係，它們的表達形式相互影響、轉化形成相近的類型，又或轉移、過渡成新的類別。

4. 篇章研究向語用交際轉向

篇章研究對象的擴大，使得人們將注意力集中到篇章整體意義的構成中去了。但實際上，這種對語言意義的追詢並非是 20 世紀中後期功能語言學派的獨創。20 世紀初，以馬泰休斯（Mathesius）為首的布拉格學派就已經開始探討語序與句子信息含量之間的關係，提出主位（theme）與述位（rheme）兩個概念，以代替傳統句法分析中「主語」和「謂語」的說法。主位表示不增加句子信息量的舊事實，述位表現說／寫者已知但是聽／閱者未知的新信息。主位是句子的出發點，是句子的注意中心，而述位則是說／寫者想要傳達給聽／閱者的全部信息〔註 60〕。在英語中，一般主位在前，述位在後。馬氏的理論很快被布拉格學派的後繼者費爾巴斯（Firbas）、達納什（Daneš）等人發揚光大。他們發現，主—述位在篇章中的位置不是隨意擺放的，它們與下文的主位或述位不斷發生著關係，在此過程中，篇章呈現出一種動態的發展趨勢。這一趨勢實際體現了說／寫者運用語言手段與聽／閱者交際的過程，即「不斷以已知信息為出發點，引出未知信息來闡釋、說明已知信息，推動信息傳遞的過程，也就是運用述位對主位進行闡發的過程」〔註 61〕。除了布拉格學派以功能視角探討篇章成份的交際作用之外，系統功能學派的代表人物韓禮德從更大的社會、文化環境入手，分析了構成篇章交際的語境因素。他將這些因素歸為三類，語場（discourse field）：篇章發生的環境、談論的內容；語旨（discourse tenor）：篇章交際者之間的社會角色或臨時交流關係；語式（discourse mode）：篇章交際的渠道和方式〔註 62〕。此外，人類學、社會學、政治學等渡入篇章語言學研究，也為篇章語用交際的闡釋提供了更多視角，比如海姆斯〔註 63〕（Hymes）從人種學的角度探討了篇章變異和進化的社會、文化因素，並認為篇章是一個文化系統，篇章交際能力是一種文化能力。奧

〔註 60〕胡曙中，語篇語言學導論〔M〕，上海：上海外語教育出版社，2012：121。

〔註 61〕徐盛桓，主位和述位〔A〕，載王福祥、白春仁（編），話語語言學論文集〔C〕，北京：外語教學與研究出版社，1989：136。

〔註 62〕Halliday M A K. The Linguistic Sciences and Language Teaching〔M〕. London: longman, 1964.

〔註 63〕Hymes D. Language in Education: Etho-linguistic Essays〔M〕. Washington D. C: the Center for Applied Linguistics, 1980.

斯汀〔註 64〕（Austin）、賽爾〔註 65〕（Searle）、格萊斯〔註 66〕（Grice）等通過總結「以言行事」的普遍規律，建構了言語行為理論（Speech Act Theory）。拉波夫〔註 67〕（Labov）從社會學的視角，分析了語言變異與社會環境之間的複雜聯繫，得出了影響篇章使用和交際的社會變項。費爾克拉夫〔註 68〕〔註 69〕（Fairclough）則把篇章分析理論與社會政治理論結合，為篇章運用和實踐變化提供了「批評」的視角。

綜上所述，篇章語言學從 20 世紀中期發展而來，已慢慢驅退了句子語法理論的陰影，從更宏大的視角、更豐富的分析手段中不斷衍生出新的理論和發現。這一從古典修辭學發展而來的新生學科正在散發著新的光彩，引用胡曙中先生的話：「就像西方古典修辭學是當時西方的理論基石一樣，語篇（篇章）語言學這一門學科正在成為當今許多語言學科的根基理論」〔註 70〕。

三、篇章語言學理論流派

篇章語言學屬於宏觀語言學，其與其他語言學派相互交叉卻又無法取代〔註 71〕。現今著有影響的篇章語言學學派主要有蛻變於結構主義語言學派的布拉格學派，受布拉格學派影響深刻的系統功能語言學派，以及在吸收、繼承、批判系統功能語言學派基礎之上發揚光大的新篇章語言學派。這三大學派的篇章理論對篇章語言學發展有著重大甚至可以說是決定性的影響。

（一）布拉格學派的篇章理論

布拉格學派是與美國結構主義學派、哥本哈根學派並行的三大結構主義語言學派之一，該學派誕生於 20 世紀 20 年代，由馬泰修斯、特倫卡（Trnka B）、雅克布森（Jakobson）等人組創。學派自誕生以來便展現出了強勁的發展

〔註 64〕Austin J L. How to do Things with Words〔M〕. Cambridge mass: Harvard University Press, 1962.

〔註 65〕Searle J R. Speech Acts〔M〕. Cambridge mass: Harvard University Press, 1969.

〔註 66〕Grice H P. Logic and Conversation〔A〕. In P Cote& J L Morgan（eds.）. Syntax and Semantics 3: Speech Acts〔C〕. New York: Academic Press, 1975, 13～27.

〔註 67〕Labov W. Sociolinguistic Patterns〔M〕. Philadelphia: University of Pennsylvania Press, 1972.

〔註 68〕Fairclough N. Language and Power〔M〕. London: Longman, 1989.

〔註 69〕Fairclough N. Language and Social Change〔M〕. Cambridge: Polity Press, 1992.

〔註 70〕胡曙中，語篇語言學導論〔M〕，上海：上海外語教育出版社，2012：iii。

〔註 71〕胡曙中，語篇語言學導論〔M〕，上海：上海外語教育出版社，2012：2。

勢頭，並被語言學界公認為是繼索緒爾之後最具影響力的學派〔註 72〕。布拉格學派最為人稱道的應屬「音位學」（phonology），特別是核心成員特魯別茨科依（Trubetskoi H C）和雅克布森對音位辨義功能的闡釋，至今仍難以超越。除音位學以外，布拉格學派具有突出貢獻的學說還有「句法學」（Syntax）。此學派的句法理論之所以能區別甚至超越其他學派，在於它對「功能」的特別關注，在分析一個句子的時候，美國的描寫結構主義也許能將其各部件拆分，但是布拉格學派的學者則會進一步追問各個部件是如何表達句子所要傳遞的信息的，又是為什麼要如此組放各部件。如果說特魯別茨科依是布拉格學派音位學研究的靈魂人物，那麼馬泰修斯、達納什和費爾巴斯的理論則可看作是句法學的基礎，亦是篇章語言學發源的屬地。

1. 馬泰修斯「功能句法理論」

馬泰修斯一生著作豐富，他除了為布拉格學派奔走宣傳以外，在句法學方面也很有建樹。他的句法學思想集中體現在《普通語言學基礎上的當代英語功能分析》（A Functional Analysis of Present Day English on A General Linguistic Basis）〔註 73〕一書中。該書由兩部分組成，前一部分探討的是現實世界中語言命名單位的意義、形式和類別；後一部分則討論這些命名單位的組合規則、特點和功能。前一部分又被稱為功能名稱學（Functional Onomatology），後一部分為功能句法學（Functional Syntax）。本研究主要關注後者。

（1）功能句子觀

馬氏功能句法理論的形成是從對陳述句的分析開始的，在他看來陳述句是所有句型中最常見也是最特別的一種，它反映了作者的主動性和肯定性。從陳述句出發，他發現，幾乎所有的句子都包括兩類基本內容要素，一個是句子的出發點，即主位；另一個是句子的核心內容，即述位。瓦海克（Vachek J）解釋道，主位實際就是前文／前情境／認知中已經獲悉的事實，對整個句子的信息貢獻最小。述位與之相反，是句子呈現的全新信息，能夠豐富聽／讀者的知識〔註 74〕。在一個線性發展的敘述中，主位一般在前，述位一般在

〔註 72〕劉潤清，西方語言學流派〔M〕，北京：外語教學與研究出版社，1995：115。

〔註 73〕《普通語言學基礎上的當代英語功能分析》是由馬泰修斯的弟子瓦海克（J·Vachek）根據他的講稿、論文、筆記整理發行的，捷文版和英文版分別於 1961 年和 1975 年問世，英文版是馬泰修斯現存唯一一部英譯著作。

〔註 74〕瓦海克（Vachek J），布拉格語言學派〔M〕，北京／西安：世界圖書出版公司，2016：89。

後，之後，前一句話的述位再次變為新一句話的主位，整個篇章由此展開。例如：

〔a〕Once upon a time/ there was a king. /And the king/ had two sons. /The son…

（注：波浪線標示的表示主位，橫線標示的表示述位，後同）句〔a〕由標準的主位—述位結構進行，整句話的核心內容為「the king」、「had two sons」。但是，如何判定句子的開頭「once upon a time」為主位？馬泰修斯認為，當我們開始談論某事，而此事並不能確定為已知的時候，我們可以從陳述包括的整個概念中劃分出一個給定預知的概念，這個概念是自己自然呈現的，能夠作為信息的出發點。比如：

〔b〕On the bank of the lake/ a boy was standing.

在這個句子中，所有的信息都是未知的，但是前半句話「On the bank of the lake」由於出現了「地點限定」（local determination）容易自我呈現，所以將它作為給定的信息，即主位，其餘的為述位。還有一種情況是「時間限定」（temporal determination），如 On an autumn day，也常作為預知概念。馬氏強調，如果一個句子想要被表述清楚（特別是在寫作中），那麼就必須對主位和述位進行區分，這種將主、述位進行區分和布局的操作就是「功能句子觀」（functional sentence perspective，簡稱 FSP）。一般而言，「主位不應該是前文／情境中未提及的信息，而述位也不應該過早地展現給聽／讀者」〔註 75〕。但值得注意的是，主、述位的分布並非總是像上文線性發展的敘述文那麼「流暢」。除了常規的 T-R（主位在前，述位在後）序列，還有 R-T（主位在後，述位在前）序列。前者又稱為「客觀序列」，反映出說／作者對受話者認知的考量，後者又稱為「主觀序列」，反映出說／作者自身情感的表達，比如把〔a〕的核心內容用 R-T 的序列方式描述，呈現出的讀感就完全不一樣：

〔c〕Once upon a time/ there was a king. / Two sons /the king had.

此外，也不是所有句子都有非常明顯的主、述之別，一些句子可能只出現主位或述位其中之一，比如某讀者在閱讀完某一新聞報導後回應道：

〔d〕Nonsense！

這句話只有述位，但是它確實滿足馬氏對句子的定義「形式上約定，對

〔註 75〕錢軍，結構功能語言學 布拉格學派〔M〕，長春：吉林教育出版社，1998：82。

說話者完整」〔註 76〕。實際上，〔d〕的主位並不是沒有，而是出於表達的「經濟性」被省略了。與之相似的還有一種情況，如，

〔e〕Good morning.

這句話是沒有述位的，因為這個句子本身就是一個無法切分的內容整體。

馬泰修斯的功能句子觀，即主、述位理論對本派弟子，以及後起的功能語言學派都產生了極大影響，此後的篇章研究大抵逃不開對句子的功能分析。因此，將馬泰修斯作為篇章語言學的奠基者也不足為過了。

（2）功能分析與形式分析

從上面的解釋中可知，馬氏的功能句子分析觀和結構主義的成分分析法是完全不同的兩種句法分析路子，前者是基於說／作者的交際目的，後者是基於語法。像「Colorless green ideas sleep furiously.」這樣符合語法規則卻無交際意義的句子就不符合功能分析的旨趣，而如「Thanks very much.」這種雖不符合語法規則卻有交際意圖的句子則可納入分析。必須指出的是，句子的語法形式是相對固定的，而功能句子觀又要求形式符合即時的交際情境〔註 77〕，在此情景下就需要句子通過某種方式來彌合形式與功能之間的溝塹。像斯拉夫語系的捷克語和俄語，它們的語言形態比較豐富，詞序相對自由，因此可以通過安排詞序來解決上述矛盾。比如捷克語：

〔f〕Tatinek/ napsal tenhle dopis（父親寫了這封信）

如果要變成強調「這封信是父親寫的」，只需更變語序，變為：

〔g〕Tenhle dopis/ napsal tatinek（這封信是父親寫的）

該句不僅在語法上成立，而且符合功能句子觀。但是反觀屬於印歐語系的英語，由於標格記的喪失，詞序逐漸具有了固定的語法功能，不能擅自變動。像例〔f〕，英文直譯為 This letter wrote father，在語法中是不允許出現的。要解決這樣的矛盾，只能借助其他的形式結構手段，比如使用被動結構，改為 This letter was written by father，或使用強調結構，改為：It was father who wrote this letter。漢語與英語相近的一點是語言在長期發展過程當中，主語慢慢具備主位功能，其施事功能和始役功能逐漸減弱，在解決形式—功能之間

〔註 76〕錢軍，結構功能語言學 布拉格學派〔M〕 長春：吉林教育出版社，1998：79。

〔註 77〕錢軍，結構功能語言學 布拉格學派〔M〕，長春：吉林教育出版社，1998：85。

的矛盾時亦不可隨意變換詞序，而需改變句子成分的結構／表達形式。但與英語不同的是，漢語「重意」強調「主述結構」，英語「重形」強調「主謂結構」（SV），語言結構變化時，英語除了為了突出交際信息之外，很重要的一點是為了保證 SV 順暢，而漢語主要為了「通意」。

馬泰修斯認為，功能句子觀在分析句子中佔有重要地位，但這並不意味著句子形式分析可被置若罔聞〔註 78〕。現今的許多篇章研究者都普遍認為「形式或句法理論對篇章研究的意義不大，篇章的『正確性』主要與『意義』有關」〔註 79〕。然而，正如韓禮德所言〔註 80〕：「20 年以前的『句法時代』，我們有必要指出語言學習的開始和結束在於理解語言的本質和功能，……但是今天，我們必須改變對句法的慣性抵制心理，……就現在熱議的話題『話語分析』或『篇章語言學』來說，我可以斷言，不基於語法分析的『話語分析』根本談不上是『分析』，只不過是對篇章的評論罷了。」馬泰修斯在探討功能句子觀時，著重分析了英語簡單句的形式特點，並以此為基礎解釋各語法要素存在的功能意義。以核心語法關係：主語、謂語、賓語為例，可歸納出：（1）早期的印歐語系，語法主語的功能大致相當於我們前文說的主位，主位用於表達謂語動詞動作的施事。隨著語言的演變，主語需要作為謂語動詞陳述動作的受事，施事由動詞狀語表示，由此被動語態出現。被動語態很好地解決了英語語法與意義表達之間的問題，引用上文的例子〔f〕，捷語主語大體保留了施事功能，因此可以將主語置於句末，使其既作述位又作施事。英語主語施事功能衰弱，且依賴相對固定的語法形式，使用被動語態之後，就可以保證語法結構 SV，並滿足施事主語在後的要求。拉考夫（Lakoff）也認為被動語態的產生與施事、主題〔註 81〕相關，在英語中，主語不具備核型施事（prototypical agent）或核型主題（prototypical topic）的特徵時，就會出現被動語態。被動語態的用法遵循下列形式：

not P_1 or not P_2 or … or not P_n

〔註 78〕錢軍，結構功能語言學 布拉格學派〔M〕，長春：吉林教育出版社，1998：86。

〔註 79〕胡曙中，語篇語言學導論〔M〕，上海：上海外語教育出版社，2012：23。

〔註 80〕Halliday M A K. An Introduction to Functional Grammar〔M〕. UK: A Hodder Arnold Publication,1994: xvi.

〔註 81〕在小句層面，話題與主位同意，述題（comment）與述位同意。

假如施事特質包括主觀意志（P_1）和行為責任（P_2），那麼被動句中，這個施事就是偶然的（not P_1）或避免責任的（not P_2）；同樣的，假如核型話題的某特質是施事在話語中已經自然呈現了（P_3），被動語態就可通過 by-句型，導入施事。拉考夫的列式能夠證明主語範疇的核型子範疇能夠從語義和語用方面得到預測〔註 82〕。英語主語除了有主位功能以外，還受「理解結構」（perceptive constructions）的影響，於是，主語常為「人」而非「事物」，句子也是傾向於陳述「人」是如何達成「事」的，而不是「事」是怎樣的。（2）現代英語名詞化傾向催生出動名述謂形式。從形式上看，首先，這種謂語形式的動詞施事、受事可不再由謂語或主語表示，而是融合起來在一個綜合性的表達裏作語法主語。典型情況就是常與動名述謂形式一起出現的 There be 句型。其常被使用的原因是，一來 There be 句型引導的句子可以無主語或省略主語；二來 There be 句型中整個動作（包括主語）都可以放在句後作述位，這就滿足了功能句子觀的要求；最後是 There be 句型能夠滿足英語對動作名詞性表達的喜好。比如例〔h〕，buying 和 selling 無施事，以動名詞形式出現，但能體現核型話題、施事，屬於述位。

〔h〕The white fog was there before there was any buying and selling in the London market.

其次，動名述謂結構中，動詞的施事也可以由語法主語表示，動作本身由語法謂語表示。比如所有類（possessive）形式：動作由名詞表示，通過 to have 或與之近義的結構與語法主語相聯；使役類（causative）形式：動作由名詞表示，通過始役動詞和語法相聯；副詞類（adverbial）形式：動作由名詞表示，但呈現副詞的形態；形容詞類（adjectival）形式：動作由形容詞表示。從功能上看，動作謂語句有主動型和被動型兩類。主動型表達某人或某事施事了某一動作，在內又可分為表主動增強的使動（causality）和表主動減弱的知覺（perceptivity）。像後綴：-en、-ize、-ify，或 to have、to make 結構，以及具有使動意義的及物動詞都能預示動作的加強。知覺則強調說話者必須通過他／她確實接觸到的東西而不是通過某一主動行為獲得感受，在捷語裏，可以通過改變動詞的體來進行區分，英語卻只能通過不同的詞來作不同的表達。被動型謂語句的語法主語一定受動詞動作影響，常見的形式有：be+Ved 結構、

〔註 82〕Lakoff G. Cognitive Phonology〔M〕. Chicago: University of Chicago Press, 1993: 64～66.

修飾謂語句、狀語句、所有結構、知覺結構。（3）賓語的形式解釋常顯不足和矛盾，需要依靠功能分析解決〔註83〕。馬泰修斯分析了賓語的四種常見類型以及它們的功能，首先是賓格賓語，這種賓語可以是受動詞動作影響的對象，也可以是動詞動作的產物，或是指代動作的內容。其次是與格賓語，從句法上看，該賓語包括介詞賓語、位置與格及位置與格的變體，從語義角度看，可以分成「獲得型與格」、「失去型與格」、「興趣型與格」（這類與格已在當代英語中消失）、「同情型與格」、「評價型與格」。第三是所有格賓語，此賓語缺少詞形變化，經常與 of 連用。最後是其他形式賓語，除了與格、屬格賓語之外，賓語的功能也可以通過其他介詞結構表現，或通過不定式、動名詞表現。表 3-是對四種賓語類型的歸納和對比。

表 3-3　四種賓語的功能分析

<table>
<tr><th>賓格類型</th><th colspan="2">表現形式</th><th>例　子</th></tr>
<tr><td rowspan="3">賓格賓語</td><td colspan="2">a. 受影響的對象(對象先於動作存在)</td><td>a. to wash the dish</td></tr>
<tr><td colspan="2">b. 產生出來的對象（對象後於動作存在）</td><td>b. to read a book</td></tr>
<tr><td colspan="2">c. 表示動作內容的對象（對象與動作同步存在）</td><td>c. to play a game</td></tr>
<tr><td rowspan="8">與格賓語</td><td rowspan="3">句法類</td><td>a. 介詞賓語</td><td>a. to appear to</td></tr>
<tr><td>b. 位置與格</td><td>b. to find someone a seat</td></tr>
<tr><td>c. 位置與格變體</td><td>c. to find a seat for someone</td></tr>
<tr><td rowspan="5">語義類</td><td>d. 獲得型（dativus commodi）</td><td>d. to buy something for someone</td></tr>
<tr><td>e. 失去型（dativus incommodi）</td><td>e. to steal something from someone</td></tr>
<tr><td>f. 興趣型（dativus ethicus）</td><td>f. to make something for someone</td></tr>
<tr><td>g. 同情型（dativus sympatheticus）</td><td>g. He broke his leg.</td></tr>
<tr><td>h.評價型（dativus judicantis）</td><td>h. Silence is a hell to me.</td></tr>
<tr><td>所有格賓語</td><td colspan="2">a. - of</td><td>a. He has never tasted of success.</td></tr>
<tr><td rowspan="3">其他賓語</td><td colspan="2">a. 介詞賓語</td><td>a. to believe in someone</td></tr>
<tr><td colspan="2">b. 不定式賓語</td><td>b. I want to read.</td></tr>
<tr><td colspan="2">c. 動名詞賓語</td><td>c. I like getting up early.</td></tr>
</table>

〔註83〕錢軍，結構功能語言學 布拉格學派〔M〕，長春：吉林教育出版社，1998：121～122。

（3）詞序的影響因素

馬氏的功能句法理論很明顯受到法國古希臘語研究專家亨利·維爾（Weil Henry）的影響，認為思維運動是靠詞序來表達的，詞在句中的順序就是我們想要表達的思想的順序。制約詞序的因素，或說制約個體思維的因素比較複雜，馬泰修斯仍從形式與功能兩個方面對此進行總結。

首先，詞序遵循語法原則。句子的組成要素並不是隨意擺放的，即使是相對「自由」的捷克語，其句子成分的位置仍受語法功能（比如作主語、謂語、賓語、狀語等）制約。只不過，這類語言保留了相當多的變格，詞序語法原則是中立的、影響範圍也較小。與此相對的是英語，詞法體系單一，語法功能和詞、詞組位置是捆拴在一起的。見下例：

〔i〕slaměný klobouk（straw hat）

On nosí klobouk slaměný（He wears a hat straw）

〔j〕John loves Marry.

Marry loves John.

〔i〕中，捷語 slaměný 的定語功能由它自己的形容詞詞形標示，無論是放在句末還是句首，功能都不會改變。反觀英語 straw，如果改變詞的位置，整句話的意思及它所作的語法成分便會改變。〔j〕更加典型，名詞 John 和 Marry 都無法在形式上證明自己是主語還是賓語，只有通過詞序才能看出。

其次，詞序遵循節奏原則。馬泰修斯在對比捷語和英語之後，發現許多詞充當的功能不同，在句中的位置便不同，比如賓語作代詞和作名詞時的位置就不一樣，見〔k〕。他認為，這一現象可以用節奏原則解釋——句子按節奏由輕到重歸位。一般而述，代詞主語節奏最輕，限定動詞和名詞主語節奏次之。在〔k〕中，賓語充當名詞時，放在介詞副詞之後；充當代詞時便介於動詞和副詞之間。如果用節奏原則來解釋這個現象的話，是因為賓語作名詞時節奏太重，如果放其在副詞之前，副詞就和動詞距離太遠，代詞賓語因其節奏輕就沒有這種影響。

〔k〕She took off her coat.（名詞賓語）

She took it off.（代詞賓語）

第三，詞序遵循功能句子觀。功能句子觀的原版表述是「aktuální ělenění větné」（捷語），如果把它們拆分來看，意思分別是「實際的」、「切分」、「句子」。因此中國國內也有很多學者把功能句子觀理解為「句子實際切分」。前面已經描述了功能句子觀的主要表現形式：T-R 序列及 R-T 序列。可以看出，為了表述核心信息，句子成分位置會有相應變化，見〔l〕和〔a〕、〔c〕。〔l〕的兩個句子都是 T-R 序列，但是因為要表述的重點不一樣，所以句法結構不同。〔c〕與〔a〕句子體量相當，但是出於情感表達的需要，遂將主語置後。以上三個例子都是符合語法規則的，當語法規則和功能句子觀碰撞在一起時，語法規則有時會適當讓步。

〔l〕He gave me these pencils.

He gave these pencils to me.

〔m〕In returning（狀語）he met（謂語動詞）on the plain of Caraci（狀語）a scholar（賓語）on a bay mule coming from Bolohna.

比如〔m〕，其符合功能句子觀，但是根據英語語法，狀語不能放在謂語動詞和賓語之間。這個句子之所以得以成立，一來是功能句子觀發揮了決定性作用，二來是節奏原則的要求。首先，句首已經有了狀語，再添加一個狀語不符合節奏原則，其次，把 on the plain of Caraci 置尾，導致賓語修飾過長，動詞和狀語距離過遠，也不符合節奏原則。

第四，詞序遵循強調原則。英語的強調成分大多位於句首，但是這個強調成分的語調輪廓（dynamic contour）一般是由非重度音節開啟，一旦開頭是強調成份又伴隨重度音節，會格外引人注目，比如〔n〕中的兩句話，第一句的「right」就比較顯著。〔o〕說明了強調原則對詞序的影響。第一句強調成分是名詞性謂語，如果強調成分是賓語，句法結構需作相應改變。由於新信息（述位）承載重音，已知信息（主位）音稍弱（gussenhoven；lakoff），因此首句重讀常引發 R-T 序列。

〔n〕Right you are.

You are right.

〔o〕Colonel Lawrence gives us an account of his expedition there and a thrilling story it is.

Colonel Lawrence gives an account of his expedition there and a thrilling story he tells.

必須指出的是，以上四個原則並不是獨立存在的，很多時候它們相互作用，共同影響詞、詞組的位置。

2. 費爾巴斯「交際動態理論」

費爾巴斯是捷克語言學家瓦海克的學生，瓦海克曾師從馬泰修斯並在宣傳布拉格學派上作出了重要貢獻。從費爾巴斯的學說中可以看出，其繼承並發展了馬氏的功能句子觀，使該理論成為一個較完整的體系。此外，費爾巴斯提出了「交際動態」（communicatibe dunamism，簡稱 CD）理論，從交際值的角度解釋篇章的語義功能。

（1）交際動態理論

一直以來，學界都未曾對「主位」和「述位」給出過一個完滿的解釋，前文曾提及，馬氏和瓦海克認為，主位是已知信息，是話題的開始，述位是新信息是論述的核心。但是費爾巴斯認為所謂主位、述位及已知、未知信息是兩個概念，不應該等同〔註 84〕。比如這樣一句話：

〔p〕An unknown man walked into the shop.

這裡的主位就不是已知信息。另外，彼時也有不少研究者用「心理主語」、「心理謂語」來說明發話者的交際意圖，但是也沒能釐清「心理」與「交際」這兩個概念之間的關係。於是，費爾巴斯提出了「交際動態理論」，所謂交際動態，就是把交際看作一種動態的過程，在此過程中，各句子成分為達到交際目的，發揮著大小不一的作用。交際貢獻最小的是主位，貢獻最大的是述位。比如上文的例子〔p〕在這裡就可以得到合理切分：An unknown man 完全不依賴語境，傳遞主要交際信息，交際動態值最大；the shop 是上下文已知信息，walked into the shop 表現主語的動作，交際值低。若按實際切分的話，此句為述一主結構。但是，費氏指出，主位、述位兩分法不足以窮盡整個句子結構，在主位和述位之間亦存在著交際力不一的其他過渡成分，像〔p〕後半句，walk 代表主語在情境中出現，the shop 是地點背景，無論其依賴語境與否，交際動態值都比 walk 低。鑒於此，他進一步把主位劃分為：正主位（theme proper）、正主位轉向（theme proper oriented）、主位；中間的過渡成分分為：正過渡（transition proper）、正過渡轉向（transition proper oriented）、過渡；述位分為：正述位（rheme proper）、述位〔註 85〕等。其中正主位、主位、正過

〔註 84〕Firbas J. On defining the theme in functional sentence analysis〔J〕. TLP, 1964（1）: 267～280.

〔註 85〕Firbas J. Studies in English Language: Functional Sentence Perspective in Written and Spoken Communication〔M〕. Cambridge: Cambridge University Press, 1992: xv; 72～80.

渡、過渡、述位、正述位為主要成分，在句中，以上要素由左至右排序，交際值逐漸增大〔註 86〕。比如在以下無標記的句子中：

〔q〕He has fallen ill.

He 的交際力最小為主位，ill 交際力最大為述位，中間 has fallen 介於主位和述位之間為過渡（以粗下劃線為示，下同）。在過渡中，has 及謂語動詞的「時」：en 具有時間情態指數〔註 87〕，因此為「正過渡」，fall 為過渡。

以上討論的幾個例句都是無標記的句子，事實上，句子成分的交際動態值受許多因素影響，像〔p〕，如果突出強調其他信息，那麼主位、述位、過渡的位置就需改變。在書面語中，交際值主要受三個因素影響：線性修飾（linear modification）、語言情境（context）、語義結構（semantic structure）〔註 88〕，以下將對此進行解釋。

（2）交際動態值的影響要素

鮑林格（Bolinger）認為，無干擾的句子中，句子成分的意義是隨著句子排列順序由左到右線性增加的。費爾巴斯將以上論點用於解釋無標記句子中的交際動態發展規律，這個規律被稱作句子「線性修飾」〔註 89〕。當然，依照布拉格學派的功能句法學傳統，線性修飾僅是交際動態分布的一種方式，它還受「語言情境」以及「語義內容」影響〔註 90〕。

語言情境方面。語法標注的所謂「已知信息」（如由定冠詞標示的信息）常常不能與 FSP 中的對等。比如例子 Beryl stepped over the window, crossed the veranda, ran down the grass to the gate.，the window/ the veranda/ the grass/ the gate 是已經知曉的信息，按理說它的交際值不高，但在本句中，它們呈現了一個完整的新信息就是 Beryl 的移動方向，所以在這句話中主語的交際值

〔註 86〕錢軍，結構功能語言學 布拉格學派〔M〕，長春：吉林教育出版社，1998：325。

〔註 87〕Firbas J. Some Aspects of the Czechoslovak Approach to Problems of Functional Sentence Perspective〔A〕. In F. Daneš（ed.）. Papers on functional sentence perspective〔C〕. Prague/Mouton, The Hague/Paris, 1974: 26.

〔註 88〕Firbas J. Studies in English Language: Functional Sentence Perspective in Written and Spoken Communication〔M〕. Cambridge: Cambridge University Press, 1992: 10～11.

〔註 89〕Bolinger D. Linear Modification〔M〕. United States: Modern Language Association LXVII, 1952: 1125.

〔註 90〕錢軍，結構功能語言學 布拉格學派〔M〕，長春：吉林教育出版社，1998：331。

才是最低的，主語完成這項動作的方式具有更高的交際動態值。相同的情況可見：It was Alice, the servant girl, dressed for her afternoon out.，很明顯，Alice 是語境中可檢索的已知信息，但是在即時交際中，是她不是別人完成了之後的動作，所以該句成分不能被識作「已知信息」。基於此，費爾巴斯指出，在動態交際中，已知信息有兩種：（1）儘管表達了交談者都已知的信息，但是由於即時的交際中，信息無法從上下文中檢索，那麼這一信息必須以「未知」看待。（2）對交談對方來說，信息不僅僅傳達了已知的知識，而且在情境中，甚至在即時的交際中都可被檢索。在此，前一種已知信息交際動態值高於後者。但是，如何確定信息是可／不可檢索，或者說如何確定它們是情境依賴（context dependence）或情境獨立（context independence）的？斯沃博達（Svoboda）曾發現一個獨立文本中，信息可檢索範圍一般在七句話之內〔註 91〕。費爾巴斯則認為，確定某一信息是否情境獨立可以從：非代詞表達的重複；代詞；情態指數；省略中獲知〔註 92〕。以上四點其實與韓禮德提出的互指（co-reference）信號一致。

語義結構方面。語義內容在某些時候可以不受線性修飾影響。比如情境獨立的直接／間接／介詞／非介詞賓語，無論所在句子位置如何，其 CD 值都超過動詞。因為，「賓語總是作為動詞信息的接受者、施出者，它具有擴大動詞信息的功能，表現的交流更多，更有價值」〔註 93〕。此外，主語補語和賓語補語具備推動交際發展的功能，其動態值也經常高於動詞，比如以下例句中，情境獨立的補語無論在何位置交際動態值都最高。

〔r〕He has proved to be an excellent musician.

They have elected Peter/him president.

An utter fool he made me feel.

I felt a proper Charlie when I dropped all the plates, a proper Charlie I felt too

〔註 91〕Svoboda A. Diatheme〔M〕Brno: Masaryk University, 1981 : 9～88.

〔註 92〕Firbas J. Studies in English Language: Functional Sentence Perspective in Written and Spoken Communication〔M〕. Cambridge: Cambridge University Press, 1992: 31.

〔註 93〕Firbas J. Studies in English Language: Functional Sentence Perspective in Written and Spoken Communication〔M〕. Cambridge: Cambridge University Press, 1992: 42.

最後，狀語也有可能超越動詞的動態交際值，但是這種情況的發生不僅僅依靠語境獨立，還受該狀語的語義內涵和線性修飾位置影響。像 This happened yesterday. 和 I met an old friend yesterday. 假使兩個句子都是語境獨立的，前一句 yesterday 是對動詞的強制性語義擴充，交際價值大，後一句中 yesterday 只是描述背景，an old friend 才是交際的重心。又如 He did not attend the lecture <u>because he was ill</u>.及 As he was ill <u>he did not attend the lecture</u>. 兩句話滿足線性修飾，前一句話的交際重心在於主語不在場的原因，後一句的交際重心則為陳述不在場之事實。在上述三項中，主語比動作、狀態、目的相比都要次要，因此交際力最小，但也有例外，比如句中，主語獨立於語境，謂語動詞表「存在」、「出現」，後加時間／地點狀語，這時主語交際力最大。

3. 達納什「句法語義理論」

錢軍總結，布拉格學派的句法理論有兩類，一類是以馬泰修斯和費爾巴斯為代表的功能句法理論，另一類是以達納什為代表的句法語義理論，句法語義理論偏向討論語言的經驗功能〔註 94〕。達納什的句法理論對澄清句子成份的語法範圍和語義範疇，剖析篇章的推進方式都具有重要意義。

（1）句法層次論

1965 年，在吸收了卡茲（Katz J J）、福多爾（Fodor J）等人的語義學理論之後，喬姆斯基發表了他的《句法理論面面觀》(Aspects of the Theory of Syntax)。該書一改《句法結構》(Syntactic Structures) 對語義的忽視，擴充了生成語法學說的範圍，最終形成了包括「句法要素」、「語音要素」、「語義要素」的生成語法「標準理論」。喬氏認為，語義要素決定了一個句子的語義理解，其將句法要素生成的某一結構與某種語義表達聯繫在了一起〔註 95〕。通過投影規則(projection rules)，可以檢測和詮釋相關詞項形式組織之間的語義衝突，也就是說能夠：審讀句子或短語各個詞項的詞類特質、語義標示和辨義成份；聯繫句子或短語各詞項特徵，審查它們之間是否協調，是否搭配，是否意義明確〔註 96〕。前文有言，20 世紀中期，喬姆斯基的生成語法學派在

〔註 94〕錢軍，結構功能語言學 布拉格學派〔M〕，長春：吉林教育出版社，1998：287。

〔註 95〕Chomsky N. Aspects of the Theory of Syntax〔M〕. Untied States: the MIT Press, 1969: 16.

〔註 96〕伍謙光編著，語義學導論〔M〕，長沙：湖南教育出版社，1988：39。

語言學界風頭無兩，其在句法研究中納入語義概念，實屬突破。但是，喬氏的解釋語義學也存在著很多漏洞，比如他認為語言的深層結構與語義有著密切聯繫，但不少研究者發現深層結構並不能說明一些句子的歧義問題〔註 97〕。此外，句法的分析模型是否能夠解釋句子成分的語義作用，也仍待商榷。達納什與解釋語義學的反叛者〔註 98〕一樣，試圖通過填補喬氏的理論漏洞來順暢句法語義學的發展軌道。

首先達納什指出，喬姆斯基的解釋語義學，未能尊重句法之語法層面和語義層面的區別，從傳統語法學裏面援引進生成語法中的術語，缺乏仔細考量和辯證，因此十分模糊〔註 99〕。比如，以下例句：

〔s〕John is easy to please.

John is eager to please.

〔t〕Did John expect to be pleased by the gift?

The gift pleased John

喬姆斯基認為〔s〕第一句，John 是 please 的直接賓語，John 和 please 的關係（更確切地說是：他們的意義）和「this pleases John」中的一樣。第二句，John 是 please 的邏輯主語，實際想要表達的意義和「John pleases someone」一致。但其實，直接賓語屬於語法概念，邏輯主語屬於語義概念，在分析語義結構的時候使用以上概念極易混淆。第二個例子更甚，喬氏認為〔t〕的兩個例子中的 John、please、gift 有著相同的語法結構，如果從傳統句法來看，這是不對的，前一句話 John 作主語，後一句話作賓語；please 前為動詞不定式被動語態，後為謂語動詞過去式；gift 前所在介詞短語作狀語，後為主語。當然喬氏的舉例是期望說明句法結構與語義結構之間的關係，即〔s〕句法結構相似，但是語義表達不同，〔t〕句法結構不同，但語義結構可能相近，只是其本人一直以「句法要素」為先，沒有捋清各要素的層次聯繫。基於以上考量，達納什呼籲「澄清句法研究層次，區別使用各層次的術語，比如語法範

〔註 97〕（美）喬姆斯基（Chomsky）著；黃長著、林書武、沈家煊譯，句法理論的若干問題〔M〕，北京：中國社會科學出版社，1986：2～3。

〔註 98〕《句法理論面面觀》在生成語法學派內部引起了很大爭議，這導致喬姆斯基本人的直系弟子和同事如拉考夫、羅斯（Ross J R）、菲爾墨（Fillmore C J）、麥考利（McCawley J D）等脫離了解釋語義學的論調，成立了新的語義學派。本文稱他們為「解釋語義學的反叛者」。

〔註 99〕Daneš F. A three level approach to syntax〔J〕. TLP, 1964（1）: 225～240.

疇就應該建立在語法層面，使用語法術語」〔註 100〕。至此，他把句法分成三個層次：語法結構層（level of the grammatical structure of sentence）、語義結構層（level of the semantic structure of sentence）、言語組織層（level of the organization of utterance）。

達納什和喬姆斯基一樣，認為語法結構層是不依賴語義內容的自治（autonomous）系統〔註 101〕。因此，像我們常說的語法範疇比如主語、賓語等與語義內容無關而與句法相關。和語法自治性相對的是語義範疇的普遍性（universal），在這個世界上可能有成千上萬種語言，它們的語法範疇是多樣的，但是卻共用著一套相似的語義體系。所以，語法與語義範疇並不一定一一對應，只是有著某種或疏或近的相互吸引力支撐著彼此的交流。其實，達納什的語法觀反映出了布拉格學派在形式和功能之間遊走的特點。1998 年美國著名生成語法學派學者紐邁爾（Newmeyer F J）出版了《語言形式與語言功能》（Language Form and Language Function）一書，集中探討了美國形式主義和功能主義語言學派之間的理論、思想爭議焦點，他認為，兩大學派的矛盾中心在「三個自治」上，即句法自治（Autonomy of Syntax）、語言知識自治（Autonomy of Knowledge）和語法自治（Autonomy of Grammar）〔註 102〕。形式派認為語法是獨立於語義的，比如前文提及的例子「Colorless green ideas sleep furiously.」就能夠作為證據。功能派（尤其是極端功能派）則認為，語義、語用和語法存在著深刻的聯繫，這種聯繫已經緊密到無法用任何方式對形式進行拆分，另外語法的形式特徵是通過語言功能表現出來的，像前例無交際意義，也就不能用句法規則來分析。在布拉格學派內部可見持有這兩種觀點的人，如形式派的馬泰休斯、達納什，功能派的雅克布森、維茲比卡（Wierzbicka）等。但總體來說，布拉格學派以語言的功能性為主要研究對象，並承認語法和語義、語用之間的聯繫。

根據達納什對句子的理解，在語義層面，句子只是相關具體詞彙意義的語義概括，而不是詞彙意義本身〔註 103〕。比如我們常說的受事、施事，因果

〔註 100〕Daneš F. A three level approach to syntax〔J〕. TLP, 1964（1）: 225～240.

〔註 101〕Daneš F. A three level approach to syntax〔J〕. TLP, 1964（1）: 225～240.

〔註 102〕Newmeyer F J. Language Form and Language Function〔M〕. Untied States: the MIT Press, 1998: 23.

〔註 103〕Daneš F. Some thoughts on the semantic structure of the sentence〔J〕. Lingua, 1968（21）: 55～69.

關係、前後關係等都屬於語義概括。在句子 My father is writing a long letter 中，father、is writing、和 letter 不再標示為表層意思，而分別代表了施事、動作、和目標。為了更清楚地描寫句子結構，達納什設想了一種可以表明和區別語法句型（grammatical sentence pattern，GSP）及語義句型（semantic sentence pattern，SSP）的複合句型（complex sentence pattern，簡稱 CSP）描寫方式。他認為，既然 GSP 和 SSP 之間不是一對一的關係，那麼完全有可能把它們納入同一結構而不被混淆，比如上句就可以這麼描寫：

My father is writing a long letter

GSP N1→VF→N2

SSP Actor→Action→Goal

CSP N1／Actor〈=VF／action=〉N2／Goal

「→」表示成分關係走向，「／」左右兩邊分別是 GSP 和 SSP，「〈=」、「=〉」代表了支配關係，VF 為限定動詞的縮寫。基於 CSP，達納什得出句子的語義結構不是特定句法意義的整合，而存在著一個層級順序，一些語義項處於句子的中心（即與 GSP 功能位置相對應），一些則處於次要位置（即僅產生於 GSP 的派生結構中）〔註 104〕。此外，在整個句子中，謂語是聯結各個詞項的紐帶，句法語義分析應該以謂語為重，基於此，他區分了靜態謂語和動態謂語，並改制了一系列形式化符號以幫助研究者進行語義公式描寫。是對此的總結：

表 3-2 是對此的總結：

表 3-2　謂語及其語義公式描寫〔註 105〕〔註 106〕〔註 107〕

靜態謂語	雙位關係	空間位置（x L y）如 be placed
		局部同現（x LC y）如 lose
		擁有（P）如 have/ belong
		精神擁有（PM）如 known

〔註 104〕Daneš F. Some thoughts on the semantic structure of the sentence〔J〕. Lingua, 1968（21）: 55～69.

〔註 105〕Daneš F. Sentence patterns and predicate classes〔M〕. Amsterdam: J Benjamins: 3～21.

〔註 106〕錢軍，布拉格學派的句法語義學〔J〕，外語學刊，1994（2）：1～8。

〔註 107〕x 在動作過程中是施事主體（一般為語法主語），非動作過程中為受事者；施事變化中上劃線代表了非同現，T 表示轉化。

		定性（x QL y）如 He is rich.	
		定量（x QN y）如 His reasons were many.	
	一位關係	存在／不存在（x E）如 There are no gods.	
		位置（x POS）如 He was kneeling	
	空位關係	自然氣象的無主句	
動態謂語	過　程	動作過程	封閉動作（x PR）
			開放動作（x A p（y）/ x A p（y, z））
		非動作過程	封閉過程（x B p）
			開放過程（x B p　（y）/ x B p　（y，z））
	變　化	施事性變化	存在（xA　（（$\underset{(y\,E)}{\rule{2em}{0.4pt}}$T　（y E））　如 build/ construct
			存在的否定（xA　（（y E）　T$\underset{(y\,E)}{\rule{2em}{0.4pt}}$））如 annihilate/ dissolve
			方位（y L z）如　take out/ remove
			位置（y POS z）如 seat
			定性（y QL z）如 close/open/press
			擁有（y P z）如 acquire/borrow/buy
			局部同現（x LC y）如 clean/load
		非施事性變化	存在（x E）如 aris/cease
			方位（x L y）如 appear/isappear
			位置（x POS z）如 fall
			定性（x P y）如 soften
			擁有（x P y）如 get
			局部同現（x LC y）如 lose

達納什認為言語組織層的存在使得我們能夠理解交際行為的語義及語法功能〔註108〕。費爾巴斯也認為，言語組織能說明，我們如何在語義和語法上，用一種合適的視角來傳達對現實世界的想法〔註109〕。言語組織本身似乎與認知、心理等內隱要素相關，但是我們也可以從它的外顯形式：「交際行為」上捕捉其特徵和規律。交際是言語的動態呈現，與「功能句子觀相關」，一般而

〔註108〕Daneš F. A three level approach to syntax〔J〕. TLP, 1964（1）: 225～240.

〔註109〕Firbas J. Studies in English Language: Functional Sentence Perspective in Written and Spoken Communication〔M〕. Cambridge: Cambridge University Press, 1992: 137.

言言語各要素根據交際動力的高低排列，放在句首的是低交際動力的信息，句末的是高交際動力的信息。當然，言語組織也不完全遵守這樣的線性演進路線，前文所言 R-T 序列就是例外。達納什非常重視言語研究，與同學派的學者相比，他花費了更多力氣去解釋「語法要素之外」的言語組織要素。比如，達氏提出了語言捲入（involvement with language）和語言參與（involvement in language）兩個概念，並認為態度（attitude）與情感（emotion）分別影響了以上兩種交際情形中的言語行為〔註 110〕。態度可分為工具性（指向對話的經濟性和有效性），倫理性（隱含了某種社會準則），情感性（與情緒、情感相關）、習慣性（與個人喜好、社會傳統相關）四種。情感有信息性（表現交際氛圍）、催化性（促進／抑制信息接受者和信息製造者認知及話語加工過程）、自發性（說／作者會不自覺地表露自己的情感，即使是在極力克制的情況下，仍可察覺出來）、策略性（說／作者為了實現自己的說／寫目的，而採取的某種／些表達方式）。

（2）主位推進

主位推進理論是現代篇章分析的重要理論基礎之一，胡壯麟先生總結道：「研究主位結構能使讀者瞭解和掌握有關語篇（篇章）的中心內容的信息在語篇中的分布情況。有助於讀者掌握語篇（篇章）內各個句子之間的內在聯繫。並可從以上分析中看出已知信息和新信息的分布情況以及兩種信息之間的相互作用」〔註 111〕。當前，已有許多語言學家對主位推進進行過討論，比如弗里斯（Fries）、韓禮德、馬丁（Martin），徐盛桓、黃衍、黃國文等。但達納什應是從篇章視角解釋主位推進的首位學者，他不僅繼襲了馬泰修斯的「功能句子觀」，而且探討了整個篇章中各主位的相關關係與等級體系。

自 1939 年馬泰修斯提出功能句子觀之後，關於主位、述位的討論（尤在布拉格學派及功能語言學派中）就未曾停歇。達納什特別指出了當時主位與已知信息，述位與未知（新）信息之間的概念錯亂，並總結：在篇章中，信息是累積式遞增的，篇章發起者必須從這些泛泛的信息中選擇出表述起點即主位（T），無論何時，已知信息一定與信息發起者選擇的 T 息息相關，新信息

〔註 110〕 Daneš F. Involvement with language and in language〔J〕. Journal of Pragmatics, 1994（22）: 251～264.

〔註 111〕 胡壯麟等，系統功能語法概論〔M〕，長沙：湖南教育出版社，1989：142～143。

則一定發揮著述位（R）功能。篇章研究者的任務，是去深究「為什麼是這些而不是那些已知信息被作為主位」，而不是僅僅區分主位／述位而已〔註 112〕。因此，我們應該從宏觀篇章入手，結構化它的信息流動過程，整理出每個主位在小句、段落、篇章、語言情境中的功能。由此想法，達納什研究了大量捷語、德語、英語專業篇章，並總結出了 5 種「主位推進」（thematic progression，簡稱 TP）模式。

第一種為簡單線性 TP 模式（Simple Linear TP/ TP with linear thematization of the rhemes）：

$T_1 \rightarrow R_1$

↓

$T_2 (=R_1) \rightarrow R_2$

↓

$T_3 (=R_2) \rightarrow R_3$

這種推進模式是最為基礎和常見的一種，從圖中可以看出，每一句的述位都相繼成為下一句的主位，由此推動篇章形成。分析實例見〔u〕。

〔u〕The first of the antibiotics was discovered by Sir Alexander Flemming（R_1）in 1928. He（T_2）was busy at the time investigating a certain species of germ（R_2/ T_3）which is responsible for boils and other troubles.

第二種為連續型主位推進模式（TP with a continuous theme）：

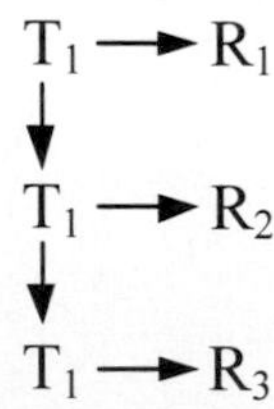

這種模式下，一系列句子分享同一主位（不一定要字面完全一致），述位通過不同的方式對主位進行闡述和擴充。分析實例見〔v〕。

〔v〕The Rousseauist especially feels an inner kinship with Prometheus and other Titans. He is fascinated by any form of insurgency… He must show an

〔註 112〕Daneš F. Functional Sentence Perspective and the Organization of the Text〔A〕. In F. Daneš(ed.). Papers on functional sentence perspective〔C〕. Prague/Mouton, The Hague/Paris, 1974: 111～112.

elementary energy in his explosion against the established order and at the same time a boundless sympathy for the victims of it… Further the Rousseauist is ever ready to discover beauty of soul in anyone who is under the reprobation of society.

第三種推進模式為衍生型主位推進模式（TP with derived T's）：

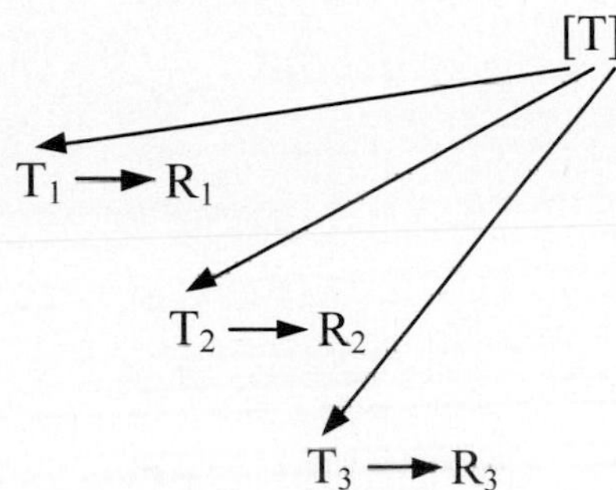

該推進模式表明，整個篇章小句中的主位都是由某一更高層次的高位主位（hypertheme）衍生而來的，它們的選擇和排序受篇章命題控制。分析實例見〔w〕。

〔w〕New Jersey（T）is flat along the coast and southern portion; the northwestern region（T_1）is mountainous. The coastal climate（T_2）is mild, but there is considerable cold in the mountain areas during the winter months. Summers（T_3）are fairly hot…

第四種為分裂式述位推進模式（TP with split rhemes）：

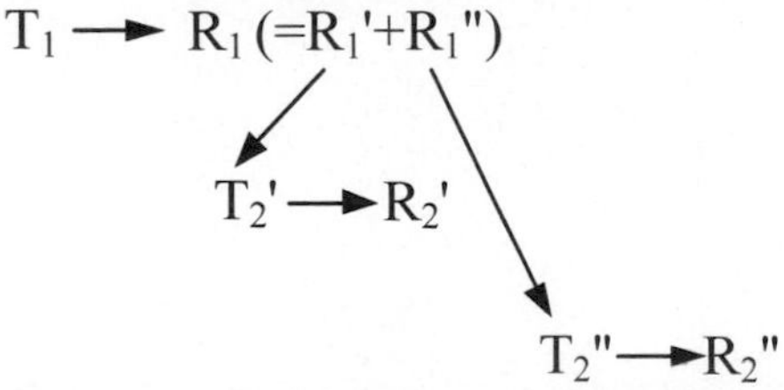

分裂式推進模式實際是第三種的變體，後者從主位出發，前者從述位出發，也就是說第一句的述位可分裂出許多信息，這些信息進而成為餘下句子的主位。比如培根經典名著《談讀書》（Of Studies）中的一小段，就採取了此種推進模式：

〔x〕Studies serve for delight（R_1'）, for ornament（R_1"）and for ability（R_1'''）

（R_1）. Their chief use for delight（T_1'）, is in privateness（T_1"）; for ornament（T_1'"）, is in discourse; and for ability, is in the judgment and disposition of business.

第五種為跳躍式主位推進模式（TP with thematic spring）：

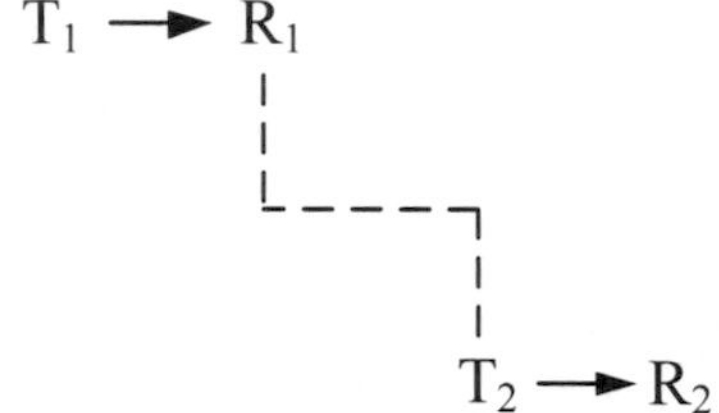

跳躍推進指的是篇章在組織的過程中，省略了某一敘述，但是可以從上下文中推導出省略前後小句之間的主、述位聯繫。實例見〔y〕。

〔y〕The fact that the place was empty enabled me to pick the best seat, one with a view of the deserted garden below.

從例句中可以看到，此句話中前半句和後半句之間省略了某一敘述即：which is near the window，但是這句話是不言自明的，可以從語境中推出，添上反而失去了某種藝術性。

達納什指出主位推進各模式並不是排他的，在一篇篇章中，特別是體量較大的篇章，常常可以看到不同的推進模式共存其中〔註 113〕。另外，主位推進模式絕不僅限於以上五種，許多研究者，比如黃衍〔註 114〕就發現了交叉型：前一句的主位成為下一句的述位；並列型：隔句的主位相同；跳躍型：各主位、述位沒有明顯的關係，三種新型主位推進模式。主位推進理論不僅是研究篇章結構的有效路徑，還是挖掘說／作者交際意圖，找尋篇章主旨的重要方法。已經有很多學者將此理論運用到閱讀、寫作、翻譯、計算機自然語言的研究中。引用達納什的話：「不同類型的語言，不同類型的篇章都有其獨特的主位推進模式，發現它們、解釋它們將是有趣且有意義的工作」〔註 115〕。

〔註 113〕Daneš F. Functional Sentence Perspective and the Organization of the Text〔A〕. In F. Daneš(ed.). Papers on functional sentence perspective〔C〕. Prague/Mouton, The Hague/Paris, 1974: 120.

〔註 114〕黃衍，試論英語主位和述位〔J〕，外國語（上海外國語學院學報），1985（5）：34～38。

〔註 115〕Daneš F. Functional Sentence Perspective and the Organization of the Text〔A〕. In F. Daneš(ed.). Papers on functional sentence perspective〔C〕. Prague/Mouton, The Hague/Paris, 1974: 127.

（二）系統功能語言學派的篇章理論

系統功能語言學派與布拉格學派有著深刻聯繫，其創始人韓禮德關於句子銜接，主、述位，新、舊信息的討論都能看到布拉格學派的影子。他本人還在 1970 年為布拉格學派成員組辦的「功能句子觀國際研討會」專門致文，讚賞了布拉格學派的句法語義理論、句子功能觀，認為這些理論使人們瞭解由句而來的篇章所具備的具體功能，以及這些功能如何滿足人們的交際目的。其他學派成員也發表過頗具影響力的篇章語言學論著，比如前文提到的弗里斯的主位理論，馬丁的篇章語義理論，威廉・曼的修辭結構理論等。這些理論不僅受系統功能語言學的蔭庇，而且吸收了其他語言學派的理論成果。受篇幅所限及本文研究所需，本段將著重對韓禮德和曼及湯姆森的理論進行歸納分析，其他學說僅適時援引。

1. 韓禮德「篇章功能理論」

韓禮德篇章語言學理論建立在他的「純理功能」（metafunction）思想上。首先他吸取了自己導師費思（Firth）的「系統—結構」論，並認為「系統」是第一性的，是語言功能分析中的地基概念。繼而用蘭姆（Lamb）的分層說，即語言系統由語義（語義學）、詞彙語法（詞彙學、形態學）、音位（音位學、語音學）三個互相連貫的系統構成；和布拉格學派的功能句法學，如達納什句法分層論、布勒（Bühler）語言功能論來補充費思的學說。最終得出：語言是有層次的，系統存在於所有的語言層次，為了描繪系統網絡的起點和組成，有必要瞭解社會文化置於語言的要求，以及語言所應完成的種種功能。如果將這些功能高度抽象化就可以得出語言的元功能，即純理功能，它們分別是：概念功能（ideational metafunction）、人際功能（interpersonal metafunction）和篇章功能（textual metafunction）〔註 116〕〔註 117〕〔註 118〕。概念功能，提供人類主、客觀經驗的表達方式，其中又包括經驗功能（experiential function）和邏輯功能（logical function），經驗功能大抵相當於前文所提達納什的語義結構層；邏輯功能指的是對意義結構邏輯關係的表徵；人際功能表達說／寫者的

〔註 116〕 Matthiessen C M& M A K Halliday. Systemic Functional Grammar: A First Step Into the Theory〔M〕.Beijing: Higher Educational Press, 2009: 94.

〔註 117〕 Halliday M A K. An Introduction to Functional Grammar〔M〕. UK: A Hodder Arnold Publication, 1994: 29～30.

〔註 118〕 胡壯麟等，系統功能語法概論〔M〕，長沙：湖南教育出版社，1989：11～12。

人際、社會關係，身份地位，態度動機等，與達納什語法結構層相當；篇章功能是實現以上兩種功能的「使能功能」，即強調篇章內部，篇章與語境之間的銜接性與連貫性，和達納什的言語結構層類似。

韓禮德的突出貢獻是將語義學和功能理論結合在一起〔註 119〕。把語義作為語法和言語的主導，認為「每一個語言單位都來源於語義學的某個部分」、「每人都通過符號交流來產生意義」〔註 120〕〔註 121〕。另外，韓禮德一改布拉格學派將語法和語義劃開的做法，指出它們難分彼此，是「體現」的關係。因此，「純理功能最終都依靠語法結構表徵」〔註 122〕，比如一個小句：The sun was shining on the sea 就（至少）有三個緯度的語法結構：

〔z〕The sun／ was shining／ on the sea

概念功能：施事／過程／所處

The sun was／shining on the sea

人際功能：情態／命題

The sun was shining on the sea

篇章功能：主位—述位

以上語法結構中的各單位名稱如「施事、過程、所處」，是純理功能根據語言用途進一步劃分出的子語義系統的功能成分。圖 3-是對純理功能和其子語義系統的歸納。

〔註 119〕胡壯麟等，系統功能語法概論〔M〕，長沙：湖南教育出版社，1989：42。

〔註 120〕（英）韓禮德（Halliday）著；潘章仙等譯，語篇和話語的語言學研究〔M〕，北京：北京大學出版社，2015：25。

〔註 121〕Halliday M A K. Language as Code and Language as Behavior: a Systemic-functional Interpretation of the Nature and Ontogenesis of Dialogue〔A〕. In R. Fawccett et al.（eds.）. The Semiotics of Culture and Language〔C〕. London and New York: printer, 1984: 11.

〔註 122〕Halliday M A K. The Place of "Functional Sentence Perspective" in the System of Linguistic Description〔A〕. In F. Daneš（ed.）. Papers on functional sentence perspective〔C〕. Prague/Mouton, The Hague/Paris, 1974: 49.

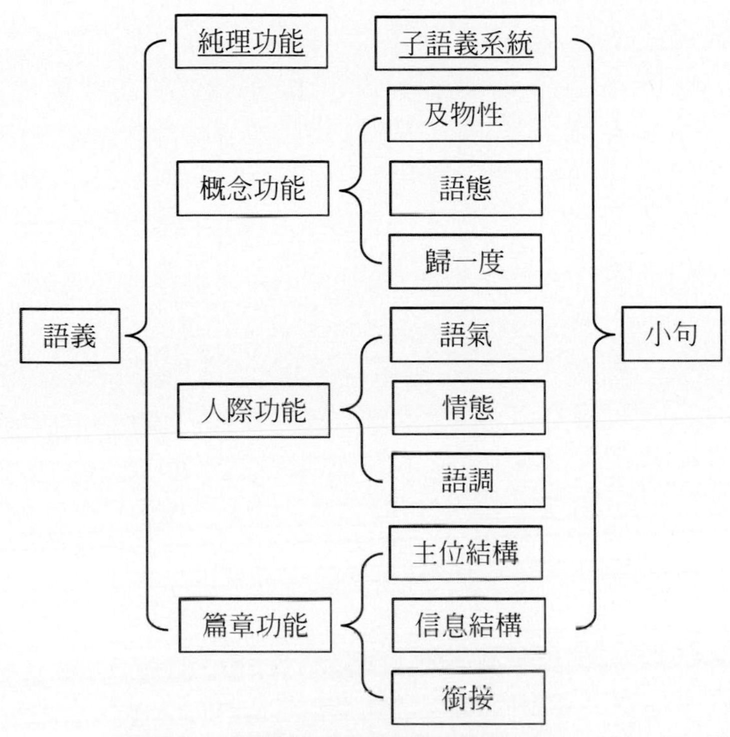

圖 3-2　語義系統及其功能成分〔註 123〕

篇章，在韓禮德看來是語義單位也是社會學事件〔註 124〕。首先，篇章之所以成為篇章，而不是字典裏的詞例或語法書中的句子，是「篇章功能」在發揮作用，也就是說，篇章通過主位系統、信息系統、銜接關係使其自身形成「篇章組織」，具備「篇章意義」。與此同時篇章的概念功能和人際功能同時與篇章功能發生關係，不斷加強篇章的篇章屬性。其次，概念、人際和篇章功能僅為我們提供「語義潛勢」，只有通過作為社會符號的篇章，這些潛在的意義才得到實現。因此，篇章本質上是能夠反映語義結構和社會環境之間系統關係的一個社會意義實例。通過三個符號結構：語場、語旨、語式，可以瞭解篇章語義選擇背後的情境要素，進而幫助篇章研究者描寫和解釋篇章產生的動因。

（1）篇章作為語義單位

韓禮德分析了篇章與非篇章之間的區別，他首肯了布拉格學派的功能句

〔註 123〕胡壯麟等，系統功能語法概論〔M〕，長沙：湖南教育出版社，1989：42。
〔註 124〕（英）韓禮德（Halliday）著；潘章仙等譯，語篇和話語的語言學研究〔M〕，北京：北京大學出版社，2015：45；49。

子觀，把主位和信息系統看作篇章形成的結構性資源。但布拉格學派始終聚焦在「句中結構」，非結構性的篇章形成手段如銜接關係卻未著筆墨。事實上，如果沒有非結構性篇章資源，結構無關的句子成分就很難達成語義聯繫，也就不具備篇章屬性，韓禮德的篇章語言學學說恰好彌補了布拉格學派在此的疏漏。

篇章的結構性資源：主位系統、信息系統，是從布拉格學派中發展出的概念，但與布拉格學派將兩個概念混揉一團不同，韓禮德將他們區別開來。首先，主位系統，即由主位—述位構成的篇章組織是遵循線性修飾的，因此，它無布拉格學派中的 R-T 序列。一旦篇章作者為了突出某一信息或情感而使主語和主位不一致時，主、述位順序仍不改變，而是將這種主位稱為「有標記主位」，見下例。

〔a2〕John/ his name is.（補語作主位）

I/ asked her to leave /and leave/ she did.（謂語作主位）

On the way home, /I met my sister Sarah.（狀語作主位）

Her beauty /they could not forgive.（賓語作主位）

信息系統與主位系統不同，信息系統與蘭姆的音位層有關，通過聲調突出的信息是「信息中心」，布朗、尤爾〔註 125〕（Brown& Yule）和韓禮德都認為，無標記狀況下，調核落在聲調群最後一個實義詞上，這個實義詞就是包含新信息的信息單位，這種情況下，新信息前的句子成分可以是已知信息和新信息，當新信息處於其他位置時，句子成分內的其他信息都是已知信息，後一種情況的信息焦點即是有標記的。其次，主位系統是以說話人為標準，而信息系統以聽話人為標準。筆者認為，在篇章的形成過程中，它不僅表達了說話人想要談論的主題，而且包含了他對聽話者可能已知的內容以及未知內容的預估。那麼，就很難說「我」想要講述的內容不是「你」還不知道的東西，也很難說「你」可以復原的信息不是「我」講話的起點。最後，主位系統中的主位、述位都可以省略，比如例〔d〕、〔e〕，但是信息系統中的新信息是不可以省去的。

篇章的非結構性資源：銜接關係主要包括五種：照應，代替、省略、連接、詞彙銜接。我們在看到一句話時，其中的一些詞必須在和其他概念有所

〔註 125〕Brown G & Yule G. Discourse Analysis〔M〕.Beijing: Foreign Language Teaching and Research Press, 2000.

關照時才能產生意義，比如 She is beautiful、You will feel better 這兩句話，只有知道了 She 是誰，什麼 better，此句才可被解釋。照應可以是語內的（前指和後指），也可以是語外的（語篇之外，語境之中）。語內照應使得某一信息可以從上下文中獲得解釋，從而加強小句的銜接形成篇章。語外照應的實現則與其他非語言要素相關，比如我們說 Can you see that girl？需要伴隨某種動作。代替和省略指的是篇章中某些信息因為交際需要而被省去或替代。這兩種銜接手段一般出現在口語中，特別是非正式交談中，如果在正式的書面語中出現一來是增加文章的緊湊度和可讀性，二來是增加文章的藝術性和豐富性，所以我們在文章寫作中常常有意或無意識地保證著一定的詞彙「類—次比」。連接主要用來呈現篇章小句之間的邏輯關係，比如常見的連接詞就有此種作用。詞彙銜接是銜接關係中唯一不需要使用語法手段的銜接方式，主要有復現和搭配兩種。復現的途徑有很多，比如同詞重複、上義詞、下義詞、同義詞、反義詞、概括詞等；搭配指的是某些經常同現的詞出現在篇章中作為銜接，比如 flower 和 bud，affection 和 lover 等等。

（2）篇章作為社會學事件

情景語境最早是由波蘭裔人類學家馬林諾夫斯基（Malinowski）提出的，隨後費思踵其事而增華，增強了語境的語言學解釋。的確，語言與其產生的背景是無法脫離開的，我們現在所看見的篇章絕不是孤零零存在於世的，沒有了社會語境，它們的功能將不得以施，我們的表達也將失去意義。前文已簡述了組成社會體系意義（情境）的符號結構：語場、語旨、語式。這些結構分別對應著語義系統中的概念功能、人際功能、篇章功能，它們之間的角色關係如表 3-5 可見。

表 3-5　語境成分與語義系統

語境成分	語義系統
語場（社會活動類型）	概念功能（經驗功能、邏輯功能）
語旨（社會角色關係）	人際功能
語式（符號組織方式）	篇章功能

如果把情境要素投射到篇章分析當中，就可以確定它的題材、語類和蘊含的社會關係，並進一步評價該篇章與其他相關篇章之間的互文關係。1985 年韓禮德修改了他的語境理論，新加入了文化語境（context of culture）、互文

語境（intertextual context）、篇內語境（intratextual context）三個概念，至此，篇章與社會文化，篇章與篇章，篇章之於本身的價值和意義都可得到全面分析。

韓禮德是一位博採眾長的語言學家，他的學說融匯並發展了歐洲倫敦學派費思、哥本哈根學派葉姆斯列夫（Hjelmslev）、布拉格學派費爾巴斯、達納什等人的思想，而且不計學說之爭，充分肯定了美國結構主義語言學、喬姆斯基轉換生成語法對語言研究的貢獻。正是韓禮德本人樂得批評的態度，以及系統功能語言學派內部民主開放的學術環境，使得系統功能語法理論不斷擴容和發展，也使得該理論體系成為篇章語言學源源不斷的理論供給。

2. 曼與湯姆森的「修辭結構理論」

曼與韓禮德一派很有淵源，除兩人經常的交流合作之外，20 世紀 80 年代，在他主持的計算機篇章生成項目中，其項目組成員馬西森（Matthiessen）正巧負責由韓禮德作為顧問的研究部分，在此契機下，馬西森投入到韓禮德門下，並成為韓禮德學派骨幹成員和「最理想的接班人」〔註 126〕。曼和湯姆森主要關注的焦點是計算機自然語言處理技術，他們的篇章理論與前述學者比起來，具有更高的實踐功用。首先，不論是布拉格學派還是韓禮德主要討論的都是篇章如何推進、建構、銜接的，是走一種演繹的篇章分析路線。而曼和湯姆森他們不僅關照小句之間的關係，更重要的是以篇章的主旨為中心，排摸這些關係是如何表現篇章結構特點的。其次，不管是主位推進的構畫還是銜接關係的分析，強調的是小句內部成分的各個功能，而曼、湯姆森把小句的組合作為整體，強調每個小句在篇章中大小不一的功能。最後，修辭結構理論為我們提供了一套完整的理論模型和分析框架，我們可以通過 RST 構造一個描繪篇章單位語義關係的樹形圖（如圖 3-3），其中葉片的節點代表了篇章單位，內部各節點則是與鄰篇章段的跨度，垂線為核心句，弧線表明修辭關係。可以說，修辭結構理論很適合用於描寫大量本語料，而且已經有不少研究者利用 RST 進行了自動化語言分析〔註 127〕。

〔註 126〕黃國文，韓禮德系統功能語言學 40 年發展述評〔J〕，外語教學與研究，2000a（1）：15～21。

〔註 127〕Marcu D. The Theory and Practice of Discourse Parsing and Summarization〔M〕. Boston: MIT Press, 2000.

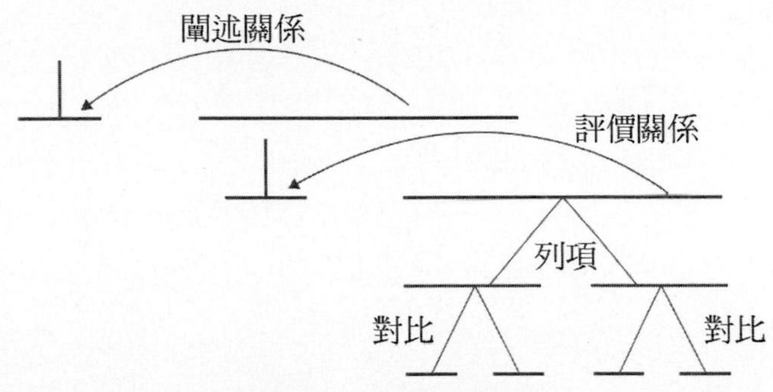

圖 3-3　RST 樹形圖

（1）修辭結構理論關鍵假設

從曼等人的著作中可以歸納出他們對篇章的基本認識，首先他們認為篇章具有關係性。篇章作為語義單位，它的組成部分有各自的功能，但是它們的功能不是對等的而存在著不均衡性，在一個篇章中總有處於中心地位的核心和處於輔助地位的衛星。這種核心—衛星的句群關係，使得篇章內部呈現出邏輯意義。其次篇章具有層次性。篇章總是由非常基本的語塊（span）構成，這些語塊形成小句，小句之間又產生語義關係，如此不斷向上發展就會獲得更大語言單位之間的語義關係，從而形成篇章。但是要特別說明的是，雖然每個層次都遵循著同一套功能描寫手段，但是層次本身的數量是不確定的，一般來說，語義關係越複雜篇章層次也就越多。最後，篇章具有統一性。前文已論，篇章內部的各個組成部分各有功能，這些功能實際上都是為了達成篇章的整體性和統一性。胡曙中曾總結了篇章統一性的要點，作者認為較為明晰，遂引述如下：（1）能對主旨有一個清楚的定義；（2）能把與主旨有關和無關的東西區分開來；（3）能把次要的內容歸於大話題之下，不讓次要內容喧賓奪主〔註 128〕。修辭結構理論的三個假設可以為我們的閱讀和寫作教學提供思路，也可以為我們評價、描寫篇章實體提供標準參照。

（2）修辭結構關係

曼和湯姆森在分析英文篇章的過程中，發現了二十餘種 RST 關係：環境關係、解答關係、闡述關係、背景關係、使能關係、動機關係、證據關係、非意願性原因關係、意願性原因關係、目的關係、對照關係、讓步關係、條件關

〔註 128〕胡曙中，現代英語修辭學〔M〕，上海：上海外語教育出版社，2004：122～123。

係、析取關係、解釋關係、評價關係、重述關係、總結關係、序列關係、對比關係。這些關係在不同的篇章中有不同的分布，另外這些關係也不是封閉的，在其他語言和不同類型篇章中也許會引申出更多的關係類屬，只是「這些關係是目前可得的最有利於篇章分析的關係系統」〔註 129〕。正如圖 3-3 描繪的那樣，修辭關係受核心、衛星的分別影響和共同影響，在這些因素的影響之下，修辭關係最終將產生某些「結果」，即讀者對於這些關係的反映，也能表明「結果的位置」，即結果落在核心—衛星結構中哪一部分或那種組合中。下面是修辭關係影響因素和結果的 1 個分析案例（語料取自曼及湯姆森 1987 年發表的論文《修辭結構理論：篇章組織理論》*Rhetorical Structure Theory: A Theory of Text Organization*）：

〔b2〕Probably the most extreme case of Visitors Fever I have ever witnessed was a few summers ago.（1）When I visited relatives in the Midwest.（2）

修辭關係（RST）：環境關係

圖示：

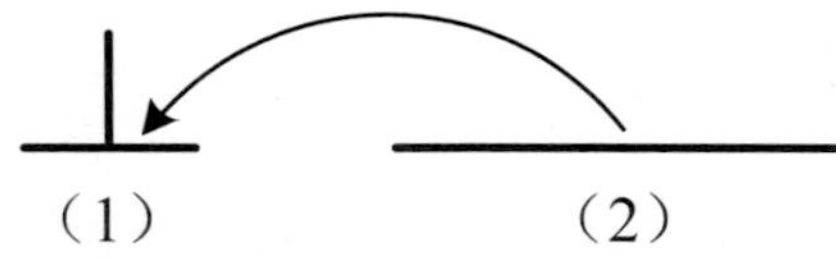

核心語句（N）制約因素：無

衛星語句（S）制約因素：S 提出了一個情況（現實中的）

核心語句與衛星語句共同制約因素：S 在篇章主題中構建了一個框架，在此之中，讀者（R）期望理解衛星語句中表達的情境。

結果：R 識別出 S 呈現出的情境，為理解 N 提供了一個框架

結果位置：N 和 S

（三）新篇章語言學派的篇章理論

胡曙中總結，20 世紀後半葉以來，不同學科理論交叉並融，不單單是語言學家、文學家對篇章研究充滿興趣，心理學家、社會學家也開始涉獵篇章研究，篇章語言學逐呈現出跨學科的特質，如此便催生了區別於「強調語言方面語篇（篇章）分析的」新篇章語言學派〔註 130〕。像范迪克、威特（Witte）、

〔註 129〕Mann W C& Thompson S A. Rhetorical Structure Theory: A Theory of Text Organization〔M〕. California: Information Science Institute, 1987: 8.

〔註 130〕胡曙中，語篇語言學導論〔M〕，上海：上海外語教育出版社，2012：4。

格萊斯、費爾克拉夫等人都是此學派的代表人物，本段主要介紹以奧斯汀等人為代表的，基於哲學語言學視角的篇章理論，以及以范迪克等人為代表的，基於社會語言學視角的篇章理論。

1. 哲學語言學視角的篇章理論

英國著名語言哲學家奧斯汀在《可能與可以》（Ifs and Cans）一文中如是說：「在人類探究的歷史中，哲學擁有當初的中心太陽之位，蓄勢待發而又喧囂塵亂，它不時甩掉自身的某個部位，使其成為一門科學，而自己便猶如那冷靜、井然的行星，堅定地朝著遙遠的最終前進。……在下個世紀，哲學家和語法家，以及許多其他語言研究者一定能夠通過共同努力，建構起一門真正的、全面的語言科學。」〔註 131〕的確，哲學作為萬學之學，為各門學科的生長興旺提供了必要的給養，語言學要從混亂中走出一條科學的道路，也理應遵守依靠哲學從而擺脫哲學這樣的發展路線。在前文中，已經略敘過奧斯汀、賽爾、格萊斯等哲學語言學家對篇章的基本認識，以下將著重討論和本研究關係較大的：「言語行為理論」和「合作原則」。

（1）奧斯汀的「言語行為理論」

如果遵照索緒爾對「語言」和「言語」的劃分，奧斯汀顯然對「言語」更感興趣。他認為純語言在日常交際中有非常明顯的缺陷，比如這樣一句話：「know what I see」中，「what」很可能被認作關係詞，而它實際為疑問詞〔註 132〕。因此，當我們開始使用語言表達觀點、陳述事實時，它並不是一種純語言，而是在特定情境中，特定的談話者使用的特定語言，包括運用語言的說話行為和所說的話〔註 133〕。比如在我們在表達歉意的時候，一定是有相關的行為發生，才能使交際成立。奧斯汀把這種以言行事的現象提煉為言語行為理論（Theory of Speech Acts）。

言語行為分為三個層次，分別是：以言表意之行為（locutionary act）；以言施事之行為（illocutionary act）；以言取傚之行為（prelocutionary act）。以言表意是說話人陳述某一具有意義和所指句子的行為。比如：「The dog is in the

〔註 131〕《可能與可以》一文 1956 年發表，後刊錄在奧斯汀自己編著的《哲學之言》（Philosophical Papers，1979）中，本段引文的翻譯參考了楊玉成《奧斯汀：語言現象學與哲學》（2002：10～11）中的譯述，特此說明。

〔註 132〕Austin J L. Philosophical Papers〔M〕. Oxford: Oxford University Press, 1979: 96.

〔註 133〕楊玉成，奧斯汀：語言現象學與哲學〔M〕，北京：商務印書館，2002：63。

basket」，就有意義：各個單詞組合成可理解的小句，且有所指：狗是在籃子裏這一狀況。以言表意之「言」通常是有真假之區的，它可以符合事實也可以違背事實，比如上例中，狗可能在桌子下。以言施事指的是說話人說話是要表達某種意圖，達到某種目的。用奧斯汀的公式即可明晰：「In saying X, I was doing Y」〔註 134〕（說此話，意做此事）。我們在交際的過程中常常是以言施事的，因為，人們交際不是想要連字成句而已，主要目的還是表達意圖。以言取效指的是，說話者的話語在一定程度上能夠影響交際雙方的感情、思想或行為。用公式可解：「By saying X, I did Y」〔註 135〕（說此話，成此事）。可以說一切言語行為同時包括以言表意之行為和以言施事之行為，但不一定包括以言取儆之行為〔註 136〕。以言施事與以言取儆之間的區別一直是奧斯汀強調的關鍵問題，比如「Open the window！」這句，必然包含著某種說話意圖，即希望聽話者打開窗子，但注意「打開窗」是「取效」，而此句話的「施事」力量（force）是「命令」。

（2）格萊斯的「合作原則」

奧斯汀的言語行為理論主要討論了個體的言語表達行為，但交際是由說／寫、聽／讀者雙方的言語行為構成的，因此，言語行為產生的原因和達成的效果必須放到會話當中看待。格萊斯認為，在正常情況下，會話是一種合作行為，他們共同遵守著一些原則，作出一定的貢獻以使交談能順利進行下去〔註 137〕。這些原則主要有，量的原則：按交際需要提供儘量多的信息，不提供超過當前需要的信息；質的原則：按事實提供信息，不提供虛假、不可靠的信息；相關原則：提供的信息要與前文相關；行為原則：提供的信息要簡要、清晰，避免歧義、含糊。但是在交際過程中常常會發生違背會話原則但卻能保證交際順利進行的情況，這種情況的發生，得因於說話者對某種交際意圖的隱藏。比如以下幾個例子：

〔註 134〕Austin J L. How to Do Things with Words〔M〕. Oxford: Oxford University Press, 1963: 121.

〔註 135〕Austin J L. How to Do Things with Words〔M〕. Oxford: Oxford University Press, 1963: 121.

〔註 136〕王得杏，英語話語分析與跨文化交際〔M〕，北京：北京語言文化大學出版社，1998：30。

〔註 137〕Grice H P. Logic and Conversation〔A〕. In J L. Mogran& P. Cole（eds.）. Syntax and Semantics, Volume 3: Speech Acts〔C〕. United States: Academic Press Inc., 1975: 45.

〔c2〕War is war.

〔d2〕Lily is a perfect friend.

〔e2〕-Lily is an old bag.

-The weather has been quite delight this summer, hasn't it?

〔f2〕-Let's get the kids something.

-Okay, but I veto I-C-E-C-R-E-A-M-S.

〔c2〕違反量的原則，但讀者從這句話中都能夠感受到作者實際是想要表達戰爭的殘酷。〔d2〕可因為說話者的交際意圖而違反質的原則，比如說話者實際為了反諷「Lily」是一個不稱職的朋友，故意用 perfect 來強調。〔e2〕違反相關原則，但如果這句話發生在一個文雅的宴會中，這句話便可得解釋，答者為了轉移尷尬粗魯的話題而故意「言其他」。〔f2〕違反行為原則，但從上下文中可以理解，答者並不想讓孩子吃冰激凌，但是又害怕他們聽到，因此故意將它們以字母的形式念出來。合作原則可以幫助篇章研究者判斷交際的有效性，而且能夠提醒研究者關注反常規交際出現的原因。

2. 社會語言學視角的篇章理論

正如范迪克所言，20 世紀 70 年代之前的語言學研究往往侷限於語言表達和言語意義，但語言學諸多理念和社會學十分相似，都強調表達和意義之外的第三維度——行為（action）——所具有的基礎相關性。在此基礎上建構的「以語境為導向的人文社會和社會科學的交叉學科，逐漸與話語研究、會話分析及社會語言學交叉、重疊、甚至融合在一起」〔註 138〕。篇章語言學這一研究超句語義的學科，也嘗試把其對語境的理解擴大到社會學範圍中。

（1）范迪克的「認知語境理論」

「語境」這一概念在篇章語言學中並不陌生，前文曾提及過韓禮德的語境理論，即以語場、語旨、語式來解釋語言產生的情境因素。但是「在所有涉及語境研究的語言學家中，范迪克的研究是最系統也是最全面深入的」〔註 139〕。他先後出版了三本專著：《篇章與情境》（Text and Context）、《話語與情境》（Discourse and Context）以及《社會與話語》（Society and Discourse），詳細

〔註 138〕（荷）圖恩·梵·迪克（Teun A. Van Dijk），萬卷方法 話語研究 多學科導論〔M〕，重慶：重慶大學出版社，2015：2。

〔註 139〕周淑萍，語境研究 傳統與創新〔M〕，廈門：廈門大學出版社，2011：111。

討論了篇章（口頭／書面）的語義、語用、心理、社會意義。在這三本專著當中，要首推《話語與情境》，按范迪克自己所說，他從前關於語境的研究儘管涉及到種族、性別、意識形態等問題，但追根究底也是把語境作為篇章的「社會背景」，要深入理解「語境」一定要形成一個可用的語境理論框架〔註 140〕。為此，他首先設定了一個語境研究的入口，即「認知」：不是社會情境與話語（篇章）相互影響，而是交際參與者本身對情境的主觀認知與話語（篇章）相互影響〔註 141〕。在此基礎上，范迪克提出了關於語境理論建構的 20 條建議，歸納如下：（1）語境依靠參與者主觀建構；（2）語境是參與者的獨特經驗；（3）語境是心智模型；（4）語境是個體經驗模型；（5）語境是圖式結構；（6）語境控制話語／篇章的產生和理解；（7）語境的基礎是宏觀社會；（8）語境具有動態性；（9）語境具有計劃性；（10）語境理論模型能夠解釋話語／篇章的語用功能；（11）語境不可簡略為交談（talk）／篇章；（12）語境只包括交際／發生中的話語／篇章活動相關特徵；（13）語境由微觀語境（micro context）層級組合成宏觀語境（macro context）；（14）語境以發話者為中心；（15）語境理論建構以語義學、語用學為基礎；（16）語境研究重點是話語／篇章的得體性（appropriateness）；（17）語境理論建構與語類研究緊密相關；（18）語境是社會的變體；（19）語境是文化的變體；（20）語境理論建構的基本維度是認知和社會〔註 142〕。

（2）費爾克拉夫的「批評話語（篇章）分析」

范迪克在他主編的論文集《話語研究：多學科導論》（Discourse Studies A Multidisciplinary Introduction）中強調，話語分析不是一種常以假定的研究方法，而是一門專門研究話語（篇章）的交叉學科〔註 143〕。話語之屬性也是十分豐富的，它可以作為交流的話語，作為上下文情境化的話語；也可以作為自然語言應用的話語，作為複雜、分層結構的話語；以及作為社會互動的話

〔註 140〕Van Dijk T A. Discourse and Context: A Sociocognitive Approach〔M〕. Cambridge: Cambridge University Press, 2008: 15.

〔註 141〕Van Dijk T A. Discourse and Context: A Sociocognitive Approach〔M〕. Cambridge: Cambridge University Press, 2008: 56.

〔註 142〕Van Dijk T A. Discourse and Context: A Sociocognitive Approach〔M〕. Cambridge: Cambridge University Press, 2008: 15～24.

〔註 143〕（荷）圖恩·梵·迪克（Teun A. Van Dijk），萬卷方法 話語研究 多學科導論〔M〕，重慶：重慶大學出版社，2015：6。

語，作為權利和宰制的話語，作為社會意指過程的話語〔註 144〕。那麼，究根追底，話語（篇章）研究便主要有兩種路徑，一來是以話語為中心，二來是以問題為中心。前者考慮話語結構的特徵，後者關注特定情境下話語承載的社會現象和問題。前文所敘的兩脈篇章語言學派大都走的是話語（篇章）為中心的研究路子。而 20 世紀後期產生的「一種以考察語言如何在社會、歷史語境下運作為己任的全面、動態的語言研究——批評話語分析（Critical Discourse Analysis，簡稱 CDA）」〔註 145〕則主要走的第二條篇章（話語）分析路子。批評話語分析為語言學研究增添了形式與功能之外的「批評之義」，在 30 餘年的發展中，逐漸形成了以費爾克拉夫、范迪克、伍達克（Wodak）、范・利文（van Leeuwen）等人為代表的各批評話語分析學派，但其中，卻要屬費爾克拉夫之研究更爍人眼球〔註 146〕〔註 147〕。

費爾克拉夫自 19 世紀末開始研究話語與社會變遷、意識形態、權利之間的關係，在《語言與權利》（Language and Power）一書中提出了影響頗大的話語三維模型，認為話語是由語境、互動、篇章三個維度組成，篇章在互動中產生，互動中的生產過程和解釋過程又與局部的語言交際情境和交際情境所處的社會、文化、歷史、政治背景相關。總之，話語是一種社會實踐，是一個社會過程〔註 148〕，不同歷史時期的話語／篇章透射出彼時的社會價值觀，以及這些價值觀：主流與末流，主流與暗流，末流與暗流之間的鬥爭關係。1992 年，費爾克拉夫修改了原模型，把「語境」變為「社會實踐」，「互動」更為「話語實踐」，原互動中的「生產過程」、「解釋過程」變為「生產過程」、「傳播過程」、「接受過程」〔註 149〕。在修改後的模式中，可以明顯感受到費爾克拉夫對「話語作為社會實踐」（discourse as social practice）的強調，話語不僅

〔註 144〕（荷）圖恩・梵・迪克（Teun A. Van Dijk），萬卷方法 話語研究 多學科導論〔M〕，重慶：重慶大學出版社，2015：3～4。

〔註 145〕丁建新，敘事的批評話語分析 社會符號學模式 第 2 版〔M〕，重慶：重慶大學出版社，2014：23。

〔註 146〕Wodak R. What is Critical Discourse Analysis?〔J〕. Forum Qualitative Social Research, 2007（2）: 4.

〔註 147〕廖益清，批評視野中的語言研究——Fairclough 批評話語分析理論述評〔J〕，山東外語教學，1999（2）：1～5。

〔註 148〕Fairclough N. Language and Power〔M〕. London: Longman, 1989: 22.

〔註 149〕Fairclough N. Discourse and Social Change〔M〕. Cambridge: Polity Press, 1992: 63.

是社會實踐的結果，鞏固著業已存在的社會結構，而且再生產文化及意識形態，促成新的社會實踐產生。批評話語分析就是要在描寫話語／篇章特徵的基礎上，詮釋和解釋篇章與互動，互動與社會語境之間的關係〔註 150〕。因此，他對格萊斯提出的「合作原則」以及薩克斯（Sacks）等人的會話分析理論十分不滿，認為他們對話語／篇章的解釋過於片面，嚴重忽視了會話當中的不平等現象以及語用權利和義務之間的不平衡性〔註 151〕。比如在分析這樣一段警察與被強暴婦女之間的對話時：「You're female and you've probably got a hell of a temper」，一定不能簡單地將其作為話輪的一部分，而是要挖掘這句話之後的社會偏見及不平等現象。在英語教學中也如是，學校教育應該幫助學習者瞭解語言與意識形態之間的複雜關係，把權利關係從篇章的隱蔽處拖拉出來，培養他們的批評語言意識。就以費爾克拉夫自編的論文集《批評語言意識》（Critical Language Awareness）中「『得體性』的準確性」（The Appropriacy of 『Appropriateness』）一文為例，該文是對英國標準英語推廣政策的質疑，認為此乃「規定主義」之翻版。當然，學校教育可以為了便於教學和知識傳播等因素推廣標準英語，但是更應該明示學習者這種「得體語言」被推廣的原因，曝光、尊重關於標準英語的不同觀點，鼓勵學生思考標準英語在何種環境或條件下會被挑戰和違背。

四、英語教科書元話語研究的篇章語言學邏輯思路

理論基礎中已歸納出篇章語言學視閾下的「篇章」定義，即「一個小句以上，語義連貫、語言銜接，具有完整信息和交際目的的文字或口頭材料」，若將該定義與緒論中的「教科書」定義比對，可基本確定教科書具備篇章的一般屬性，也就是說以篇章語言學為視角的教科書研究可以成立。但是，本研究的研究對象為「英語教科書元話語」，那麼，這就牽扯到幾個關鍵問題，首先元話語的篇章意義如何？英語教科書的篇章意義如何？元話語對於英語教科書這一特殊的篇章實體意義又如何？本段將以這三個問題為起點，釐清「元話語」、「篇章」、「英語教科書」之間的關係。其次，在上一節的總結中，已經知道，篇章語言學的立足點在於「功能」，與「功能」相生相伴的

〔註 150〕Fairclough N. Language and Power〔M〕. London: Longman, 1989: 26.

〔註 151〕Fairclough N. Critical Discourse Analysis: The Critical Study of Language〔M〕. London: Longman, 1995.

一是「形式」（功能分析的前提），二是「情境」（功能分析的歸宿）。那麼，對於英語教科書元話語，具體的展開思路和研究邏輯又是什麼？本段將對此一一說明。

（一）元話語、篇章、英語教科書的邏輯辨析

1. 元話語之於篇章

前文已有解釋，話語是語言交際過程中所說的話。那麼話語之於話語，就應該是語言交際過程中有關所說話語的話語，即話語的述評對象為話語本身。此時的話語是一種工具語言，而不是一種日常生活中運用的語言，它是更高一層的語言，對象話語則是被指稱的語言〔註 152〕。元話語研究與韓禮德為首的功能語言學派非常緊密，可以說韓禮德的純理功能思想奠定了元話語的研究基礎。幾位話語的資深學者：克里斯摩爾、萬德．庫珀、海亮等在分析之初，便指明了韓氏語義理論對其研究之支持。值得思忖的是，這些研究者幾乎都將元話語與被指稱話語（基本話語）作為篇章中兩個區別的部分，但是對於二者在篇章中的功能一直莫衷一是。普遍認可的是，被指稱話語與命題有關，元話語與命題無關但是能夠表達、組織作者觀點〔註 153〕〔註 154〕，也就是說元話語主要和人際功能及篇章功能相關，而不怎麼表達「人類主、客觀經驗」。但是毛〔註 155〕（Mao）、海亮〔註 156〕、伊凡提度〔註 157〕（Ifantidou）等人認為，篇章的意義：概念、人際、篇章都是揉捏在一起的，命題內容無法將元話語排除在外，把元話語單獨作為一個意義層並不現實。於此，本人認為成曉光和海亮的觀點，即「元話語雖然不提供命題，但它與命題信息共處同一篇章環境之下，構成了篇章的修辭環境，它所關注的是作者的寫作過程和讀者的闡釋過程。它的存在雖然不增加命題內容，但對命題意義的構建必

〔註 152〕李秀明，漢語元話語標記研究〔M〕，北京：中國社會科學出版社，2011：25。

〔註 153〕Williams J M. Style: Ten Lessons in Clarity and Grace〔M〕. Boston: Scott Foresman, 1981 : 211～212.

〔註 154〕Vande kopple W J. Some Exploratory Discourse on Metadiscourse〔J〕. College Composition and Communication, 1985（1）: 82～93.

〔註 155〕Mao L R. I Conclude Not: Toward a Pragmatic Account of Metadiscourse〔J〕. Rhetoric Review, 1993（2）: 265～289.

〔註 156〕（英）Hyland K. Metadiscourse〔M〕. London: Continnum, 2005.

〔註 157〕Ifantidou E . The semantics and pragmatics of metadiscourse〔J〕. Journal of Pragmatics, 2005, 37（9）: 1325～1353.

不可少，因此它是語用構件與修辭行為」〔註 158〕〔註 159〕，這一論點較為合理。那麼，按照前文所解釋的「篇章宏觀結構理論」，元話語實際就是聯繫「篇章命題」的紐帶，它把微觀命題紐結在一起，使它們產生組織和結構，從而為篇章全局性命題的鋪開提供基礎，如果沒有元話語，整個篇章也將無結構可言。

元話語既屬於功能範疇，又依靠韓禮德的純理功能學說，那麼它的分析必然倒向「功能主義」。萬德・庫珀從人際功能和篇章功能入手，區分出 7 個元話語分析項。篇章功能方面有：篇章銜接語（text connectives）、語碼注解語（code glosses）、正確性標記語（validity markers）、來源解說語（narrators）；人際元話語有：言外標記語（illocution markers）、態度標記語（attitude markers）、溝通標記語（commentaries）〔註 160〕然，元話語的功能性較為複雜，一些詞似乎很難歸於庫珀分類中的某一項，比如「according to somebody」，既屬於正確性標記又屬於來源解說詞。克里斯摩爾在庫珀的基礎上把篇章功能又細化為篇章標記語（textual markers）、解釋標記語（interpretative markers）〔註 161〕。海亮《元話語》（Metadiscourse）一書中批評了先前學界熱衷的元話語「功能兩分法」，而把元話語分成引導式（interactive）和互動式（interactional）兩類，引導式元話語的作用在於指導讀者注意篇章組織，互動式元話語則涉及篇章交際主體的闖入和評論〔註 162〕。本文認為，海亮的分析框架較前人更具可接受性，因為，雖然庫珀和克里斯摩爾的分類都以韓禮德三個純理功能為基礎，但是卻忽視了純理功能之於篇章的整體性意義，三位學者的元話語分類對比可見表 3-6。

〔註 158〕成曉光，姜暉，Metadiscourse：亞言語、元話語，還是元語篇？〔J〕，外語與外語教學，2008（5）：45～48。

〔註 159〕Hyland K& Tse P. Metadiscourse in academic writing: A Reappraisal〔J〕. Applied Linguistics, 2004（2）: 156～177.

〔註 160〕Vande kopple W J. Some Exploratory Discourse on Metadiscourse〔J〕. College Composition and Communication, 1985（1）: 82～93.

〔註 161〕Crismore A& Markkanen R& Steffensen M S. Metadiscourse in Persuasive Writing: A Study of Texts Written by American and Finnish University Students〔J〕. Written Communication, 1993（1）: 39～71.

〔註 162〕（英）Hyland K. Metadiscourse〔M〕，北京：外語教學與研究出版社，2008：48～50。

表 3-6　元話語分類

<table>
<tr><td rowspan="7">庫珀的分類</td><td rowspan="4">1. 篇章功能</td><td colspan="2">篇章銜接語：幫助篇章銜接，如序列詞、提示詞、話題詞。</td></tr>
<tr><td colspan="2">語碼注解語：幫助讀者抓取作者的寫作意圖。</td></tr>
<tr><td colspan="2">正確性標記語：表達作者對於某一事實可能性的認知。</td></tr>
<tr><td colspan="2">來源解說語：告知讀者信息來源。</td></tr>
<tr><td rowspan="3">2. 人際元話語</td><td colspan="2">言外標記語：明示作者在某一階段所做出的言語行為。</td></tr>
<tr><td colspan="2">態度標記語：表達作者對於命題材料的態度。</td></tr>
<tr><td colspan="2">溝通標記語：直接與讀者溝通，評論讀者可能的心情和觀點。</td></tr>
<tr><td rowspan="11">克里斯摩爾等的分類</td><td rowspan="6">1. 篇章功能</td><td rowspan="3">（1）篇章標記語</td><td>邏輯銜接語：顯示觀點的銜接。</td></tr>
<tr><td>提示詞：告知讀者序列和順序。</td></tr>
<tr><td>話題詞：告知話題的轉變。</td></tr>
<tr><td rowspan="3">（2）解釋標記語</td><td>語碼注解語：解釋篇章材料。</td></tr>
<tr><td>言外標記語：告知言語行為。</td></tr>
<tr><td>宣告詞：預示下一階段篇章內容。</td></tr>
<tr><td rowspan="5">2. 人際元話語</td><td colspan="2">模糊限制語：顯示對事實斷言的不確定性。</td></tr>
<tr><td colspan="2">確定性標記語：表達對斷言的完全肯定。</td></tr>
<tr><td colspan="2">屬性詞：給予信息來源。</td></tr>
<tr><td colspan="2">態度標記語：展示作者的情感真值。</td></tr>
<tr><td colspan="2">評論語：與讀者建立關係。</td></tr>
<tr><td rowspan="6">海蘭德的分類</td><td rowspan="5">1. 引導式元話語</td><td colspan="2">過渡語：表達主句之間的聯繫。</td></tr>
<tr><td colspan="2">框架標記語：指涉言語行為、序列、語義段。</td></tr>
<tr><td colspan="2">內指標記語：指涉篇章中其他部分的信息。</td></tr>
<tr><td colspan="2">言據語：指涉來自其他篇章部分的信息。</td></tr>
<tr><td colspan="2">語碼注解語：闡釋命題意義。</td></tr>
<tr><td>2. 互動式元話語</td><td colspan="2">模糊限制語：減弱對事實的確定性，打開交流。
增強語：強調事實的確定性，封閉交流。
態度標記語：表達作者對命題的態度。
自我標記語：指稱自己。
參與標記語：意願與讀者建立關係。</td></tr>
</table>

2. 英語教科書之於篇章

博格蘭和德雷斯勒曾提出，功能主義的語言學思路有助於建構「科學篇章」，即把曾經受行為主義導向染指的那些只管填塞語法規則和詞法準則的教科書，改變為注重交際、情境的新型教科書〔註 163〕。韓禮德在《功能語法導論》（An Introduction to Functional Grammar）一書中也曾指出，以功能語法為指導的篇章分析可用於教育研究的多個領域，比如用於探究兒童寫作、課堂話語、語言教科書（如原版教材的翻譯版本）等〔註 164〕。隨後，他把這種在教育過程中使用的篇章稱為「教育篇章」（educational text），認為它們不僅可以反映各個時期人們如何構建經驗，而且能夠幫助這些人類經驗系統化和技術化〔註 165〕。海亮在分析多種教科書之後得出，教科書是教育篇章也是專業篇章，因此不同類別（專業方向）的教科書篇章組織存在著許多不同〔註 166〕。李慧坤也如是認為，不論哪種教科書，都有自己的專業性目標和授受範圍，如此一來，不同教科書的篇章結構都應該有自己特點〔註 167〕。當然，無論如何，各教科書的主要屬性仍歸為「篇章」，也就是說，各學科教科書首先必須保證基本的篇章質量。

英語教科書，按照字面意思是「用於教授英語的教學用書」，作為特殊的教育篇章和專業篇章，「英語教科書」必然和其他篇章存在差異。魯彼德（Rubdy）認為，英語（外語）教科書應至少滿足三個效度：過程與內容效度、教學效度、心理效度。其中，「過程與內容效度」十分清楚地顯現出英語（外語）教科書之於其他學科的不同：（1）為了促進學習者非意識的語言習得，以及有意識地注意篇章語言和語用特徵，英語教科書應提供豐富、多樣、可理解的輸入；（2）主題／文本內容應具有時代性和認知挑戰性，有助於豐富學習者的個人知識及經驗，並培養他們積極的人格；（3）教科書材料應具備高度情境性、真實性；（4）語法解釋應該豐富；（5）材料中應該包括多樣化的元語言；（6）教科書內容要與學生的文化背景相適應；（7）教科書內容的選擇應對社會文化多樣性有所認識；（8）教科書應該呈現學習者所擁有的文化與目的語文化之間的共性和異性；（9）教材應儘量避免對某一／不同性別、

〔註 163〕De Beaugrande R A & Dressler W U. Introduction to Text Linguistics〔M〕. London: Longman, 1981: 218.

〔註 164〕（英）Halliday M A K. An Introduction to Functional Grammar〔M〕，北京：外語教學與研究出版社，2010：41。

〔註 165〕Halliday M A K& Webster J. The Language of Science〔M〕. London: Continnum, 2004: 15.

〔註 166〕（英）Hyland K. Metadiscourse〔M〕. London: Continnum, 2005: 101～114.

〔註 167〕李慧坤，德語專業篇章動態分析模式研究 基於計算機專業篇章的元交際及元語言手段評析〔M〕，北京：北京理工大學出版社，2013：135。

種族、社會階層、國別的刻板印象〔註 168〕。從上可知，英語教科書不僅是外語知識和技能的載體，也是傳播文化知識，促進跨文化交際及多元文化意識的重要途徑。這一觀點可從中國近幾年頒布的課程標準中獲證。2011 年教育部頒布的《義務教育英語課程標準》，以及 2014 年制定的《大學英語教學指南》都明確指出英語課程應「具有工具性和人文性雙重性質」。工具性指的是學生通過學習英語課程獲得聽、說、讀、寫等基本語言技能以及使用英語與他人交流和使用英語學習其他相關知識的能力；人文性指的是學生通過英語課程的學習能夠開闊視野，形成文化意識、培養多元文化觀、發展跨文化交際能力。2017 年教育部新頒訂的《普通高中英語課程標準》也規定了課程內容包括「語言知識」、「文化知識」、「語言技能」。因而，綜上所述，英語教科書是教育篇章也是專業篇章，它在滿足基本的篇章要求之上，還要有傳授語言知識技能，傳遞正向文化觀，傳播多元文化觀的責任。

3. 元話語之於英語教科書

元話語在不同學科範圍內有不同解釋，如稱為「宏大敘事」、「語言的招數」〔註 169〕。在語言學中，元話語也有很多表達方式，根據許家金和謝世堅的統計，其近義詞就多達三十餘種，具體可見表 3-7。從表中可以看出，元話語與「修辭」和「語用」存在深刻聯繫，胡範鑄教授認為修辭學就是語言學意義上的語用學〔註 170〕，李秀明於《漢語元話語標記語研究》中提出，元話語標記就是修辭意圖在語篇（篇章）中的標記〔註 171〕。因此，簡單來說元話語其實就是一種「作者的修辭行為」。

前面曾提及篇章的兩種類型：「口頭的」和「書面的」，本文研究對象：英語教科書很明顯是「書面的」篇章。書面篇章被認為是一種由寫作者高度控制的篇章形式〔註 172〕，似乎談不上「交際」。但其實，它與口頭話語一樣，都表現出發話者與授話者之間的互動關係，只不過在書面篇章中，這種互動

〔註 168〕Rubdy, R. Selection of materials〔A〕. In B Tomlinson（ed.）, Developing Materials for Language Teaching〔C〕. London: Continuum: 2003: 46; 52～54.

〔註 169〕李秀明，漢語元話語標記研究〔M〕，北京：中國社會科學出版社，2011：1。

〔註 170〕胡範鑄，漢語修辭學與語用學整合的需要、困難與途徑〔J〕，福建師範大學學報（哲學社會科學版），2004（6）：8～13。

〔註 171〕李秀明，漢語元話語標記研究〔M〕，北京：中國社會科學出版社，2011：6。

〔註 172〕Hoey M. Textual Interaction: An Introduction to Written Discourse Analysis〔M〕. London: Routledge, 2001: 11.

關係主要依靠寫作者發起和完成。如果說基本話語用於表明篇章命題意義，那麼與作者修辭行為息息相關的元話語就是探索篇章交際互動的重要線索（甚至可以說是根本線索），循著這一線索，我們就可以發現並還原話語（篇章）形成過程中交際者的主觀情態〔註173〕。20世紀阿普爾提出「誰的知識最有價值」這一重要命題，我們瞭解到，教科書呈現的知識絕不是「客觀的」，而是充滿著意識形態鬥爭的官方知識。英語教科書也不容例外，特別是對英語非母語國家的學習者而言，英語教科書更是學習「他者語言文化」的重要載體，其必然糾纖著更為複雜的意識形態關係。元話語作為傳達作者交際意圖、自身觀點的篇章部分，對其深剖之意義便不僅在於瞭解作者組織篇章的路徑，更在於探索作者表意之後的社會文化，甚至是政治學原因。

表3-7　元話語近義表達〔註174〕〔註175〕

會話常規語（conversational routines）	語用標記語（pragmatic markers）
提示詞（cue words）	語用操作語（pragmatic operators）
話語連接語（discourse connectives）	語用小詞（pragmatic particles）
話語提示語（discourse cues）	語義連接語（semantic conjunct）
話語標記語（discourse markers）	信號語（signaling）
話語操作語（discourse operators）	信號標記語（signpost）
話語小詞（discourse particles）	寒暄連接語（phatic connectives）
分離性附加語（disjuncts）	語用連接語（pragmatic connectives）
言據標記（evidentials）	語用表達式（pragmatic expressions）
填補詞（fillers）	語用構成語（pragmatic formatives）
開場白（gambits）	語用功能詞（pragmatic function word）
模糊限制語（hedges）	元交際（meta-communication）
提示手段（indicating devices）	元談話（metatalk）
非話題內容（non-topical material）	篇章模態（modalities of texts）

（二）英語教科書元話語研究的篇章語言學分析範疇

本研究是在篇章語言學這個大視角下進行的，根據韓禮德的理解，篇章語言學分析一般有三個步驟：首先是對詞彙—語法分析，其次將詞彙—語法

〔註173〕李秀明，漢語元話語標記研究〔M〕，北京：中國社會科學出版社，2011：6。

〔註174〕許家金，青少年漢語口語話語標記的話語功能研究〔M〕，北京：外語教學與研究出版社，2009：9。

〔註175〕謝世堅，莎士比亞劇本中的話語標記語的漢譯〔M〕，北京：外語教學與研究出版社，2010：2～3。

放入語境中，評論它們的特點，最後有可能地聯繫其他社會意義系統〔註 176〕。方琰在其研究過程中發現，張德祿的分析步驟更為有效。即：分析情景語境變量，為評論作準備；分析純理功能（詞彙—語法特點）；評論詞彙語法特點，將它們放在情景語境中討論；如有必要，聯繫其他社會意義系統進行分析（通常情況下無須涉及）〔註 177〕。本文認可韓禮德及張德祿兩位專家的篇章語言學研究思路，這也與上文作者一再強調的篇章研究以形式為基礎，以情境為歸宿；英語教科書是知識的載體也是知識觀的載體；元話語不僅反映篇章組織更體現主觀情態這些認識相一致。那麼本研究的基本範疇就此確定，一是對形式特徵研究，此乃基礎，二是在形式特徵分析的基礎上盡可能地向篇章外部延伸，此乃重點。

1. 形式—功能對應體：元話語篇章分析的基本立場

篇章是語義單位，篇章語言學的根基在於功能語言學，前面亦討論過元話語分析之理論基礎是韓禮德的純理功能，那麼本研究的立足點必在「功能」之上。我們已經知道要談「功能」不可能不談「形式」，即使語言研究存在「功能主義」與「形式主義」的分流，但在語言學的研究進程中，以「形式」分析見長的描寫主義語言學，或以「功能」為先的布拉格語言學派、系統功能語言學派都無法完全捨棄對方而言其他。因此，本文強調篇章語言學視角的元話語研究是以功能為中心，以形式為基礎的研究。

2. 情景語境：元話語篇章分析的意義延伸

韓禮德曾言：「篇章是特定情景語境中社會意義的一個實例，……蘊涵在篇章中的情景並不是零零碎碎的，而能夠反映語義結構和社會環境之間的系統關係」〔註 178〕，因此「我們描寫的情景語境越具體，所預測的篇章性質就越具體。」〔註 179〕綜合上文，為了更深入地分析民國英語教科書的篇章性質，剖析元話語的產生機制，本文將跟隨篇章分析的一般路徑：形式—功能—語

〔註 176〕 Halliday M A K. An Introduction to Functional Grammar〔M〕. UK: A Hodder Arnold Publication, 1994: xvi.

〔註 177〕 方琰，系統功能語法與語篇分析〔A〕，載彭漪、柴同文（編），功能語篇分析研究〔C〕，北京：外語教學與研究出版社，2010：59。

〔註 178〕 （英）Halliday M A k. Linguistic Studies of Text and Discourse〔M〕，北京：北京大學出版社，2006：52。

〔註 179〕 （英）韓禮德，（英）哈桑著；張德祿等譯，英語的銜接〔M〕，北京：外語教學與研究出版社，2006：19～21。

境〔註 180〕，參考上文已敘的系統功能語言學派及新篇章語言學派的語境分析立場，對元話語生成的情景語境進行進一步闡釋。

〔註 180〕方琰認為，篇章分析的基本走向是語境—語篇—語境，結合前面對韓禮德篇章分析步驟的介紹，本研究認為，篇章分析的基本路徑為：形式—功能—語境，即從詞彙—語法分析開始，分析篇章功能，最後把這些形式-功能特點放置語境中評論。

第四章　研究設計

前文已敘英語教科書元話語研究的篇章語言學邏輯思路，即以功能為引，對元話語之形式及情景語境進行探究。然，不同的研究目的、不同之研究對象、研究方法將導向不同的研究結果。以下將對上述研究要素進行梳理和規定，以形成合理、清晰的研究路線。

一、研究問題

民國（1912～1949）是中國歷史上風雨飄搖的一段時光，也是社會大變革的時代，此時，人們已從「道本器末」的鄙短中掙脫出來，將中華向內自省的「擎矩之道」和西方自由向外的「求實主義」擺在一個更平等的位置。英語教學也不再是為了「悉各國底蘊」、「不受人欺蒙」，而成為國民教育體系中的一個部分，承擔了重要的社會角色和責任。正如上文總結，元話語是組篇、交際的紐帶，對此歷史階段英語教科書元話語進行研究，一來可以瞭解當時英語教科書的編寫規律，吸取優質教科書的篇章組織經驗；二來能夠還原作者的交際意圖，從「作者自己的口中」探尋言語背後更重要的情境要義。本研究旨在以「篇章語言學」為理論支撐，以該歷史時期英語教科書元話語的形式—功能特徵，以及與這些特徵相關的元話語情境要素為切入點，並基此形成具有現實參考價值的英語教科書元話語改進策略。具體研究問題如下：

問題 1. 民國時期英語教科書元話語的形式—功能特徵如何？

（1）引導式元話語形式—功能特徵如何？

（2）互動式元話語形式—功能特徵如何？

問題 2. 民國時期英語教科書元話語情景語境變量有何特徵？如何影響元話語的呈現與組織？

（1）英語教科書元話語的篇內語境有何特徵？如何影響元話語？

（2）英語教科書元話語的互文語境有何特徵？如何影響元話語？

（3）英語教科書元話語的文化語境有何特徵？如何影響元話語？

問題 3. 中國當代英語教科書元話語有何特徵？相應提升策略有哪些？

（1）中國當代英語教科書元話語有何特徵？

（2）如何提升英語教科書元話語的組織和呈現？

（3）如何建構和諧的元話語情境語境？

二、研究方法

當前對元話語的研究方法既有定性研究又有定量研究。定性研究主要為個案研究，定量研究主要以調查研究和實驗為主〔註 1〕。本研究屬於「混合式設計」（mixed design），主要使用語料庫研究法——該方法一來可以運用計算機的強大功能進行快速、準確和複雜的分析；二來既能做定量分析，又可完成定性解釋，對語言的描寫比較全面〔註 2〕。在語料庫研究的基礎上，本研究還將採取文獻研究、歷史研究、案例研究、比較研究等研究方法輔助語料的質性分析。

（一）語料庫研究法

20 世紀 80 年代，隨著計算機技術的快速發展，語料庫建設的不斷成熟，一門將計算機科學技術與語言學學科理論相結合的交叉學科：語料庫語言學應運而生。在該學科的關照下，語言學描述和分析獲得了客觀、龐大、便捷、經濟的可利用語料資源，對詞彙學、語法學、文體學等傳統語言學研究領域都起到了極大的推動作用。本研究基於語料庫的一般建立方法：確定語料來源、確定語料類型和規模、設計儲存系統、確定加工技術〔註 3〕，借助 PowerGrep、NLTK 等語料處理工具、AntConc、Readability Analyzer〔註 4〕

〔註 1〕王強，交往行為理論視角下英語學術語篇中元話語對主體間性的建構研究〔D〕，吉林：東北師範大學，2016：39。

〔註 2〕王克菲等，雙語對應語料庫研製與應用〔M〕，北京：外語教學與研究出版社，2004：4。

〔註 3〕黃昌寧，李涓子，語料庫語言學〔M〕，北京：商務印書館，2001。

〔註 4〕PowerGrep 為語料庫檢索、語言特徵提取、字符串替換的文本分析工具，可支等語料分析工具，對所選語料進行清理、篩查、存儲、標注、整理、分析。

（二）文獻研究法

在教育領域中，文獻研究能夠幫助研究者確定研究方法、提供科學的論證依據、避免重複勞動、提高科學研究的效益〔註5〕。本研究遵循文獻研究的一般階段：明確課題階段、搜索階段、閱讀與分析整理階段、加工評價階段〔註6〕，梳理、分類、總結相關文獻，得出外語教科書元話語研究的最新發展趨勢，並獲得篇章語言學研究的整體研究樣貌，為元話語研究的進行提供理論基礎。

（三）歷史研究法

中國著名史學家何炳松曾言：「歷史研究法者，尋取歷史真理之方法也。言其步驟，則先以史料之搜羅考證，次之以事實之斷定及編排，次之以專門之著作，二史家之能事乃畢。」〔註7〕本文懷抱完成「史家之事」的目標，在對民國英語教科書元話語量化分析的過程中，儘量搜羅其形成之歷史事實，並基於反思、佐證，進以探討民國英語教科書元話語生成的情境因素特徵。

（四）案例研究法

元話語的微觀特性要求研究者不可囿於話語整體描述，而需深入分析其語境特徵，這便需要對具體語料的具體語境進行針對性的系統闡釋。但是，語境特徵尤其是篇內語境特徵分析需要研究者從底至上地對複雜語義關係進行推演，考慮到本研究語料數量基數大，人力物力有限。本研究決定在民國三個歷史時期〔註8〕內，選取社會影響力較大、編寫質量較高、具有典型特徵的三本英語教科書：《英語模範讀本》、《開明英文讀本》、《標準英語》作為語

持正則表達式，下載網址為：http://www.powergrep.com。NLTK 為利用 Python 語言編寫的自然語言工具包，其提供了易於使用的接口，通過這些接口可以訪問超過 50 個語料庫和詞彙資源，下載網址為：http://www.nltk.org。AntConc 為日本早稻田大學 Anthony 研發的語料庫分析軟件，下載網址為：http://www.laurenceanthony.net/software/antconc/。Readability Analyzer 為文本可讀性、難易度分析的統計軟件，下載網址為：https://datayze.com/readability-analyzer.php。

〔註5〕梁永平，張奎明，教育研究方法〔M〕，濟南：山東人民出版社，2008：71～72。

〔註6〕梁永平，張奎明，教育研究方法〔M〕，濟南：山東人民出版社，2008：77～78。

〔註7〕何炳松，歷史研究法 第 4 版〔M〕，商務印書館，1947：1～2。

〔註8〕本文對民國歷史時期的劃分，可見本章「語料標識」部分。

境研究的案例文本。期以捕捉典型英語教科書元話語的細微特點，深入解讀元話語與語境之間的複雜關係。

（五）比較研究法

比較是認識事物的基礎，是人類認識、區別和確定事物異同關係的最常用的思維方法〔註9〕。語言學的所有分支都存在著對某些語言現象的比較，其本質上來說就是一種比較的語言學〔註10〕。許余龍認為，語言學的比較主要有兩種，一種是共時、歷時比較；一種是對某一語言內部的語言現象進行比較〔註11〕。本研究採用的比較研究法為歷時比較研究法，包括對民國不同時期英語教科書元話語特徵的比較，也包括民國英語教科書元話語與當代中國英語教科書元話語的比較。

三、語料的選擇

本研究的主題為「民國英語教科書元話語」，但受時間和人力之限，研究無法對民國所有英語教科書元話語進行摘錄、分析，因此將採取「目標性抽樣」的方法，首先設定語料的篩取原則：第一，英語教科書的使用對象所處教育階段大致相當，為 k-8 左右水平學生。第二，英語教科書是當時國家或政府審定通過的教材。第三，英語教科書是中國學者自編的教材。第四，英語教科書為「通識、綜合類」教材，即不是針對某一英語技能（會話／尺牘／文法），也不是專門針對某一教學法（直接法／設計教學法）編制的。第五，英語教科書保存完好、完整。基於以上考慮，筆者查閱 1912 至 1927 年《申報》刊登的教科書廣告；北京圖書館編撰的《民國時期總書目 1911～1949》、吳豔蘭主編的《北京師範大學圖書館館藏師範學校及中小學教科書書目 清末至 1949 年》；參考李良佑、張日昇、劉犁編著的《中國英語教學史》及吳弛博士論文《由「文」到「語」——清末民國中小學英語教科書研究》。最後得到符合條件的英語教科書共 15 本，見表 4-1。必須聲明的一點是，本文研究的教科書元話語不涉及教科書引用材料中的元話語，比如閱讀材料中原作者的元話語，僅關注教科書編寫者使用的「元話語」。將所有無關語料剔除之後，本文形成了

〔註 9〕袁振國，教育研究方法〔M〕，北京：高等教育出版社，2000：163。

〔註10〕Hartmann R R K. Contrastive Textology: Comparative Discourse Analysis in Applied Linguistics〔M〕. Heidelberg: Julius Groos Verlag, 1980: 22.

〔註11〕許余龍編，對比語言學〔M〕，上海：上海外語教育出版社，2002：1。

一個包含 84，354 字語料的小型封閉式民國英語教科書元話語語料庫〔註 12〕。

表 4-1　研究語料

書　名	編寫人員	出版時間〔註 13〕	發行單位	頁數
《共和國民英文讀本》（第二冊）	蘇本銚	1914	商務印書館	122
《新制英文讀本》（第二冊）	李登輝、楊錦森	1915	中華書局	185
《共和國教科書中學英文讀本》（第二冊）	甘永龍、鄺富灼、蔡文森	1918	商務印書館	236
《英語模範讀本》（第二冊）	周越然	1918	商務印書館	288
《新世紀英文讀本》（第二冊）	鄺富灼等	1920	商務印書館	137
《新教育教科書英語讀本》（第二冊）	中華書局 西文編輯部	1921	中華書局	150
《現代初中英語教科書》（第二冊）	周越然	1925	商務印書館	153
《標準英語讀本》（第二冊）	林漢達	1931	世界書局	190
《國民英語讀本》（第二冊）	陸步青	1932	世界書局	318
《初級中學英語》（第二冊）	陸殿揚	1936	正中書局	208
《開明英文讀本》（第二冊）	林語堂	1937	開明書店	174
《國定教科書初中英語》（第二冊）	（偽）教育部審編會	1943	華中印書局	213
《標準英語》（第三冊）	林漢達	1946	世界書局	117
《文化英文讀本》（第二冊）	李登輝	1948	商務印書館	217
《初中活用英語讀本》（第二冊）	詹文滸	1949	世界書局	102

〔註 12〕語料庫語料為核對檢查後的原始語料。

〔註 13〕此標注的「出版時間」非該教材的「初版時間」，僅是本文所獲語料版本的「出版時間」，特此說明。

四、語料分析步驟

在確定研究問題、研究方法、研究語料之後，有必要對研究的整個過程進行詳細介紹。本研究是基於語料庫的研究，在進一步分析語料特徵之前，首先要對語料進行標識、處理，而後才可對其進行量化、質性、比較分析。下面將對此一一解釋。

（一）語料標識

基於不同的分析目標，語料庫有不同的標識方法，常見的有：元信息標識、詞類標識、句法標識、格式標識、語誤標識等等。元信息標識一般置於文件頭部，也叫頭部信息，根據其功能和插入位置分為文本說明信息、文獻信息、文本結構信息、語法信息及特殊標識信息等〔註 14〕。本文首先以中國重要的「教育改革」或「歷史轉折」為分截點，將民國整個歷史發展時長分為三段，分別是民國初年壬子癸丑學制頒布至壬戌學制頒布前（1912～1922）、壬戌學制頒布至抗日戰爭爆發前（1922～1937）、抗戰時期至「新中國」成立前（1937～1949）。再以國際通行的 TEI（Text Encoding Initiative）標注模式為參考，對研究對象基本信息進行標識：

1. 教科書名標識：<title>…< / title>，中間填寫教科書首字母大寫縮寫；
2. 作者信息標識：< author>… < / author>，中間填寫作者名的首字母大寫縮寫，多個作者則用空格隔開；
3. 出版商標識：< publisher>…< / publisher>，中間填寫出版商首字母大寫縮寫；
4. 出版時間標識：< time>01/02/03< / time>，01=1912-1922；02=1922-1937；03=1937-1949；
5. 適用年級標識：<grade>01/02/03< / grade>，01=初一水平學生；02=初二水平學生；03=初三水平學生。

以《新制英文讀本》為例，其元信息標識為：<title>XZYWDB< / title>< author> LDH YJS < / author>< publisher> ZHSJ < / publisher>< time>01< / time>< grade>02< / grade>

詞類標識即語法標識，是對「篇章中每一個單詞賦予相應的詞類碼，包

〔註 14〕梁茂成、李文中、許家金，語料庫應用教程〔M〕，北京：外語教學與研究出版社，2010：38。

括對標點符號的賦碼」〔註 15〕。比如著名的 LOB 語料庫一共使用了 133 種詞類碼，它在分類的時候，為了提高標注的正確率，將詞類更加細化，以動詞為例，動詞基形（base form）用 VB 標識，動詞過去式（past tense）為 VBD，動詞的現在分詞形式（present participle）為 VBG，VBN 表示動詞的過去分詞形式（past participle），動詞現在時第三人稱單數（3rd person singular form）則用 VBZ 標識。句法標識建立在句法分析的基礎上，採用不同的理論，比如成分分析法和功能語法或其他理論就會有不同的標注結果〔註 16〕。但總的來說，句法標識是以語法標識為前提的。比如 UCREL 的標識，就分為三個步驟：首先對篇章內每一個詞標注句法符號；其次尋找特殊的詞類碼形式和句法片段，對句法結構作進一步修正。最後從賦值中選出可能性（值）最大的句法分析作為每句的分析結果。本文將根據海亮的元話語分類對文本詞類作基本標識，並以此為基礎進行語義分析，具體的操作見「語料處理」部分。本文中，格式標識主要針對元話語所在的位置，非正文位置，即在扉頁、序文中的元話語，在其所在段落的開始標注<PRE>；在後記中出現元話語則用<AFT>標記；正文中的元話語，在其出現的段首標注<LES01/02>，01=元話語在用於介紹、講解知識點的段落，02=元話語在用於銜接課文的段落。語誤標記主要針對詞語錯誤、標點錯誤、句法錯誤，分別標識為：<word>、<punc>、<syn>。比如 Sing th song with your friend.可標識為 Sing <word>th</word> song with your friend.，但是要指出的一點是，由於本文所選取的教科書可能因年代久遠而產生印刷不清的狀況，這個時候需要研究者仔細辨別其是屬語誤還是印刷問題，如果是印刷問題在停止符號/之前加上*。

（二）語料處理〔註 17〕

為了更準確地分析出篇章的整體屬性和部分特質，必須將語料「的一連串字符轉換成相互分離、容易識別的形符」，〔註 18〕這就要求研究者對整個篇章進行分詞處理。首先，本文使用梁茂成等人對「形符」的分類：（1）全部由

〔註 15〕楊惠中主編；衛乃興等編著，語料庫語言學導論〔M〕，上海：上海外語教育出版社，2002：137。

〔註 16〕崔剛、盛永梅，語料庫中語料的標注〔J〕，清華大學學報（哲學社會科學版），2001（1）：92～93。

〔註 17〕本段每次處理的語料都生成一個不覆蓋原文本的新文本。

〔註 18〕梁茂成、李文中、許家金，語料庫應用教程〔M〕，北京：外語教學與研究出版社，2010：38：45。

英文字母構成；（2）由數字或數字和字母構成；（3）除了數字和／或字母之外，還帶有連字符「-」；（4）帶有英文 26 個字母之外的外來字母；（5）部分符號，如¥、&等。其次，英文本身就由「空格」作為自然分界，結合 PowerGrep 2.2，就可以完成文本的檢查和字符串替換，最終實現分詞。完成簡單的分詞處理之後，本文採取兩個步驟清理文本：一是刪除停用詞（Stop word），二是進行詞形還原（Lemmatisation）。停用詞就是人類語言使用過程中無實際意義的功能詞，比如 the、is、a 等，這種詞數量很多，如果不及時清理會對詞頻統計產生干擾。詞性還原即將單詞的屈折形式合併為一個，以方便詞組相關性計算。兩個清理步驟都借由 NLTK（Natural language toolkit）庫完成。接著根據海亮的元話語分類進行賦碼〔註 19〕，賦碼集如表 4-2 所示，完成賦碼的文本儲存為「.text」格式（文本命名為 1／2／3……-15，順序就是表 4-1 中排出的順序），如此可方便後續的分析和檢索。雖然沒有現成的自動賦碼工具幫助本研究賦碼，但是也可以依靠現行成熟的詞性賦碼軟件和數據庫對人工賦碼予以檢查和補充。首先，本文使用 TreeTagger 對已清理過的文本詞形自動賦碼（賦碼集如表 4-3 所示），旨在快速找出文本中與元話語相關的詞類，比如 MD 就是識別元話語的重要詞類。之後使用 NLTK 庫，調取數據庫 WordNet 獲取元話語相關的同義詞，此舉不僅可以幫助筆者查漏補缺，而且有利於瞭解作者元話語的多樣性和同一性。除了筆者手工賦碼，並通過其他數據處理軟件檢查、補充賦碼外，筆者邀請了 1 位外國語言學及應用語言學研究方向的碩士研究生，及 1 位話語分析研究方向的博士研究生幫助筆者對賦碼進行檢查。最後，將整理、修改完畢的文本導入 AntConc，並對賦碼後的語料進行檢索分析。

表 4-2　本研究的賦碼集

元話語類型		子　類	賦　碼	例　子
引導式	過渡語	增加	<Tra-add>	<Tra-add>and</ Tra-add>
		比較	<Tra-comp>	<Tra-comp>but</ Tra-comp>
		結果	<Tra-cons>	<Tra-cons>then</ Tra-cons>

〔註 19〕由於本文除對語料進行量化分析之外，還需要對詞類共現等作質性分析，因此標注的語料為分詞後，未清理過的文本，清理過的文本另外儲存，用於計算整個語料的詞頻和詞類。

元話語	框架標記語	排序	<Fra-seq>	<Fra-seq>first</ Fra-seq>
		表示階段	<Fra-stag>	<Fra-stag>overall</ Fra-stag>
		告知目標	<Fra-goa>	<Fra-goa>need</ Fra-goa>
		轉換話題	<Fra-top>	<Fra-top>so<Fra-top>
	內指標記語		〈End〉	<End>
	言據語		〈Evi〉	<Evi>
	語碼注解語		〈Cod〉	<Cod>
互動式元話語	模糊限制語	可能	<Hed-pro>	<Hed-pro>maybe</ Hed-pro>
		頻率	<Hed-fre>	<Hed-fre>usually</ Hed-fre>
		程度	<Hed-deg>	<Hed-deg>quite</ Hed-deg>
		近似	<Hed-app>	<Hed-app>almost</ Hed-app>
		非敘實	<Hed-nonfa>	<Hed-nonfa>guess</ Hed-nonfa>
		試探	<Hed-ten>	<Hed-ten>suppose</ Hed-ten>
	增強語	確定	<Boo-cer>	<Boo-cer>actually</ Boo-cer>
		試探	<Boo-ten>	<Boo-ten>think</ Boo-ten>
		敘實	<Boo-fac>	<Boo-fac>shows</ Boo-fac>
		頻率	< Boo-fre>	< Boo-fre>always</ Boo-fre>
	態度標記語	態度	<Att-att>	<Att-att>agree</ Att-att>
		情感	<Att-emo>	<Att-emo>interesting</ Att-emo>
		評價	<Att-eva>	<Att-eva>important</ Att-eva>
	自我標記語	第一人稱代詞	<Sel-pp>	<Sel-pp>I</ Sel-pp>
		第一人稱物主限定詞	<Sel-ppd>	<Sel-ppd>my</ Sel-ppd>
		第一人稱反身代詞	<Sel-prp>	<Sel-prp>myself</ Sel-prp>
	參與標記語	提問	<Eng-que>	<Eng-que>what…?</ Eng-que>
		指示	<Eng-dir>	<Eng-dir>let's</ Eng-dir>
		信息接受者提及	<Eng-aom>	<Eng-aom>you</ Eng-aom>

表 4-3　TreeTagger 賦碼集

賦碼標識	代表詞形	賦碼標識	代表詞形
CC	並列連接詞	VB	詞根 BE
CD	基數詞	VBD	BE 過去時
DT	冠詞和限定詞	VBG	BE 動名詞／現在分詞
EX	存在詞	VBN	BE 過去分詞
FW	外來詞	VBP	除 BE 第三人稱單數的現在時
IN	介詞或從屬連詞	VBZ	包括 BE 第三人稱單數的現在時
JJ	形容詞	VD	詞根 DO
JJR	形容詞比較級	VDD	DO 過去時
JJS	形容詞最高級	VDG	DO 動名詞／現在分詞
LS	設定列表項標誌	VDN	DO 過去分詞
MD	情態動詞	VDP	除 DO 第三人稱單數的現在時
NN	普通名詞（單數／不可數）	VDZ	包括 DO 第三人稱單數的現在時
NNS	普通名詞（複數）	VH	詞根 HAVE
NP	專有名詞（單數）	VHD	HAVE 過去時
NPS	專有名詞（複數）	VHG	HAVE 動名詞／現在分詞
PDT	前置限定詞	VHN	HAVE 過去分詞
POS	所有格結束詞	VHP	除 HAVE 第三人稱單數的現在時
PP	人稱代詞	VHZ	包括 HAVE 第三人稱單數的現在時
PPS	物主代詞	VV	實義詞
RB	副詞	VVD	實義詞過去時
RBR	副詞比較級	VVG	實義詞動名詞／現在分詞
RBS	副詞最高級	VVN	實義詞過去分詞
RP	小品詞	VVP	除實義詞第三人稱單數的現在時
SYM	符號	VVZ	包括實義詞第三人稱單數的現在時
TO	To	WDT	wh-限定詞
UH	感歎詞或插入語	WP	wh-代詞
		WPS	所有格 wh-代詞
		WRB	wh-副詞

（三）語料的量化統計

高莉認為，頻率對語料庫研究至關重要，語料庫研究中的相關對比最終要落實到頻率的對比。無論是對同一個語料庫內的詞彙、短語或其他語言單位進行比較，還是相同詞彙、短語等在多個語料庫之間的比較最終往往是頻率的比較〔註 20〕。研究者可以對整個語料的基本分布情況進行頻率統計，常分析的部分有類符、形符比（type／token ratio）、平均詞長（average word length）、句長（sentence length）、句數（sentences）等。這裡主要解釋一下「類符、形符比」，形符指的是篇章詞數的總量，類符是篇章共包括的詞形類別總數。類符、形符比最大值為 1，值越高表明詞彙種類越多，即詞彙含詞量（密度）越大。「單純的類符、形符數不能反映文本（篇章）的本質特徵，但兩者的比率卻在一定程度上反映了文本（篇章）的某種本質特徵，即用詞的變化性」〔註 21〕。因此對語料類、形比的統計，是理清民國時期國內自編教科書元話語用詞特徵的一種可行分析方法。此外，研究者也可以對語料的某一具體特徵進行統計，但就像梁茂成、李文中等人在《語料庫應用教程》中提醒的那樣，我們得到某一語言特徵的統計頻次，但這個頻次能說明什麼呢？特別是與其他語料庫進行對比的話，頻次多是否能夠證明該語言特徵更顯著呢？顯然，不同語料庫之間的語料不可能完全對等，如此對比是不信實的〔註 22〕。那麼就必須得出一個標準化頻率，本研究引用梁茂成、李文中等人的標準化頻率公式，將語料原始頻數除以語料總詞數再乘以 1000，得出每千詞出現的目標詞頻率，公式如下所示：

$$\text{標準化頻率（每千詞）} = \frac{\textit{觀察頻數}}{\textit{總體頻數}} \times 1000$$

（四）語料的質性分析〔註 23〕

在獲取了語料的基本特徵之後，為回答「元話語情景語境特徵如何？與

〔註 20〕高莉著，基於語料庫的立法篇章可理解性研究〔M〕，北京：中國民主法制出版社，2014：114。

〔註 21〕楊惠中主編；衛乃興等編著，語料庫語言學導論〔M〕，上海：上海外語教育出版社，2002：153。

〔註 22〕梁茂成、李文中、許家金，語料庫應用教程〔M〕，北京：外語教學與研究出版社，2010：91。

〔註 23〕語料的質性分析及對比分析部分將結合清理過的語料和標注後的語料，前者可觀察整個教科書的語言特徵，後者可凸顯元話語的所在語境，探尋元話語與語境之間的關係。

元話語呈現了怎樣的錯綜關係？」還必須對語料進行深入分析。綜闔第三章提及的語境理論，本文擬從文化語境、互文語境、篇內語境三個方面對民國三個歷史時期典型英語教科書的元話語情境要素進行詳細梳理。必須指出的是，前文已知元話語與被指稱話語共處同一篇章環境，前者組織篇章、表達觀點，後者提供「命題信息」，要考察元話語的修辭情境，不應只知作者的觀點如何，更要知道他／她對何種命題信息的觀點如何，如此才可能進一步瞭解作者為何產生如此觀點。因此，本段對元話語的分析也將參考它所指涉的「命題」。

（五）語料的對比分析

梁啟超先生在《中國歷史研究法》中講明；「無論研究何種學問，都要有目的。什麼是歷史的目的？簡單一句話，歷史的目的在將過去的真事實予以新意義或新價值，以供現代人活動之資鑒。」〔註 24〕借先生之言，本論的最終意義不是停留在特徵描述，而期望能為現代英語教科書編寫作有意義的參考。「借古說今」，無對比、無比較則難以成立。為回答第三個問題：「中國當代英語教科書元話語有何可提升之處，建議如何？」本研究選取《（人教版）七年級英語上冊》（2013 年 6 月第 2 版）為比較對象，以前兩個研究問題之分析結果為起點，探討中國英語教科書元話語的改進策略。

五、分析框架

基於第三章及本章的相關論述，本文最終確定了可作用於「民國英語教科書元話語研究」的分析框架，具體見圖 4-1。

〔註 24〕梁啟超，中國歷史研究法〔M〕，北京：東方出版社，1996：155。

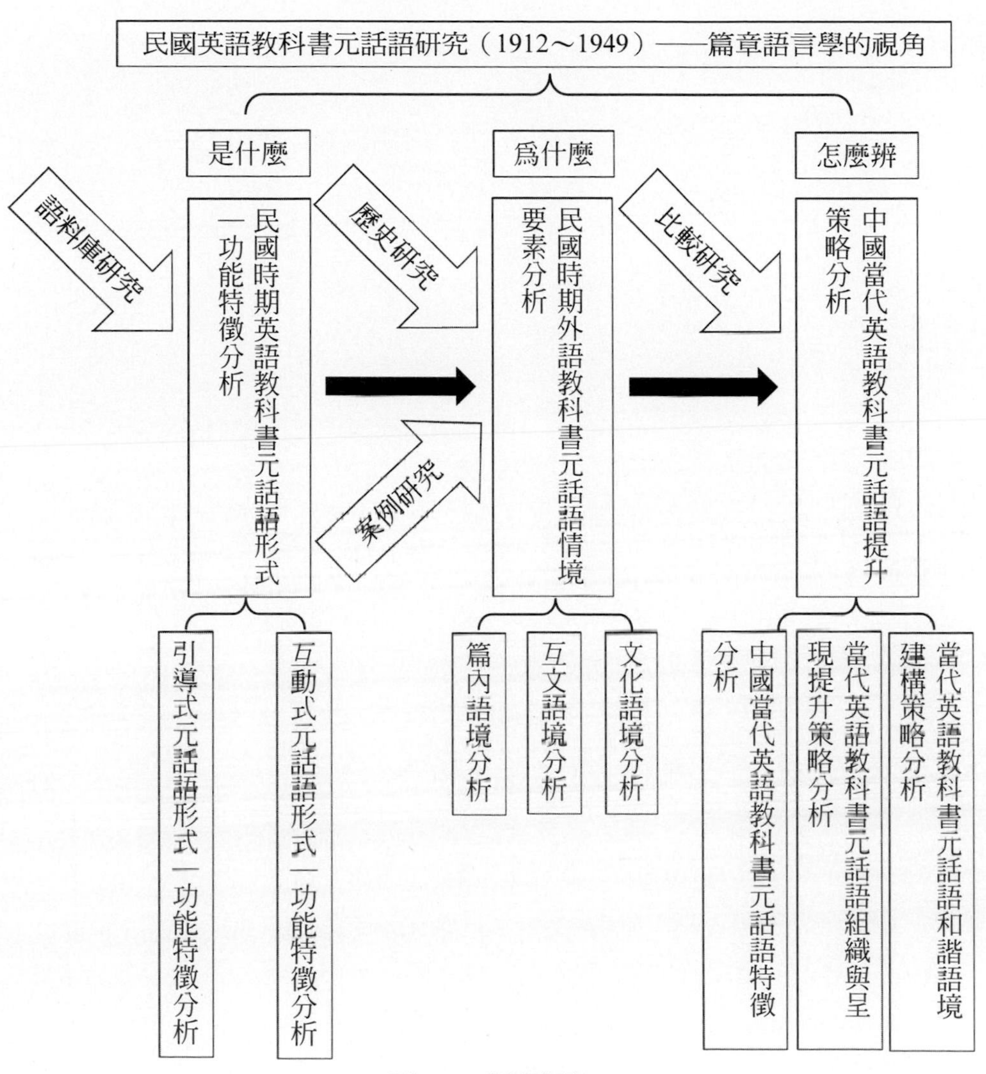
民國英語教科書元話語研究（1912～1949）——篇章語言學的視角
是什麼
爲什麼
怎麼辨
語料庫研究
歷史研究
案例研究
比較研究
民國時期英語教科書元話語形式—功能特徵分析
民國時期外語教科書元話語情境要素分析
中國當代英語教科書元話語提升策略分析
引導式元話語形式—功能特徵分析
互動式元話語形式—功能特徵分析
篇內語境分析
互文語境分析
文化語境分析
中國當代英語教科書元話語特徵分析
當代英語教科書元話語組織與呈現提升策略分析
當代英語教科書元話語和諧語境建構策略分析

圖 4-1　研究框架

第五章　民國英語教科書元話語形式——功能特徵分析

克里斯摩爾在她早期的元話語研究中談到:「當讀者具備元話語意識和策略時，他們就能更好地預知作者的寫作計劃。他們就會知道自己所讀之處是介紹、主體還是結論；也能知曉作者何時轉換話題，何時定義術語；並採信作者的觀點和偏好。」〔註 1〕其實，我們在讀一篇文章的時候，常常能夠自行辨別作者的起承轉合，這些實際就是依靠我們不自覺的「元話語意識」，但也正是因為「元話語」的無處不在，「元話語意識」的自然養成，我們常常以為元話語是理所應當的，從而忽略了對它的研究。當然，「元話語就在那裡」，只是想要提高篇章質量，達到更好的篇章交際目的必須具備更有效的元話語使用策略。比如我們熟知的魯迅先生《秋夜》中的一句話:「在我的後園，可以看見牆外有兩株樹，一株是棗樹，還有一株也是棗樹。」通過「還」和「也」兩個元話語，此句話頓顯別樣韻味。因此，元話語研究不僅是需要的而且是重要的，放置於本文，通過分析民國時期英語教科書元話語形式—功能特徵，除了為瞭解民國時期教科書編寫者的元話語意識和使用之外，更關鍵的是依此總結英語教科書元話語高質量呈現的可能策略。在這一章中，本文將首先對所選語料進行總體描述，包括對編者話語的類符、形符比進行統計，以及對元話語頻數和百分比的統計，前者在 Readability Analyzer1.0 中進行，後者借助 AntConc3.5.8 進行數據整理。而後將對引導式元話語及互動式元話語形式—功能特徵進行具體說明。

〔註 1〕Crismore A. The Metadiscourse Component : Understanding Writing about Reading Directives〔Z〕. ERIC, 1982 : 4.

一、總體數據說明

首先，本研究對 15 本教科書的話語進行了統計，共獲得 84，354 字，其中，截取的元話語共計 9，435 字〔註 2〕，即每 9 個字就會出現一個元話語標記，這個結果要稍低於海亮〔註 3〕〔註 4〕〔註 5〕每 15 字出現一個元話語標記詞，稍高於李慧坤〔註 6〕每 7 字出現一個元話語標記詞和克里斯摩爾〔註 7〕每 8 字出現一個元話語的教科書元話語研究結果。通過統計，15 本教科書話語的類符、形符比（見表 5-1）可以發現，15 本教科書的難易程度維持在一個相對穩定的水平，其中以《英語模範讀本》、《標準英語》和《開明英文讀本》難度最高，尤其是開明英文讀本，類符、形符比達到 0.38，通過 Readability Analyzer1.0 計算，其平均難度（初二水平）可達現在高三至大學一年級學生使用的教科書難度。張美平在研究民國教科書詞表時也發現，當時詞彙量最大的教科書已達到 4433 個，「這恐怕連現在的高三畢業生也很難達到」〔註 8〕。的確，民國時期政府對英語教育的要求很高，倘若學生此門功課不及格，則無法繼續升學。再加上民國時期國際交流愈發頻繁，出國留學之人愈多，許多歸國人才都選擇教育系統為其回國之落腳點，很多一線教師文化水平、學術水準都頗高。就以南京高等師範學校為例，當時任教的陳鶴琴乃哥倫比亞大學師範學院教育學碩士、廖志承為布朗大學哲學與教育心理學博士、吳宓是哈佛大學比較學文學碩士、梁實秋和胡剛復都有哈佛大學博士文憑〔註 9〕。政府高要求，教師高水平，如此這般，學習者的英語學習動機達到前所未有的水平——「同學之間不但很自然地用英語交談，並且經常抽出時間去教室裏練習拼寫生詞，互相糾正發音」——其學習能力自然也得

〔註 2〕作為詞組的元話語記為 1 個「字」。

〔註 3〕Hyland K. Persuasion and Context: The Pragmatics of Academic Metadiscourse〔J〕. Journal of Pragmatics, 1998（30）: 437～455.

〔註 4〕Hyland, K. Disciplinary Discourses〔M〕. London: Pearson, 2000.

〔註 5〕Hyland K. & Tse P. 2004. Metadiscourse in Academic Writing: A Reappraisal〔J〕. Applied Linguistics, 2004（2）: 156～177.

〔註 6〕李慧坤，德語專業篇章動態分析模式研究 基於計算機專業篇章的元交際及元語言手段評析〔M〕，北京：北京理工大學出版社，2013。

〔註 7〕Crismore A. Metadiscourse: What is it and How is it Used in School and Non-School Science Texts〔M〕. Urbana-Champaign: University of Illinois, 1983.

〔註 8〕張美平，民國外語教學研究〔M〕，杭州：浙江大學出版社，2012：140。

〔註 9〕籲思敏，中國雙語教學發展軌跡略探〔J〕，外語教學理論與實踐，2017（2）：57～61。

到提高，據黃鈺生回憶，南開中學的畢業生每小時便已能讀七、八面《西洋通史》〔註 10〕。當然，教科書內容量大、難度高離不開高水平的教科書授受主體，但實際更離不開教科書自身的編寫水準。試想一本只是充斥著高難度內容的教科書，是不可能獲得如此多學子青睞的，本文即期從元話語這一角度出發，尋得這些教科書編寫之寶貴經驗。

表 5-1　民國英語教科書話語類符、形符比

教科書	類符、形符比
<title>GHGMYYDB</title>	0.22
<title>XZYWDB</title>	0.18
<title>GHGJKSZXYWDB</title>	0.19
<title>YYMFDB</title>	0.26
<title>XSJYWDB</title>	0.21
<title>XJYJKSYYDB</title>	0.17
<title>XDCZYYJKS</title>	0.19
<title>BZYYDB</title>	0.23
<title>GMYYDB</title>	0.21
<title>CJZXYY</title>	0.20
<title>KMYWDB</title>	0.38
<title>GDJKSCZYY</title>	0.21
<title>BZYY</title>	0.25
<title>WHYWDB</title>	0.20
<title>CZHYYYDB</title>	0.19

表 5-2 是對民國英語教科書元話語整體分布情況的總結。從中不難看出引導式元話語與互動式元話語的標準化頻數相差不大，這與克里斯摩爾 1983 年的研究結果差不多。克里斯摩爾曾在《元話語：校際與非校際社會科學篇章的元話語特徵及使用》（Metadiscourse：What it is and How it is Used in School and Non-School Social Science Texts）中對 k-4 至 k-13 社會科學教科書元話語進行對比，其中 k-8 水平學生的引導式元話語標準頻數（每千詞）較互動式元話語高 3.5，本文引導式元話語也較互動式元話語高 3.1 左右。也就是說英語教科書編寫者在組織篇章的過程中不僅要考慮到知識點引入、知識點解釋這

〔註 10〕鍾敘河，朱純，過去的學校（回憶錄）〔M〕，長沙：湖南教育出版社，1982：247。

樣的問題，而且也花了大量篇章手段用於帶動讀者接受知識點、參與知識點學習。在引導式元話語中，過渡語的頻數最多為 31.03，即英語教科書中用於聯結和標記話語關係、語用關聯的元話語最多，其次為框架標記語：11.55 和內指標記語：9.96。最不常使用的元話語為言據語。在海亮〔註11〕的相關研究中，言據語頻數至少在社會科學類教科書中排在較前位置，之所以在本研究中排名較後，主要是因為海亮關注的是「專業教科書」，而本文研究的教科書是「通識類教科書」，作者只需要向學習者表明事實是什麼，而不需要解釋這一事實的來源。互動式元話語中最為常用的為參與標記語，最少使用的是態度標記語，這一結果表明英語教科書作為「教育篇章」期望引起讀者情感上的共涉，作為「專業篇章」須保持其語言客觀性的事實。

表 5-2　民國英語教科書元話語分布情況

元話語類型		頻　數	標準化頻數	標準化百分比
引導式元話語	<Tra>	2618	31.03	27.74%
	<Fra>	974	11.55	10.33%
	<End>	840	9.96	8.90%
	<Evi>	16	0.19	0.17%
	<Cod>	400	4.74	4.24%
	合計	4848	57.47	51.38%
互動式元話語	<Hed>	592	7.02	6.27%
	<Boo>	648	7.68	6.87%
	<Att>	179	2.12	1.90%
	<Sel>	486	5.77	5.16%
	<Eng>	2682	31.79	28.42%
	合計	4587	54.38	48.62%
合計		9435	111.85	100.00%

為了更好地說明民國英語教科書元話語的具體特性，以下將對引導式元話語和互動式元話語子類進行深入剖析。

二、引導式元話語形式——功能特徵分析

引導式元話語是元話語研究者最多關注的內容，這可能是因為「引導式

〔註11〕（英）Hyland K. Metadiscourse〔M〕，北京：外語教學與研究出版社，2008。

元話語在定義和分類上都比互動式元話語更清晰且爭議更少」〔註 12〕。本文根據海亮的分類，將引導式元話語分為：過渡語、框架標記語、內指標記語、言據語、語碼注解語，其中過渡語內部包括增加、比較、結果三個子類，框架標記語包括排序、表示階段、告知目標、轉換話題四個子類。總體來看，各類元話語在各教科書中的出現頻率大致相當，以下將對每一元話語的具體分布情況加以說明和例證。

（一）過渡語

過渡語又被稱作「連接語」（connectors）〔註 13〕或「邏輯連接語」（logical connectives）〔註 14〕，主要用於銜接篇章，遞進觀點。根據海亮對過渡語的定義：「作者用於表達觀點，而使用的表增加、結果、比較等表現話語關係的詞」〔註 15〕。本文又將過渡語進一步劃分為三個子類，分別是：「增加類過渡語」包括添加相關論點的連接詞，如 and、by the way、still、besides、in addition 等；「結果類過渡語」即預示某一論點即將結論，比如連接副詞詞：therefore、thus、consequently 等；「比較類過渡語」用於表達相似觀點，比如連接副詞 likewise、correspondingly，或不同意見，比如，連接詞 however、but，詞組 on the contrary、in contrast 等等。幾類過渡語的統計結果見表 5-3。

表 5-3　過渡語統計結果

元話語子類		頻　數	標準化頻數
<Tra>	<Tra-add>	1706	20.22
	<Tra-comp>	688	8.16
	<Tra-cons>	224	2.66
	合　計	2618	31.03

從表 5-3 中不難看出，民國英語教科書使用最多的過渡語為「增加類」，

〔註 12〕Markkanen, R., & H. Schroder. Hedging and Discourse: Approaches to the Analysis of a Pragmatic Phenomenon in Academic Text〔M〕. Berlin, De Gruyter, 1997: 144.

〔註 13〕Mauranen A. Contrastive ESP rhetoric: Metatext in Finnish-English Economics Texts〔J〕. English for Specific Purposes, 1993（12）: 3～22.

〔註 14〕Crismore A& Markkanen R& Steffenson M. Metadiscourse in Persuasive Writing: A Study of Texts written by American and Finnish University Students〔J〕. Written Communication, 1993（1）: 39～71.

〔註 15〕（英）Hyland K. Metadiscourse〔M〕，北京：外語教學與研究出版社，2008：50。

占總數兩倍以上。首先，表增加的連詞本身就是口語／書面語中使用頻率較高的一類詞，不管是關於學術篇章元話語的研究〔註16〕〔註17〕還是關於教科書元話語的研究〔註18〕〔註19〕、抑或新聞篇章元話語的研究〔註20〕，這類元話語總是占過渡語的最多數。在統計教科書元話語時，發現「and」最為常用，但是並不是所有的「and」都有「增加」之功能，把語料導入 AntConc3.5.7 分析後，就可以清楚看到，部分「and」只是將兩個詞或詞組聯繫在一起，並沒有在小句層面之上表達邏輯和語義聯繫，因此，這類詞在統計過渡語詞頻時被剔除出去，儘管許多「and」被排除在外，其仍為英語教科書過渡語使用之首。筆者認為，所選語料主要針對 k-8 學習者，過於高深的連接手段對這些學習者來說並無益處，因為語言的視覺或藝術效果在此為次要，重要的是學習者要能夠快速、準確地定位到作者提供的命題信息。比如例〔a〕中的「and」就很清楚地提示了下一命題信息。

〔a〕-The number of hours a week is presumed to be not less than four, <Tra-add>and</ Tra-add> the number of weeks a year not less than thirty-two.

-Every section is marked by a number (1, 2, 3, 4, …)，<Tra-add>and</ Tra-add> is intended to be finished in one hour.（<title>YYMFDB</title>）

其次，在英語教科書中，作者使用「比較類過渡語」主要為了比較或遞進重要信息。比如〔b〕,「but」在第一個例句中是為了說明形容詞與名詞更為常見的組合關係，例 2 的「but」和「however」則是通過對比，強調縮略詞在寫作中的忌諱用法和特殊用法。

〔b〕-Sometimes it is separated from its noun; as *The books are useful*. <Tra-comp>but</ Tra-comp> the adjective always goes with its noun and adds meaning to it.

〔註16〕Ifantidou E . The semantics and pragmatics of metadiscourse〔J〕. Journal of Pragmatics, 2005, 37（9）: 1325～1353.

〔註17〕Ädel A . Just to Give You Kind of a Map of Where We Are Going: A Taxonomy of Metadiscourse in Spoken and Written Academic English〔J〕. Nordic Journal of English Studies, 2010, 9（2）: 69～97.

〔註18〕Crismore A. Metadiscourse: What is it and How is it Used in School and Non-School Science Texts〔M〕. Urbana-Champaign: University of Illinois, 1983.

〔註19〕Hyland K& Tse P. Metadiscourse in academic writing: A Reappraisal〔J〕. Applied Linguistics, 2004（2）: 165～177.

〔註20〕黄勤，英漢新聞語篇中的元話語對比研究〔M〕，武漢：武漢大學出版社，2014。

-Contractions are often used in conversation, <Tra-comp>but</ Tra-comp> they are rarely used in writing. In poetry, <Tra-comp>however</ Tra-comp>, they are used as, 'tis.（<title>YYMFDB</title>）

最後，正如馬烏拉恩〔註 21〕（Mauranen）的結論：具有篇章銜接功能的過渡語，並不增加命題信息，而是告知篇章本就存在的命題之間的關係。英語教科書呈現的命題信息，大都不需要互證和結論，它主要為學習者提供事實性、描述類的篇章信息，比如介紹某一國家的文化風俗，指導某一語法的實踐策略等等，因此在篇章所包含的命題信息之間，增加和比較的元話語行為較多，而表因果的較少。即使是使用結果類過渡語，也是用於強調關鍵命題，比如例〔c〕。

〔c〕A participle is a word that expresses action like a verb, and modifies a noun like an adjective. A participle is, <Tra-cons>therefore</ Tra-cons>, a double part of speech; it is partly a verb and partly an adjective.

The sense is not complete until the boy sees something or somebody. <Tra-cons>So</ Tra-cons> it is with all these verbs. Each expresses an action that is not complete until some other thing is added.（<title>YYMFDB</title>）

總體來說，過渡語在民國英語教科書中的功能是為了突出作者認為的重要命題信息。對比其他類型篇章，比如學術篇章，過渡語主要用於建構論斷〔註 22〕；新聞篇章，過渡語主要為了描述事件流程〔註 23〕，其特點還是十分顯著的。

（二）框架標記語

根據海亮的定義，框架標記語能夠「標識概念化篇章結構的邊界和要素」〔註 24〕。此類元話語與過渡語有異曲同工之妙，即增加篇章的邏輯性，減輕讀者的信息處理負擔。但與前者不同的是，框架標記語能夠在更大的篇章範圍內，連接轉折性更大的命題內容。本研究將框架標記語細分為四類，分別是排序，比如表示階段的基數詞：1. ／2. ／……，序數詞：first、second、

〔註 21〕Mauranen A. Contrastive ESP rhetoric: Metatext in Finnish-English Economics Texts〔J〕. English for Specific Purposes, 1993（12）: 3～22.

〔註 22〕李玉，英漢學術期刊中應用語言學書評比較研究：語類與元話語〔D〕，2018。

〔註 23〕黃勤，英漢新聞語篇中的元話語對比研究〔M〕，武漢：武漢大學出版社，2014。

〔註 24〕（英）Hyland K. Metadiscourse〔M〕，北京：外語教學與研究出版社，2008：51。

third；表示階段，如詞組 in sum，副詞 overall 等；告知目標，比如名詞：goal、focus、want，詞組 would like to 等；轉換話題，如連詞 now、so 等。需要注意的是，「so」這個單詞不僅可以作過渡語還可用於明示作者目標，具體的標注必須回到語境中，觀察它的語義範圍。其實，不僅是「so」，元話語標記中有很多詞都有多重功能，這就需要研究者對標注結果再三檢查。框架標記語的總體分布情況可見表 5-4。

表 5-4　框架標記語統計結果

元話語子類		頻　數	標準化頻數
<Fra>	<Fra-seq>	800	9.48
	<Fra-stag>	30	0.36
	<Fra-goa>	51	0.61
	<Fra-top>	93	1.10
	合　計	974	11.55

從表 5-2 中可以發現，框架標記語在整個元話語中的占值並不低，海亮認為，教科書元話語與學術語篇元話語有較大不同，前者為了呈現結構化信息，幫助新手學習者更好地理解課文內容和要點，在整個篇章內有規律地出現；而後者主要出現在摘要和結論部分，用於明示研究目標和結果〔註 25〕。在框架標記語內部，排序是最為顯著的一種元話語手段，幾乎佔了整個框架標記語的全部，而轉換話題次之，出現約 93 次，隨後是告知目標與表示階段，分別為 51 次與 30 次。通過語料觀察，筆者發現，民國時期英語教科書編者善於使用各類排序標記，除常用的數詞之外，還有各類的數字編號比如：1./2./3.；(1)/(2)/(3)；（一）/（二）/（三）；a./b./c.；Ⅰ/Ⅱ/Ⅲ；甚至是特殊符號如：*/**/***等。與李慧坤〔註 26〕的研究結果相反，在英語教科書中，數字、數詞排序標記遠高於特殊符號標記，前者分別為 66.4%和 33%，後者僅占 3.6%。此外，符號標記主要提示信息邊界，數字排序標記既有提示信息邊界又有表示任務序列的作用，見〔d〕。數詞排序標記主要用於指導學習者學習進程，見〔e〕。

〔註 25〕（英）Hyland K. Metadiscourse〔M〕，北京：外語教學與研究出版社，2008：105。

〔註 26〕李慧坤，德語專業篇章動態分析模式研究 基於計算機專業篇章的元交際及元語言手段評析〔M〕，北京：北京理工大學出版社，2013。

〔d〕<Fra-seq>1. </ Fra-seq> Translate Section I into Chinese.

<Fra-seq>2. </ Fra-seq> Form present participles of the following verbs:（<title>YYMFDB</title>）

〔e〕In writing an English letter, we always write <Fra-seq>first</ Fra-seq> our own address at the right-hand top corner, <Fra-seq>and then</ Fra-seq> the date. <Fra-seq>Then</ Fra-seq> we write "My dear So-and-So" at the left, <Fra-seq>and begin</ Fra-seq> the letter on the next line a little below that.（<title>KMYWDB</title>）

表示階段，可預示作者某一階段性的論述即將完結或開始。這類元話語在學術期刊文獻中出現較多，而其他類型篇章分布較少。這是因為學術文獻主要針對相同領域，具有一定（較高）專業知識儲備的專家或學習者，他們有能力從精練後的結論中獲取信息，因此，為方便讀者快速定位研究重點，常使用該類標記語。英語教科書則不同，它的主要受眾是學生，就像前面分析的那樣，其主要目的是平鋪知識，直述事實，需要結論的地方不多。

告知目標類框架標記語，大多出現在研究語料的前言部分，用於告知本書的編寫目的，見例〔f〕；或出現在語言知識點講解部分，用於推動篇章進程，見〔g〕。

〔f〕Therefore <Fra-goa>this book</ Fra-goa> is not intended as a mere reader, but also as a means by which to teach the student both to hear and to speak English.（<title>BZYYDB</title>）

〔g〕<Fra-goa>In this lesson</ Fra-goa> we shall study another kind of sentence — the EXCLAMATORY SENTENCE.（<title>XDCZYYJKS</title>）

值得一提的是，民國英語教科書大多配有前言或編輯大意，目前觀察到的教科書中，僅有兩本：《初級中學英語》（第二冊）和《初中活用英語讀本》〔註 27〕（第二冊）無以上內容。教科書前言部分內容翔實，包括作者自編教材的經歷，對成書的感受和為教師、學生制定的教材使用步驟、策略，其中（特別是在教材使用介紹部分）凸現了大量框架標記語。

〔註 27〕《初中活用英語讀本》實際配有教學指導書——《初中活用英語讀本指導書》，《指導書》和《讀本》同時發行，其中就有詳細介紹《讀本》的基本內容，使用策略等。

轉換話題標記語在口語中非常常見，比如閆濤在對中國英語教師課堂元話語進行分析時，發現，轉換話題標記標準頻數為 3，674，是其他元話語標記的 3 倍〔註 28〕。艾蘭〔註 29〕（Ilie）、阿德爾〔註 30〕（Ädel）之研究也可支持該觀點。希弗林（Schiffrin）認為，諸如轉換話題這樣的話語標記，是獨立於小句結構之外的語義部分，它們不增加任何命題意義，但是提供非參考性、表達性、情感性、認知、語用及引導意義〔註 31〕。在本研究中，轉換話題元話語一般伴隨一個明確的學習任務，以《開明英文讀本》和《英語模範讀本》為例，以下是「now」引導的話題轉換，

〔h〕You have told me something, <Fra-top>now</ Fra-top> tell it more exactly.（<title>KMYWDB</title>）

Verbs which tell of a complete action are called INTRANSITIVE verbs. <Fra-top>Now</ Fra-top> look at the sentences below.（<title>YYMFDB </title>）

從〔h〕中不難看出，轉換話題標記確實較其他元話語更「獨立」，但是它能夠幫助教科書編者很自然地從事實陳述轉移到交際互動中，該類元話語的高頻率使用也體現了作者對教科書編排的高度控制。

實際上，英語教科書，特別是基礎階段的英語教科書，除了作者的篇章組織語、指導語及知識講解語外，絕大部分都是由外部材料組成的，以《共和國教科書 中學英文讀本》為例，其中不僅包括詩歌《無名氏先生》、《漸漸》，而且還有寓言故事：如《蘿蔔的故事》、《魯濱遜漂流記》、《老人與驢》，人物傳記：《小公主》、《愛德華五世》等。前文曾言，框架標記語能夠在更大篇章範圍內聯繫命題，為了把這些獨立的篇章內容組織在一起，教科書編者傾向使用該標記語也不足為奇。此外，教科書的課文絕不是隨意選擇的，它必然

〔註 28〕閆濤，中國英語教師課堂元話語研究〔D〕，上海：上海外國語大學，2010：141。

〔註 29〕Ilie C. Discourse and metadiscourse in parliamentary debates〔J〕. Journal of Language and Politics, 2003（1）: 71～92.

〔註 30〕Ädel A. "Just to give you kind of a map of where we are going": A Taxonomy of Metadiscourse in Spoken and Written Academic English〔J〕. Nordic Journal of English Studies, Special Issue: Metadiscourse, 2010, 9: 69～97.

〔註 31〕Schffrin D. Discourse Markers: Language, Meaning and Context〔A〕. In D Schiffrin & D Tannen（eds.）, Handbook of Discourse and Analysis〔C〕. Malden, Mass: Blackwell, 2000: 54～75.

有知識學習、文化意識培養之目的，通過框架標記語，讀者可以較輕鬆地知曉知識學習的順序、知識學習的內容，也能更好地瞭解編者的目的，完成學習任務。

（三）內指標記語

內指標記，是作者用於指向篇章內其他信息所用的標記語，比如我們常見的 see Figure 1.1，noted above 等，這類元話語標記能夠將附加的概念材料顯性化，使作者篇章意圖的指向性更明確。表 5-2 已經歸納了該類元話語的標準化頻數，為 9.95，占整個引導式元話語的五分之一左右，從具體的統計結果來看，民國英語教科書內指標記語使用最多的為（in）this xx，以及 below/above。一方面是為，劃定注意範圍見〔i〕，另一方面是為減少，因銜接遠距離信息而產生的語言重複，見〔j〕。

〔i〕Looking for vocabulary synonyms and opposites. <End>This</ End> helps the students remember words by families.（<title>BZYYDB</title>）

〔j〕Make sentences with the <End>above</ End> phrases, but do not copy from the book.（<title>XSJYWDB</title>）

以上研究結果與海亮一致，海亮曾對 8 個學科類別的教科書元話語進行分析，結果發現，文科類教科書較少使用內指元話語，而理、工科方向教科書內指元話語則頗有規模，可占總額的 85%〔註 32〕。他在分析中提出，理工科教科書內部有大量表格、公式、圖形等視覺信息，為促成言語信息與視覺信息的轉接，作者必須使用頗多的內指標記語。而文科類教科書多以「自給式」（self-contained）話語風格呈現，不需要通過該類元話語來連接某附加內容。

（四）言據語

從表 5-2 中可以發現，英語教科書很少使用言據語，平均每一本大約只出現 1 次左右，其中使用最多的為「according to」，其次為「quoted to」，出現過 1 次。這一結果與前文的分析相符。基礎階段教科書提供的是非爭議性、普及性的知識，無需通過他人觀點佐證「事實」。同樣，這也體現了教科書編者在與讀者交際時的高度自信，即從「我」口中說出的內容就是「事實」，「你」需要完成的就是「認可」和「執行」「我」說的「事實」。

〔註 32〕（英）Hyland K. Metadiscourse〔M〕，北京：外語教學與研究出版社，2008：167。

伊凡提度〔註 33〕曾對海亮之元話語分類提出質疑，尤其是言據語，他認為言據語首先和增強語、限制語都能反映「作／說者對命題內容的認同程度」，其次，像參與標記語（we／they）有時也能達到言據語（x states）的效果，因此如何區分，是否應該區分這些元話語標記，十分值得商榷。他接著提出了對當前元話語研究相當有影響的元話語篇章兩分法，將元話語分為篇內元話語（intra-textual）、篇際元話語（inter-textual），前者是作者用於指涉當前篇章其他部分的話語，後者是指涉當前篇章以外，作者引用的他人或自己的言論。言據語既可以標記篇內信息，也可以標記篇際信息，表 5-5 是對它的具體分類和解釋。

表 5-5　言據語分類〔註 34〕

篇內言據語	篇際言據語
言據副詞 apparently, supposedly, seemingly, clearly, obviously, evidently	言據插入動詞 I believe, we suggest, I think, I agree, we doubt 主句言據動詞 we estimate that…, I suppose that…, we believe that… 言據副詞 clearly, obviously, evidently

本文認為，伊凡提度這種語義—語用分類其實也存在著邊界模糊的問題，比如這樣一句話：I agree the statements put above，「I agree」在此就不能作為「篇際言據語」。像主句言據動詞這樣的標記語，後面也可能伴隨事實稱述，而缺少「對其他篇章資源的引用」。因此，雖然海亮對元話語與命題信息關係的解釋存在爭議，但是至少，海亮的分類較為清晰，特別是在基於語料庫的研究中，可以有效避免重複標記而帶來的龐大工作量。

（五）語碼注解語

語碼注解語主要用於重述、解釋、闡述已提及過的信息，以達到增加新信息，提示作者真實意圖的目的。相關的詞語有：called，known as，for example 等。以《開明英文讀本》為例，將其導入 AntConc3.5.7，從圖 5-可以看到語碼

〔註 33〕Ifantidou E. The Semantics and Pragmatics of Metadiscourse〔J〕. Journal of Pragmatics, 2005（37）: 1325～1353.

〔註 34〕Ifantidou E. The Semantics and Pragmatics of Metadiscourse〔J〕. Journal of Pragmatics, 2005（37）: 1325～1353.

注解語幾乎都用在解釋語法信息上。不僅例書中如此，通過統計，15 本教科書出現的 400 次語碼注解語，97%與語法相關，其餘為重述話語。「語碼注解語能夠表現作者對讀者知識基礎的預測」〔註 35〕，「是預示重、難點的指示標」〔註 36〕，由此可得，民國英語教科書編者關注的英語學習重點乃語法知識，從所得語料中也可以發現，教科書編寫者在編排語法知識時總是花費大幅篇章，對其詳細解釋，而諸如文化知識的傳授等，則或隱於各練習題、問答題中。當前英語研究領域出現了許多「淡化語法」的聲音〔註 37〕，將語法等同於枯燥瑣碎的練習、記誦，但實際就像林語堂先生在《開明英文讀本》扉頁中談的那樣，並不是語法這一概念為錯，而是教師們教授語法的方式錯了，「語法應該是促成學習者『生長』的動力，語法規則是幫助學習者解答疑惑、解決困難的『公式』，在學習者感受到疑惑和困難之前，任何的語法灌輸都是無意義的」。因此，「淡化語法」不應「淡化語法教學的地位」，相反，語法是一切語言的基礎，沒有語法的語言斷不可組織起來，於教科書而言，「淡化語法」是找到一種最優路徑，提高語法知識的可接受性，使「語法」成為像「公式」一樣可以使用、變化、轉化的工具，而不是機械背誦的規則。

另外，語碼注解語「能夠預清晰地將熟悉語境與陌生語境相聯」〔註 38〕減少學習者的認知負擔。我們把《開明英文讀本》中的「called」相關語境提取出來（見例〔k〕)，第一句有兩個語碼注解語，分別是「that is」和「called」，that is 用於解釋詞源，called 用於解釋詞意。作者首先提出「中國也有許多民間故事（folk-tales）」在這裡，folk-tales 是生詞，通過熟悉的語境「中國」將其引帶出，而後，繼續解釋什麼是 folk-tales，即通過祖輩口耳相傳的，而非紙記的「故事、傳說」，以上句子不含任何生詞。如此一來，就很容易理解 Folk 有民族、人們之意，這個合成詞「folk-tale」的含義也更加清楚。後面兩個例子都是對語法的解釋，前者由「現在分詞」的基本形態（加 ing）引出此詞形代表的時態；後者從例句中，解釋「連詞」的語義功能。

〔註 35〕（英）Hyland K. Metadiscourse〔M〕，北京：外語教學與研究出版社，2008：52。

〔註 36〕Hyland K. 2000. Disciplinary Discourse: Social Interactions in Academic Writing〔M〕. London: Longman, 2000: 117.

〔註 37〕章兼中，章兼中外語教育文庫 外語教育學〔M〕，福建閩教圖書有限公司，2016：268。

〔註 38〕Hyland K. 2000. Disciplinary Discourse: Social Interactions in Academic Writing〔M〕. London: Longman, 2000: 117.

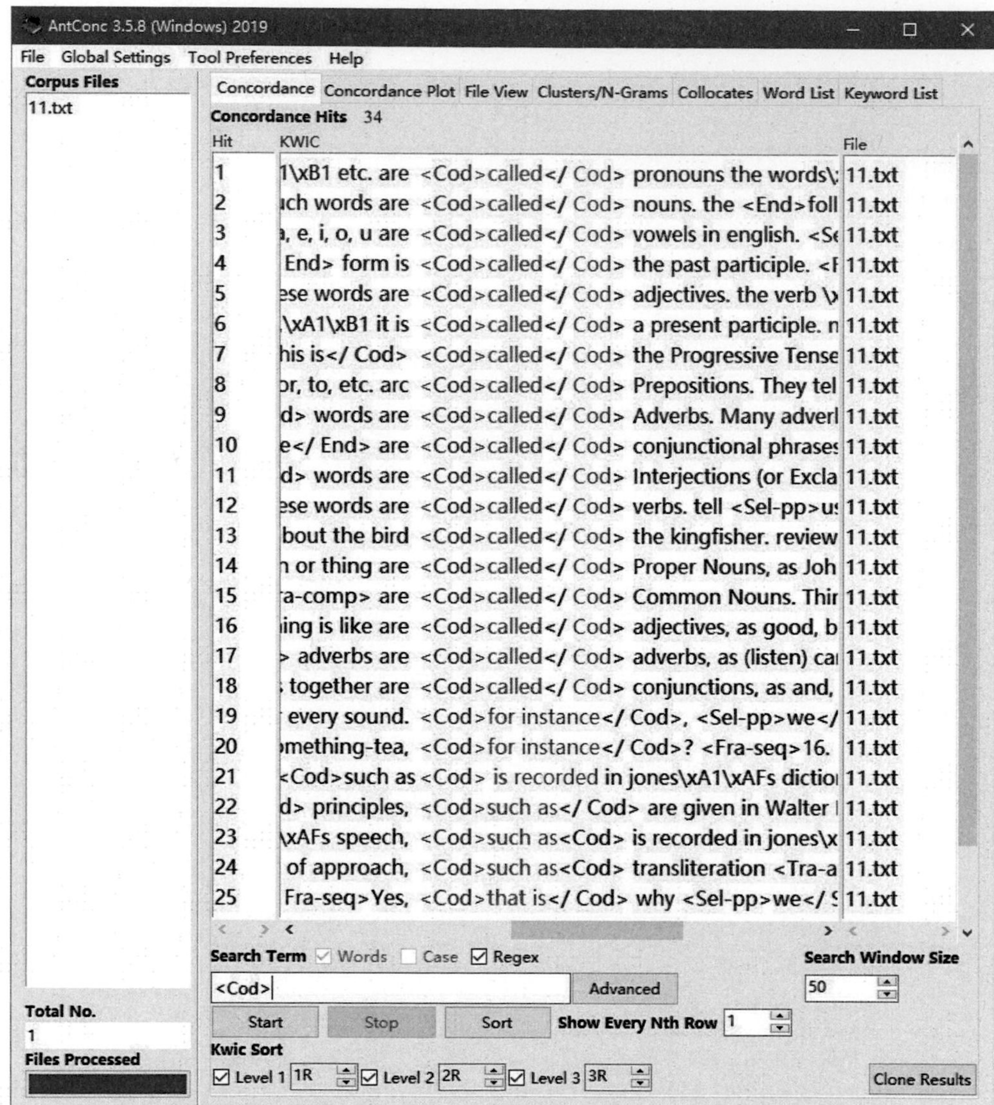

圖 5-1 《開明英文讀本》語碼注解語周邊語境詞

〔k〕We have many folk-tales in China ['tʃainə]. These tales are not written, but are told by grandfathers to their children and their children's children. <Cod>That is</ Cod> why they are <Cod>called</ Cod> folk-tales, or people's tales. Here is an English folk-tale.

With the present participle (always with -ing) to show that a thing is going on and so is not completed yet (p. 69). This is<Cod> called</ Cod> the Progressive Tense.

In the above sentences, the words "and" and "or" are used to join other words or groups of words. They are<Cod> called</ Cod> Conjunctions. Conjunctions join words or phrases or parts of sentences together.

三、互動式元話語形式——功能特徵分析

篇章是人際活動的產物，書面篇章的交際發起人是作者，他們面對的交際對象為想像的、潛在的、非現場的讀者，要達到篇章交際目的，使篇章得到共鳴，作者必須具備較高的「讀者意識」。根據新篇章語言學派的言語行為理論和合作原則，這種「讀者意識」可以理解為作者為適應某一言語社團交際準則，不斷調整語辭，使話語使用力量（語力）在特定語言情境下得到提升的努力。李秀明認為，元話語是話語中最明顯的語力顯示項〔註 39〕，而互動式元話語與交際主體的闖入和評論有關，能夠非常鮮明地揭示出作者對命題的主觀情態，及其在言語社團中的個人定位，以及他／她期望與讀者建立的交際關係〔註 40〕。從統計結果來看，民國英語教科書使用了較多參與標記語，該標記語也是整個語料庫中使用最多的元話語，體現出編寫者在拉近讀者距離，引導讀者交際上的努力。參與標記語主要包括提問、指示、信息接受者提及三個子類。其次，英語教科書很少使用態度標記語，頻次為 2.12，低於自我標記語的出現頻次：5.77。此外，模糊限制語和增強語出現頻次差距較小，分別是 7.02 和 7.68，這一結果和克里斯摩爾〔註 41〕相差較大，她對 k-8 水平教科書元話語分析後，發現增強語是模糊限制語兩倍之多，此情況將在下文詳細討論。

（一）模糊限制語

模糊限制語：「Hedges」這個概念是從拉考夫《模糊語：意義標準與模糊概念邏輯的研究》（A Study in Meaning Criteria and the Logic of Fuzzy Concepts）中援引過來的，意為「從語義上具有增加或減少模糊程度的詞」〔註 42〕。在

〔註 39〕李秀明，漢語元話語標記研究〔M〕，北京：中國社會科學出版社，2011：5～6。

〔註 40〕（英）Hyland K. Metadiscourse〔M〕，北京：外語教學與研究出版社，2008：49。

〔註 41〕Crismore A. Metadiscourse: What is it and How is it Used in School and Non-School Science Texts〔M〕. Urbana-Champaign: University of Illinois, 1983.

〔註 42〕Lakoff G. 1972. Hedges: A Study in Meaning Criteria and the Logic of Fuzzy Concepts〔A〕. In P. Peranteau, J Levi& G Phares（eds）, Papers from the Eighth Regional Meeting, Chicago Linguistics Society〔C〕. Chicago: Chicago Linguistics Society, 1972: 195.

海亮的定義中，模糊限制語能夠「標識作者看待其他觀點的態度，表現其對某一命題的情感抑制，強調觀點的主觀性而非事實性，為與讀者交際、協商提供基礎」〔註 43〕。從表 5-6 中可以發現，模糊限制語使用最多的為可能、頻率標記，兩者之和為模糊限制語的 69%，其次為程度出現頻數為 80，近似為 46，試探為 30，非敘實為 26。

表 5-6　模糊限制語統計結果

元話語子類		頻　數	標準化頻數
<Hed>	<Hed-pro>	245	2.90
	<Hed-fre>	165	1.95
	<Hed-deg>	80	0.95
	<Hed-app>	46	0.55
	<Hed-nonfa>	26	0.30
	<Hed-ten>	30	0.36
	<Hed-deg>	592	7.02

可能包括指向態度或信息疑似性的副詞、形容詞、情態動詞如 perhaps、likely、may、might 等。在所有語料中，情態動詞使用頻率最高，但值得注意的一點是，這些情態動詞很少表現出作者本人對相關信息的「不確定性」，亦或「謹慎性」，更多地是作者通過「協商」的語氣，將個人專家身份位置放低，以為教、學提供更多「可能的」選擇。比如取自《國民英文讀本》前言的一句話：The teacher <Hed-pro>may</ Hed-pro> select among them those which he <Hed-pro>may</ Hed-pro> consider most desirable or most suitable.。可以從中感受到，作者期望書中提供的指導方案或內容僅作為教師教學活動的一種參考，教學的主導權仍在教師手中。又如《英語模範讀本》正文中提示學習者：We <Hed-pro>may</ Hed-pro> some times make a sentence better by using a pronoun in place of a noun.

表頻率的模糊限制語主要由表事件或行為發生概率的頻率副詞／形容詞構成，比如 often、sometimes、general 等。頻率標記在英語教科書中基本用於提示重要知識點，如〔1〕：

〔1〕The subject of a sentence, the object of a verb or the object of a preposition is <Hed-fre>usually</ Hed-fre> a noun.（<title>BZYY</title>）

〔註 43〕（英）Hyland K. Metadiscourse〔M〕，北京：外語教學與研究出版社，2008：52。

Plural nouns are <Hed-fre>generally</ Hed-fre> formed by adding s（<title>WHYWDB</title>）

表程度之模糊限制語主要有三類，如副詞 quite（很）、mostly（多半）、rather（相當），形容詞 relative，詞組 kind of、sort of 等，在本研究中，程度副詞出現頻率遠高於其他兩類。閆濤認為，程度副詞比形容詞和詞組更容易掌握，它不僅可以修飾動詞、形容詞、名詞、副詞，甚至可以修飾句子，因此在模糊限制語中最常使用〔註 44〕。從語義上看，程度模糊限制語可以表示肯定，如 I <Hed-deg>rather</ Hed-deg> hope that with this set of text-book in use, those schools which have been instructed to make experiments to try out the new Syllabus will find an efficient means to their great end.（<title>GMYYDB </title>）；表示否定，比如 in as exercise during a whole semester's time <Hed-deg>hardly </ Hed-deg>exceed one or two hundred（<title>KMYWDB</title>；或表示重點或強調，如 Both the diagonal and vertical forms are correct, but the vertical form is <Hed-deg>mostly </ Hed-deg>used in letters(<title>XDCZYYJKS </title>）。有意思的是，程度模糊限制語一般出現在前言或後序中，正文幾乎不怎麼使用，這在一定程度上表明，教科書作者在與讀者的直接交際中情態主觀性強，而在知識、事實講授方面儘量保持教科書作為專業篇章的客觀性。

近似包括副詞 almost（幾乎）、just（僅僅）、about（大約）、around（大約）等，本文中近似副詞使用最多的為「almost」及「just」，二者並未增加命題信息，也不表現主觀情態，主要用於強調時間或事件的近似程度，比如：The questions following <Hed-app>almost</ Hed-app> every lesson will encourage the use of oral English,（<title>XSJYWDB</title>）；<Hed-app>just</ Hed-app> two lessons may be taken for each week（<title>KMYWDB</title>）。從上例中可以看出，almost 和 just 差別主要在強調程度。英國著名語言學家誇克（Randolph Quirk）曾提出非常有影響力的強化詞量級分類，近似模糊限制語及程度模糊限制語都屬強化詞，其中，程度模糊限制語大多屬折衷詞，近似模糊限制語屬近似詞的多。於近似模糊詞內部來說，almost 量級較高，而 just 量級較低〔註 45〕。

〔註 44〕閆濤，中國英語教師課堂元話語研究〔D〕，上海外國語大學，2011：96。

〔註 45〕Quirk R&Greenbaum G et al. A Comprehensive Grammar of the English Language. London: Longman. 1985: 595.

非敘實這一語言學概念最初由薩丕爾（Sapir）創造，他在對北美原住民語言進行研究的過程中發現，語言中存在著非現實性的情態表達，這種表達常常依靠動詞完成，反映潛在的，抑或與事實相反的非現實性活動。本文考察的詞項主要有：：argue, imply, claim, indicate, …。研究表明，在民國英語教科書中，非敘實模糊限制語使用頻率很低，同一本教材中最多出現 2 個。此結果與前文所敘，教科書作為專業知識的傳遞媒介，須保證話語客觀性之論點相符。

本研究考察的試探標記語主要包括認知類動詞，用以表示作者非確認性的主觀判斷。如：assume、doubt 等；以及連繫動詞，用來表達不準確或明確的信息，比如 seems、appear 等，連繫動詞一般和其連繫的形容詞、名詞、表語連用，構成複合謂語，比如 This book appears to have many difficult words.。總體來看試探類元話語在教科書中屈指可數，即使出現也為連繫動詞，用在課文描述上。

阿德爾曾言：篇章發起者與聽眾／讀者交際的過程，很大程度上發生在彼此創造出的篇章世界內，而不是「真實世界」〔註 46〕。在英語教科書中，作者使用模糊限制語，並不是為了規避主觀不確定可能帶來的風險，而更主要的是降低編者的「專家姿態」，構建一個可開放的，可選擇的篇章世界。

（二）增強語

增強語是作者為關閉選擇、避免爭議、阻止其他觀點、表現權威，對論點進行強化的元標記話語〔註 47〕。增強語與模糊限制語的語義範圍完全相反，但都可表徵作者對命題、讀者的潛在認識，以及他們在言語社團中所擬定的身份。海亮認為，將增強語與模糊限制語的使用比率對比考量，能夠有效瞭解作者對可能性的接受程度，以及對文本的承諾、和對讀者的尊重程度〔註 48〕。本文根據海亮的定義，對增強語進行了內部劃分，共得四個子類：確定、試探、敘實、頻率。其中確定增強語頻數最高為 371，其次為頻率和敘實，試探類增強語仍處於較低水平，為 58 次。具體統計結果可見表 5-7。

〔註 46〕 Ädel A. "Just to give you kind of a map of where we are going": A Taxonomy of Metadiscourse in Spoken and Written Academic English〔J〕. Nordic Journal of English Studies, Special Issue: Metadiscourse, 2010, 9: 69～97.

〔註 47〕（英）Hyland K. Metadiscourse〔M〕，北京：外語教學與研究出版社，2008：52～52。

〔註 48〕（英）Hyland K. Metadiscourse〔M〕，北京：外語教學與研究出版社，2008：53。

表 5-7　增強語統計結果

元話語子類		頻　數	標準化頻數
<Boo>	<Boo-cer>	371	4.40
	<Boo-ten>	58	0.68
	<Boo-fac>	115	1.37
	<Boo-fre>	104	1.23
	合　計	648	7.68

確定用於表明作者對命題真值／假值的肯定，以及增強個人觀點的可信度。有副詞，如 clearly、obviously、certainly；形容詞 clear、true 等；以及詞組，如 of course、without doubt；詞類搭配：very+形容詞等。帕爾默（Palmer）提出，增強語的出現很有可能，是因為作者認為其論述即將受到挑戰和質疑〔註 49〕。在本文中，確定並不為「拒絕質疑」或「關閉對話」，而更多地傾向於重申或強調事實，當然，在作者貌似描述重點的語態下，能夠感受到其對英語教學應然的強烈自信。如：If a student can pronounce “kuld”, <Boo-cer>surely</ Boo-cer> he can pronounce “kud”.（<title>BZYYDB</title>）。例句是作者提出聽力訓練應該在口語訓練之前，而聽力訓練的最主要方法就是盡可能地為學習者創造豐富的聽力環境，從由繁到易，而不是從易到繁的步驟進行。

試探不僅在模糊限制語中使用很少，在增強語中使用亦不多，意在表達主觀確定的信息，常見標記語為：believe、find、know、think。其中使用頻率較多的為 believe、know、find，believe 常跟隨第一人稱代詞；know 常跟隨第二人稱代詞，如果緊跟第一人稱，則變時態為完成時；find 常跟隨第二人稱代詞，若跟第一人稱，則變時態為將來時。第一人稱代詞加試探模糊限制語時，表示一個客觀事實，而第二人稱加試探語，提醒學習進程，見例〔m〕。

〔m〕We <Boo-ten>believe </ Boo-ten> that the exercises will be found helpful to the Chinese students.（<title>XSJYWDB</title>）

You already <Boo-ten>know / <Boo-ten> a great many (=very many) things about sentences. You <Boo-ten>know </ Boo-ten> that some sentences are long and other sentences are short.（<title>YYMFDB</title>）

〔註 49〕Palmer FR. Mood and Modality. New York: Cambridge University Press, 1986: 103.

敘實與前文中非敘實元話語形成鮮明對比，敘實所包含的語義內容為聲明預期結果的確定性，典型詞項為 show、establish 等。敘實和言據語雖然都可能承接一個他人觀點，但它們的功能存在區別，敘實涉及作者對命題的闖入，而言據語主要用於支持觀點，主觀性不強。民國英語教科書中，敘實元話語的使用很不平均，有的教科書，如《初級中學英語》、《標準英語讀本》基本沒有敘實標記語；而《現代初中教科書》、《文化英文讀本》則集中了語料三分之一的敘實語。通過對《標準英語讀本》和《現代初中教科書》進行比對，筆者發現，敘實類增強語與作者的用詞習慣關係較大。像《現代初中教科書》與《英語模範讀本》皆出自周越然之手，其非常喜歡用 show 來表明確定事實。而《標準英語讀本》之作者林漢達則偏好用頻率類增強語稱述觀點。

頻率元話語，即通過使用量級高的強化詞來增強作者話語的可信度，比如我們常見的副詞：always、never，詞組 no more than、very common 等。這類詞常與動詞搭配在一起，並使動詞得以強化，最終達到強調信心／信念／事實的作用。如例〔b〕the adjective <Boo-fre>always</ Boo-fre> goes with its noun and adds meaning to it.。

增強語可以突出作者／說者對命題的態度，將學習者的注意力拉回到事實信息和知識中，這種由增強語帶來的「靜默」，能夠為英語學習提供一種「肅靜」的氛圍。在關於教科書的研究中，增強語出現頻數一般遠高於模糊限制語〔註 50〕〔註 51〕，這是因為，教科書作為專業篇章，不允許編寫者過多地放置個人情感。在本研究中，模糊限制語並未像預期的那樣與增強語相差懸殊，筆者認為這與漢語修辭方式不無關係。在韓禮德的系統功能語法中，情態是人際功能的重要組成部分，廣義的情態，由情態和意態組成；狹義的情態主要指在斷言和否定之間存在的意義可能性，包括：不同量值的概率以及不同量值的頻率，前者相對於「或者是，或者不是」，即「可能是，可能不是」；後者相當於「既是，又不是」，即「有時是，有時不是」〔註 52〕。模糊限制語大抵可以落在狹義的情態範疇，是一種建構建議性、可能性的元話語標記。中

〔註 50〕（英）Hyland K. Metadiscourse〔M〕，北京：外語教學與研究出版社，2008：162。

〔註 51〕Crismore A. Metadiscourse: What is it and How is it Used in School and Non-School Science Texts〔M〕. Urbana-Champaign: University of Illinois, 1983: 86.

〔註 52〕胡壯麟等，系統功能語法概論〔M〕，長沙：湖南教育出版社，1989：120。

國人在表達情態時強調一種克制，一種中庸、迂迴之道，偏愛使用模糊語，意在創造一種禮貌、協商的篇章氛圍〔註53〕〔註54〕。因此，就像前文分析的，模糊限制語並不一定表現作者的不確定和風險規避，而是在主觀情態上表達一種開放交際的態度。

（三）態度標記語

態度標記語即表現作者對命題的態度，其與前文所分析的模糊限制語及增強語不同，雖然後者也在一定程度上涉及了作者的某種「看法」，但是注意，態度標記語產生的「看法」或說「態度」與情感有關，而模糊限制語、增強語與認知相關。因而，態度標記語不涉及評價信息的狀態、相關性、可靠性、真實性，而傳遞驚訝、贊同、重要性、責任、沮喪等情感。最為顯著的態度語標記包括態度動詞，比如 agree、prefer；句子副詞比如 unfortunately、hopefully；形容詞 appropriate、logical、remarkable〔註55〕。本研究根據海亮定義在態度標記語內部劃分了兩個子類，分別是情感、評價。情感是對本人感受的強調，包括態度動詞；和表達個人情感的形容詞，比如 happy、surprising 等；副詞如 fortunately。評價顯示發話者對某一客觀事物的主觀評價，包括形容詞如 important、significant；副詞：importantly 等。兩類元話語統計結果可見表 5-8。

表 5-8　態度標記語統計結果

元話語子類		頻　數	標準化頻數
<Att>	<Att-emo>	31	0.36
	<Att-eva>	149	1.76
	合　計	179	2.12

從上表中可以很清晰地看到，民國英語教科書偏向使用評價類元話語，而非情感類元話語，這與教科書專業篇章的屬性相符合。作者在使用態度類元話語時，總是避免將此主觀認識與本人掛鉤，因此，在語料的質性分析中可以發現，態度類元話語很少和代詞連用，即使使用，也是選擇第一人稱中的「我們」（we），而非「我」（I）。這樣一來，作者的主觀強勢被削弱，句義也顯得更加客觀和可接受。比如下面幾個例子：

〔註53〕吳振國，漢語模糊語義研究〔M〕，武漢：華中師範大學出版社，2003：80。
〔註54〕李秀明，漢語元話語標記研究〔M〕，北京：中國社會科學出版社，2011：140。
〔註55〕（英）Hyland K. Metadiscourse〔M〕，北京：外語教學與研究出版社，2008：53。

〔n〕The most <Att-eva>important </ Att-eva>word in the subject is the noun or the pronoun, and the most<Att-eva>important</ Att-eva> word in the predicate is the verb（<title>YYMFDB</title>）

The reading matter of the present volume consists of selections of <Att-eva>interesting</ Att-eva> stories, conversations of practical value, and topics pertaining to school life.（<title>GDJKSCZYY</title>）

Prof. T. H. Cheng of the University of Chekiang who have carefully read the manuscript and offered many <Att-eva>valuable</ Att-eva> suggestions and <Att-eva>important</ Att-eva> corrections, which make the book approach perfection <Att-eva>logically</Att-eva> and <Att-eva>pedagogically </Att-eva>.（<title>GMYYDB</title>）

… and drill students upon them one by one as they proceed with the lessons, <Att-eva>preferably</ Att-eva> by means of contrast and comparison.（<title>KMYWDB</title>）

以上四個句子都未出現明顯的自我標記，但其實都顯示出作者強烈的主觀認同或評價，只是這些感觀被掩蓋在事實描述的表面之下。句 1 並非對主語、謂語詞類的客觀描述，而是作者對此的認識，此認識是否可推敲暫且不表，但其表現出作者對於名詞作主語和動詞作謂語這一客觀事實的主觀肯定和強調。句 2 也並非對該教科書的客觀介紹，夾帶著作者對此書的正向評價。句 3 的四個態度元標記，前二者是對 Prof. T. H. Cheng 建議的正向評價，後兩個正好與前者實現了篇內聯繫，進一步說明本書是「有邏輯性」和「教育性」的。句 4 是對教師教學的建議，通過「preferably」，作者即限定了前面訓練學生的「最佳路徑」是：對比和比較。其實，從以上例句中也不難看出，態度類元話語一般出現在前言中，特別是情感標記語，在整個語料的正文部分僅出現 2 次。正文中的態度元話語一般用來強調某重要知識點。

（四）自我標記語

海亮認為，自我標記語是所有元話語中最能凸顯作者存在的言語手段。通過分析自我標記元話語，能夠瞭解作者在交際和其所在言語社團中的立場及身份〔註 56〕。其實，無論是口頭還是書面交際，總會涉及到交際發起者的

〔註 56〕（英）Hyland K. Metadiscourse〔M〕，北京：外語教學與研究出版社，2008：53。

個人信息，這些個人信息總是通過自我標記語呈現，比如人稱代詞 I、me、mine、myself，we、our、ours、ourselves 等等。在書面篇章中，作者還會使用作第三人稱的名詞：the author、the writer 來指涉自己。本研究的統計項目包括第一人稱代詞、物主代詞、反身代詞，以及表示作者本人的名詞，統計結果如表 5-9 所示。可以發現，教科書編者使用最多的自我標記語為第一人稱，其中使用最多的為 we，I 在所有語料中僅出現 3 次，且都位於前言部分。物主代詞僅出現 our，其餘未顯示。標示自我的元話語主要為 author，在 24 頻數中占 19 次，其餘為 writer。整個語料庫中並未出現反身代詞的使用。

表 5-9　自我標記語統計結果

元話語子類		頻　數	標準化頻數
<Sel>	<Sel-pp>	390	4.63
	<Sel-ppd>	72	0.85
	<Sel-prp>	0	0.00
	<Sel-nou>	24	0.29
	合　計	486	5.77

總體來看，民國英語教科書避免使用第一人稱單數，即使要標示自己，也是使用間接表達，如「the author」。韓禮德曾提出情態隱喻這一概念，認為情態的基礎是投射的語義關係，比如 I hope this book can provide you a broader view of English〈title〉GHGMYWDB〈/ title〉.中，I hope 不是在整個句子中被編碼為情態成分，而是編碼為一個獨立的投射小句，這種做法主要為突出小句命題的客觀性或主觀性。比如例句中使用 I hope 表現了對命題的主觀認識，這樣一來，作者就成為了整個命題的全權責任人，即無論讀者對小句命題持反對態度還是支持態度其支持或反對的不與客觀事實相關，而與作者本人相關。在教科書中，作者總是避免使用 I 這樣表示個體責任的主語，正是為了使自己的觀點喬裝起來，「讓它看上去根本不像我們自己的觀點」〔註 57〕。另外，這也與中國傳統的修辭習慣相關，霍夫施泰德（Hofstede Geert）曾提出著名的教育文化分析緯度，從權勢距離、個人／集體主義社會、男性／女性氣質、需求延遲、不確定性規避幾個要點來分析不同文化背景下的課堂教

〔註 57〕（英）Halliday M A K，功能語法導論〔M〕，北京：外語教學與研究出版社，2010：416。

學區別〔註 58〕。從個人／集體主義社會這一緯度來看，中國屬於典型的「集體主義社會」〔註 59〕，其表現特徵是「集體為先，個人需求服務於集體要求，個人與集體之間為密不可分的利益共同體，個人行為受集體及更大社會責任的規約」〔註 60〕。因此，我們在表達、思考事物（尤其是書面表達）的時候，總是傾向於使用「我們」這種集體意味濃厚的詞，而不直言「我」，如此這般可以開放交際，維護人際關係的和諧〔註 61〕。

阿德爾在其元話語經典著作《第一語言及第二語言中的元話語：語料庫語言學的視角》（Metadiscourse in L1 and L2 English Studies in Corpus Linguistics）中詳細對第一人稱單數 I 和第一人稱複數 we 的元話語作用進行解釋。首先 I 在指稱作者時意義明確，其後面跟隨的動詞，常常預示作者在「篇章內部」的言語行為。We 相對 I 來說更加含糊和複雜，除了指涉作者本人，we 中還包含其他交際參與者：可能是篇章情境中出現的某一對象，也可能是「篇章外部」的讀者。前者為增加篇章信息，使篇章意義完整；後者與作者的主觀情態相關，能夠「強調合作，……顯示作者期望與讀者建立關係的意願」〔註 62〕。誇克認為，在篇章中，作者使用第一人稱複數，而非單數 I 來指代個體，是為了避免自我本位的傲慢之感〔註 63〕。此外，使用 we 也是一種特殊的修辭技巧，特別是在書面語中，交際雙方距離較大，作者只能擬定一個可能的交際對象，而這個交際對象，按照克拉克和伊萬尼奇（Clark &Ivanic）的理解「不僅做好了全部的交際準備，而且與作者／說者的交際目標高度一致」〔註 64〕。因此，我們在書面篇章中常看到「as we all know」這句話，它可能並不提示作者的交際意願，而只是希望交際能夠順利進行下去。與此同時，參與真實交際的讀者在看

〔註 58〕Hofstede G . Cultural differences in teaching and learning.〔J〕. International Journal of Intercultural Relations, 1986, 10（3）: 301～320.

〔註 59〕Manelis L , Meyer B J F . The Organization of Prose and Its Effects on Memory〔J〕. American Journal of Psychology, 1978, 91（1）: 146.

〔註 60〕Hofstede G . Cultural differences in teaching and learning.〔J〕. International Journal of Intercultural Relations, 1986, 10（3）: 301～320.

〔註 61〕李玉，英漢學術期刊中應用語言學書評比較研究：語類與元話語〔D〕，2018：189。

〔註 62〕Ädel A. 2006. Metadiscourse in L1 and L2 English〔M〕. Amsterdam: NLD, John Benjamins Publishing Company, 2006: 31.

〔註 63〕Quirk R& Greenbaum G et al. A Comprehensive Grammar of the English Language. London: Longman. 1985: 350.

〔註 64〕Clark R& Ivanic R. The Politics of Writing. London and New York: Routledge, 1997: 165.

到以上例句的時候，很容易自我捲入，將後接的命題作為事實，如此作者的修辭目的便達到了。縱觀本語料庫中「we」的使用，可以發現：第一，we 指代的交際者除自身以外還包括阿德爾所說的兩種，一是篇章情境中出現的某一對象，一般在例句解析中呈現。第二種是指代「讀者」，主要目的是引導讀者捲入，呈現重要命題。還有一種是指代「篇章外部」的言語社團，該社團為具有成熟言語經驗及水平的人員構成。以下取自《英語模範讀本》的兩段話，可作為例證。句 1 中，第一個自我標記語指代作者和學習者，第二個則指代作者和具有一定水平的英語言語社團成員。句 2 發生在作者解說被動語態的情境下，自我標記語代表語言情境中的「我們」。

〔n〕<Sel-pp>We</ Sel-pp> have learned（§91, Lesson XXIII）, that in the perfect tenses <Sel-pp>we</ Sel-pp> use have or had with a form of the verb known as the past participle ; as, I have SEEN him, You had TAUGHT them.

<Sel-pp>we</ Sel-pp> shall be VISITED by them.（<title>YYMFDB </title>）

（五）參與標記語

參與標記語與自我標記語一樣，是一種顯性的元話語手段。作者可以通過代詞，如 you、your 直接提及信息接受者，也可以通過提問、祈使句、指示詞、情態動詞等指導學習者的學習進程，邀請學習者介入語境。參與標記語常常和其他元話語一同使用，根據其使用的元話語功能，參與標記語可表現出不同的語義效用。比如和模糊限制語一起搭配，可表現作者情感的開放性，和增強語一起使用，則可增強作者的修辭行為。本文將參與標記語分為三個子類，分別是提問，如以 wh-引導的提問、是非提問、附加提問句等；指令，包括祈使句，比如以 let 引導的句子；信息接受者提及，包括第二人稱代詞。總的統計結果如表 5-10 所示。

表 5-10　參與標記語統計結果

元話語子類		頻　數	標準化頻數
<Eng>	<Eng-que>	1286	15.25
	<Eng-dir>	398	4.72
	<Eng-aom>	997	11.82
	合　計	2682	31.79

如表 5-10 所示，參與標記語在整個英語教科書元話語中所佔的比率最高，其中，提問為 15.25，信息接受者的提及為 11.82，指示類元話語雖在此比例最低，但從整個語料的統計結果來看，仍排在前列。此結果首先與教科書本身的編排有深刻關係，筆者選取的教科書都為基礎教育階段通識類教科書，適用於當時初中，中低級水平學生，而此時段的學習者並不具備完全的獨立學習能力，需要明確的學習指導。因此，為方便學習者訓練閱讀理解、語法推用、詞彙記誦等能力，書冊內基本配有練習題。這些練習題大都以 wh-問句的形式呈現，構成了參與標記語的主要部分。另外，文中對讀者的提及也有很大部分是在這些練習題中出現，以為提示練習題使用對象，增加篇章的交際感。最後，指示類參與標記語使用最多的為 let、must 以及 should，三者在文中的功能都不同。結合對它們搭配語境的量化統計（見圖 5-2）及具體的語義分析，可得出本語料 let 邏輯主語一般為教師，引導具有指令意味的祈使句。Must 多伴隨學習者，為增強型參與標記，表現作者對命題的絕對肯定；should 主語為教師也可為學習者，語氣較 must 更弱，是對教、學行為應然的強調。

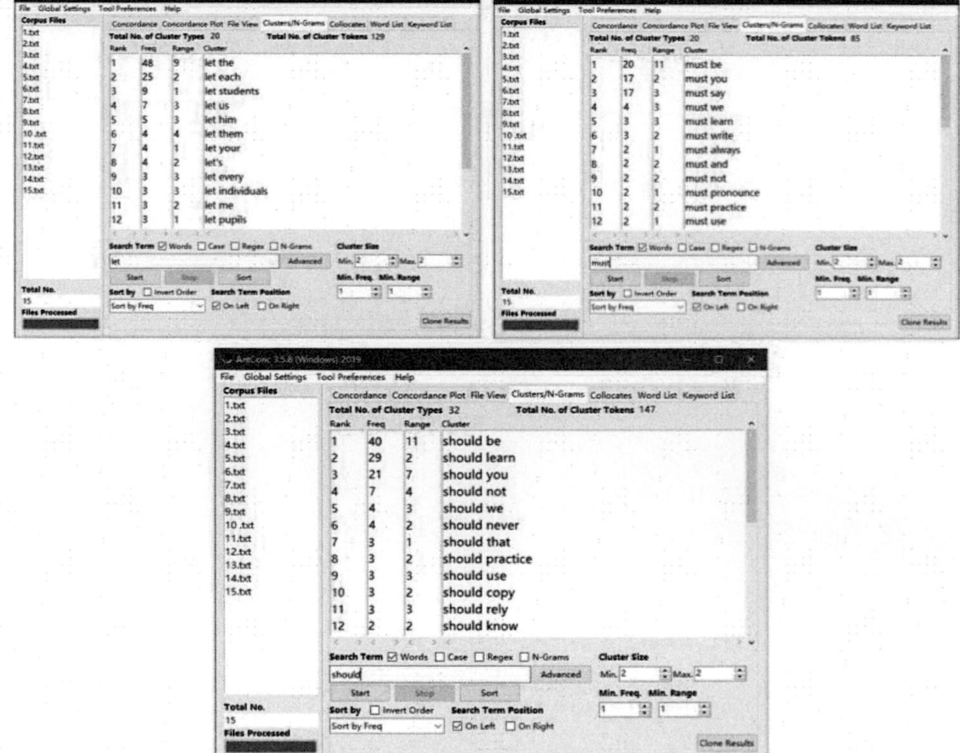

圖 5-2　AntConc3.5.8 對 let、must、should 搭配語境的統計

四、本章小節

元話語是一種社會行為，對情境高度依賴〔註 65〕，這不僅表現在不同類型篇章元話語具備不同特徵，而且表現在不同社會文化背景作者使用元話語具有不同傾向。本研究中，民國時期英語教科書難度保持在一個相對穩定的水平，其中《開明英文讀本》難度最高，但正如前文所提及的，該教科書乃民國中期以來最受歡迎之教科書，因此，教科書難度並不一定影響其接受度，關鍵是其內部的編排方式是否合理。另外，民國時期英語教科書元話語的整體分布具有一定共性，無論所選教科書元話語數量幾何，其使用最多的元話語基本都為：過渡語、框架標記語、內指標記語、參與標記語；使用最少的總是：言據語、態度標記語。最後，結合元話語具體的語義特點，我們可以總結出民國英語教科書的一些編寫規律：

第一，民國英語教科書編寫者注重對知識點的講授。從上文的分析中不難看出，民國教科書包括了大量用於銜接、遞進知識點的過渡語、語碼注解語等元話語標記，若不是為了解釋某些「事實觀點」，是不可能用到如此多的相關標記的。之所以如此，是因為，當時市面缺乏可與教科書同時使用的配套講義、講練冊，師生大都共用同一本教材，編者們為了使知識點，尤其是句法知識點能清晰地呈現出來，方便師生教、學，總是花費大量篇幅對此進行解釋。另外，語法總是教學的重點內容，即使部分教材（如《國民英文讀本》、《英語模範讀本》、《開明英文讀本》）明確其「聽、說領先」的編制理念，但在實際編排的時候，仍對語法格外關照。正如林語堂對語法公式性的定義，如若完全拋棄語法，是很難真正掌握一門英語的。因此，教科書編者除了對語言知識點進行介紹外，還利用自我標記語、模糊限制語告知語法的用法。

第二，民國英語教科書編寫者傾向表現教科書的內容事實性。在前文的分析中，已講明英語教科書中較少使用表引述他人觀點的「言據語」，以及表徵個人喜惡的情感類態度標記語，和表明事實不確定性的非敘實或試探類標記語。以上可以說明，民國英語教科書在整體上維持了教科書「專業篇章」的特點，即使需要開放交際和表達觀點之時，也是選擇將「自我」隱蔽，如用「we」或「the author」、「the writer」來代替「我」，用言據語來加強知識的客觀性等等。在使用可表主觀情態的模糊限制語時，注意將其與本人撇清，比

〔註 65〕（英）Hyland K. Metadiscourse〔M〕，北京：外語教學與研究出版社，2008：87。

如使用情態動詞時，或用代表言語社團的「we」作主語，表現後接命題的事實性，或者將其意義定為「允許」，增加正式感；使用程度副詞時，盡可能讓其出現在前言或後序中，避免在正文知識講解時使用。

第三，民國英語教科書編寫者在與讀者交際時傾向於「以讀者為中心」。跨文化交際學大師愛德華·霍爾（Edward T. Hall）曾將語境分為「高語境」及「低語境」，前者「不是處於物質語境中，就是內化於個體中，很少進入編碼清晰的信息傳遞中」，後者「大都依靠清晰的編碼，因此需要更多的言語解釋」〔註 66〕。李秀明在分析漢語元話語標記時歸納道：在高語境中，表達往往為作者中心，作者根據自身的知識背景和語言能力來建構話語，無需過多開放作者-讀者之間的交際。而在低語境中，表達常以讀者為中心，即作者時刻考慮讀者知識背景和能力，為使自己的話語能被讀者接受，儘量鼓勵讀者參與交際。〔註 67〕我們在對語料進行分析的過程中發現，教科書編寫者為了創造協商的交際氛圍常使用模糊限制語，和大量參與式標記語；為了使學習者更容易加入交際，不斷對知識點進行解釋和說明，以減少學習者認知上的負擔；即使是使用增強語也注意所選詞彙的量級，避免過於武斷的表述，僅僅在表現指令的時候，才會使用像 must 這樣的元話語標記。因此，總的來說，民國時期教科書編寫者為了適宜初級英語學習者的英語水平，最大程度地提供了一個「以讀者為中心」的低語境氛圍。

綜上所述，民國英語教科書元話語具有一些區別於其他篇章類型的共性。但是，元話語意義的最終實現還是由篇章和篇章外部的語境要素決定的。這也就是為什麼，儘管所有的英語教科書都使用同樣的元話語策略，但是取得的效果卻如此不同。本文將選取語料中難度最高，但是影響卻最大的三本英語教科書：《英語模範讀本》、《開明英文讀本》、《標準英語》作為案例研究對象，以期從更大的語境視角，解讀元話語的組織方式和排演規律。

〔註 66〕劉榮，廖思湄，跨文化交際〔M〕，重慶：重慶大學出版社，2015：37。

〔註 67〕李秀明，漢語元話語標記研究〔M〕，北京：中國社會科學出版社，2011：197。

第六章　民國英語教科書元話語情景語境要素分析

前文已知「語境」一詞由馬林諾夫斯基最早提出，當時，他在南太平洋進行學術考察，發現當地的土著語如果不考慮這句話發生的語境，則很難翻譯為英文。根據這一現象，馬林諾夫斯基提出「context of situation」這一術語，來代表語境。馬氏的觀點被英國語言學家費斯引渡過去，他在《社會中的個性和語言》（Personality and Language in Society）中詳細解釋了語境的意義，認為語境不僅僅包括上下文，而且包括語言所涉指的社會環境，並把語境定義為「context」〔註1〕。韓禮德在其純理功能理論的基礎上提出，語境由語場、語旨、語式三個變量組成，其中，某一變量的改變都會催生出新的交際意義，之後，他進一步擴大語境內涵，指出語境由文化語境（文化背景、文化交際主體、文化觀念）、互文語境（篇章內部之間、篇章與其他篇章之間形成的語境）、篇內語境（上下文）構成〔註2〕〔註3〕〔註4〕。之後的費詩曼（Fishman）把語境定義為受共同行為規則制約的社會情境，即「是誰何時何地，對誰說

〔註1〕Firth J R. Personality and Language in Society〔J〕. Sociological Review, 1950, a42 （1）: 16.

〔註2〕Halliday M A K& R Hasan. Cohesion in English〔M〕. London: Longman, 1976: 47.

〔註3〕張德祿，苗興偉，李學寧，功能語言學與外語教學〔M〕，北京：外語教學與研究出版社，2005：134～141。

〔註4〕周志培，陳運香，文化學與翻譯〔M〕，上海：華東理工大學出版社，2013：63。

了什麼」〔註 5〕。海姆斯則從社會語言學的視角，將語境理解為「由話語形式、內容（form and context of text）；背景（setting）；交際者（participants）；意圖（needs）；媒介（medium）；語類（genre）；交際規範（interactional norms）組成」〔註 6〕。范迪克從認知方面，發展並批判了傳統語境理論，認為語境並不是客觀存在物而是與主觀世界相關的心智模式〔註 7〕，他提出了篇章宏觀結構和超結構理論，為言語生成、連貫、理解提供了一個完整的解釋框架。中國語境研究專家周明強總結了前人的語境研究成果，將語境定義為三類：著眼於語言的語境，即上下文；其次是著眼於交際的語境，即語境是「時間、地點、場合、對象等客觀因素和使用語言的人、身份、思想、性格、職業、修養、處境、心情等主觀因素所構成的使用語言的環境」；第三種著眼於語言和交際的語境，即結合前兩種語境認識，將篇章上下文、交際者所處社會文化環境等皆考慮進去〔註 8〕。從以上論述可以發現，語境研究的內容是包羅萬象、十分龐雜的，連韓禮德自己也曾建議篇章分析不必涉及太多的社會意義系統，「因為會牽扯到諸多複雜的文化因素，是人力不可及的」〔註 9〕。綜合以上認識，本文使用韓禮德對語境的分類，把元語的情景語境分為：篇內語境、互文語境、文化語境，並將其縮小至元話語分析層面，即不考慮「意識形態」、「價值取向」等宏觀議題。具體來說，篇內語境，即承載元話語這一言語符號的篇章內部語言結構；互文語境，即篇章內部各個部分，篇章整體與其他篇章之間的交涉關係；文化語境，即英語教科書中呈現的交際主體角色定位，英語教科書體現出的文化觀念，以及教科書所有的修辭文化背景。

一、篇內語境分析

篇章是元話語存在的客觀物質基礎，根據前文范迪克的宏觀篇章理論，篇章的組織排列就是人們世界知識作為常規確定下來的一定的排列、分類等

〔註 5〕（日）西殑光正，語境研究論文集〔M〕，北京：北京語言學院出版社，1992：8。

〔註 6〕Halliday M A K& R Hasan. Cohesion in English〔M〕. London: Longman, 1976: 21.

〔註 7〕Van Dijk T A. Discourse and Context: A Sociocognitive Approach〔M〕. Cambridge: Cambridge University Press, 2008: 56.

〔註 8〕周明強，現代漢語實用語境學〔M〕，杭州：浙江大學出版社，2005：4。

〔註 9〕Halliday M A K. An Introduction to Functional Grammar〔M〕. London: Edward Arnold, 1994: xvi.

組織形式，是人記憶中的語義組成部分，代表了認知思維的組織形式，表現了人記憶中的語義概念結構〔註 10〕。篇章由一系列微觀命題組成，微觀命題不斷黏合，最終呈現出篇章意義上的宏觀命題。元話語在此，就是作為命題之間的黏合劑，其在篇章主旨的引領下，使用適當修辭手段，達成篇章的篇章意義和交際意義。換句話說，作者如何引導讀者，使用何種方式提醒讀者交際，首先由作者的認知框架，也就是篇章的宏觀結構決定。在英語教科書中，作者使用大量過渡語和參與標記語，即是受篇章總體意義影響。其次，元話語的選擇與其所在篇章超結構密切相關，超結構是相對於宏觀結構而言的形式結構，能夠揭示篇章各組成部分對於篇章整體的作用。本節將對篇章宏觀結構和超結構進行分析，以梳理出民國英語教科書篇內語境。

（一）篇章宏觀結構

「人對信息的總結概括的實際過程，就是從記憶信息中挑選出具有較高結構價值的信息，這些信息很可能是宏觀命題（macro proposition）。如果一個語篇（篇章）無法加以總結概括，就說明該語篇（篇章）缺乏宏觀結構，因此也就無法構成一個整體的語篇（篇章）意義〔註 11〕。」因此，探討教科書的篇章意義，首先從其篇章結構入手。本段將根據范迪克的篇章理論，集中對英語教科書宏觀結構進行描繪，並以此進一步分析元話語與篇章宏觀結構之間的關係。

1. 語義轉換規則

根據篇章宏觀理論，宏觀篇章結構由微觀結構層級生成，最底層的微觀結構為主謂結構的小句，這些小句本身內部存在著相互關聯的語義關係，如因果關係（見第五章例〔c〕）、並列關係（見第五章例〔a〕）、逆反關係（見第五章例〔b〕）、包含與被包含關係（見第五章例〔c〕）〔註 12〕。小句與小句之間又表現出線性的語義關係，如第五章例〔d〕，兩個分隔的句子之間表現出學習任務完成的先後順序。但是，如果仍停留在微觀層面，小句之間的關係將只能呈現「單線狀」無法鋪排出整體的篇章命題意義。這就需要啟用宏觀規則，宏觀規則也稱語義轉換規則（semantische transformation），即將平鋪的

〔註 10〕胡曙中，英語語篇語言學研究〔M〕，上海：上海教育出版社，2005：158。

〔註 11〕胡曙中，英語語篇語言學研究〔M〕，上海：上海教育出版社，2005：200：162。

〔註 12〕鄭貴友，漢語篇章語言學〔M〕，北京：外文出版社，2002：208～212。

單句命題通過某種轉化，使其不斷重組、合併，最終成為更高層次的語義單位。見圖 3-1（第三章理論基礎梳理部分），每一個更高層命題之間標示的實線，即代表了語義轉換規則。范迪克總結了四類轉換規則，分別是：刪除規則、選擇規則、概括規則、組編規則〔註 13〕。

刪除規則可以表示為：*fx& gx→fx*，其中，*gx* 是小句中次要的信息內容，不為 *fx* 之蘊涵前提，不具備解釋性質，在宏觀命題描繪中可以刪除，刪除的話語不影響理解，也不可還原。選擇規則屬於變相的刪除，表示公式為：〈*fx& gx& hx*〉→*gx*，條件：*gx*□→〈 *fx& gx& hx* 〉，意思是，在一組命題中，可以根據我們的框架知識，去掉句中表示最一般、最普通、最正常的信息單元，最終保留的信息單元能夠包含和解釋其他命題，雖然其他命題被刪除，但是由於幾個命題之間的認知關係，可以通過推理的方式還原（inductively recoverable）。概括規則的表達式為〈*fx& gx*〉→*hx*，條件：〈*fx→hx*〉&〈*gx*□→*hx*〉，此規則通過上、下義關係，將多個信息單元概括為新的信息單元，即將 *fx*、*gx* 概括為 *hx*，其中 *hx* 能夠覆蓋原信息：*fx* 和 *gx* 的語義表達，由於新信息將覆蓋舊信息，進行語義轉換之後，原信息將被永久刪除。組編規則，也稱組構規則，表達式為：〈*fx& gx*〉→*hx*，條件：*hx*□→〈*fx& gx*〉，組編也是將新的命題信息覆蓋原信息，與概括不同，後者之間命題的關係為上下義關係，前者原命題組合後之後才能與新命題意義等同。基於以上語義轉換規則，本研究從研究語料中選取三本典型教科書進行宏觀命題推演，以分析宏觀篇章結構對元話語呈現的影響。三本教科書分別為民國初期、中期、後期最具影響力的教材，其基本情況及元話語特徵歸納如表 6-1 所示。

表 6-1　篇章宏觀結構分析語料說明

語料	基本情況	元話語特徵			
		元話語類型		頻 數	平均頻數〔註 14〕
《英語模	最初發行時間為 1918 年，由中國著名藏書家、翻譯家周越然編制，為教育部審定通	引導式	過渡語	344	174.5
			框架標記語	66	64.9
			內指標記語	109	56

〔註 13〕 Van Dijk T A. Text and Context: Explorations in the Semantics and Pragmatics of Discourse〔M〕. New York: Longman, 1977: 143～149.

〔註 14〕 平均頻數為整個語料庫中該元話語類型出現的平均頻數。

範讀本》	過的初級中學用書。《英語模範讀本》在出版的兩個月之內便被銷售一空，而後不得不一再加印，在餘後的 20 年裏其影響力絲毫不減，總發行量累超 100 萬冊。		言據語	2	1
			語碼注解語	88	26.6
		互動式	模糊限制語	90	39.4
			增強語	68	43.2
			態度標記語	11	11.9
			自我標記語	43	32.4
			參與標記語	122	178.8
《開明英文讀本》	初行時間為 1928 年，由中國著名文學家、語言學家林語堂編纂，為教育部審定中學用書。林語堂先生的《開明英文讀本》系列教材影響非常之廣，其不僅配圖精美，語言風趣，內容紮實，而且將複雜的語言知識形象簡化，很受學習者的喜愛。此書自出版起便在眾多英文教材中獨領風騷，成為最受歡迎的一部英語教材。	引導式	過渡語	266	174.5
			框架標記語	134	64.9
			內指標記語	87	56
			言據語	2	1
			語碼注解語	34	26.6
		互動式	模糊限制語	76	39.4
			增強語	111	43.2
			態度標記語	29	11.9
			自我標記語	69	32.4
			參與標記語	179	178.8
《標準英語》	發行時間為 1946 年，由中國著名教育家林漢達先生編寫，為教育部審定通過的中學用書，此書一直沿用至「新中國」成立。	引導式	過渡語	187	174.5
			框架標記語	86	64.9
			內指標記語	47	56
			言據語	2	1
			語碼注解語	30	26.6
		互動式	模糊限制語	60	39.4
			增強語	61	43.2
			態度標記語	15	11.9
			自我標記語	32	32.4
			參與標記語	245	178.8

2. 民國英語教科書篇章宏觀結構

參考范迪克的語義轉換規則，筆者對表 6-中所列教科書的宏觀結構進行了描繪，見圖 6-。由圖可知民國英語教科書宏觀結構是交叉的網絡格式，非漸進式形成路線。如果將其比作一篇文章，即是相鄰段落之間顯性關係弱，較難歸納出進一步的篇章共性，其宏觀語義的形成，主要依靠不同段落之間命題信息的不斷交叉。這也在側面說明，所選取的三本教科書皆採用螺旋式教科書編寫模式。通過篇章結構描繪可以發現，三本語料中以《開明英文讀本》的宏觀結構最為複雜；《英語模範讀本》的篇章結構最為清晰，相鄰部分信息相關性最高；林漢達的《標準英語》各命題之間相關性較不平衡，有的相關命題成簇出現，形成線性遞進，有些則距離較遠，需要交叉遞進。

開明英文讀本篇章結構圖

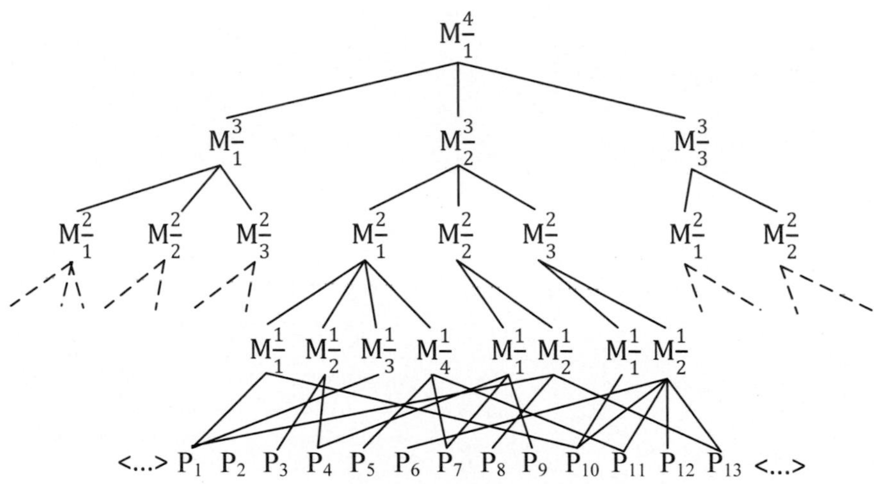

英語模範讀本篇章結構圖

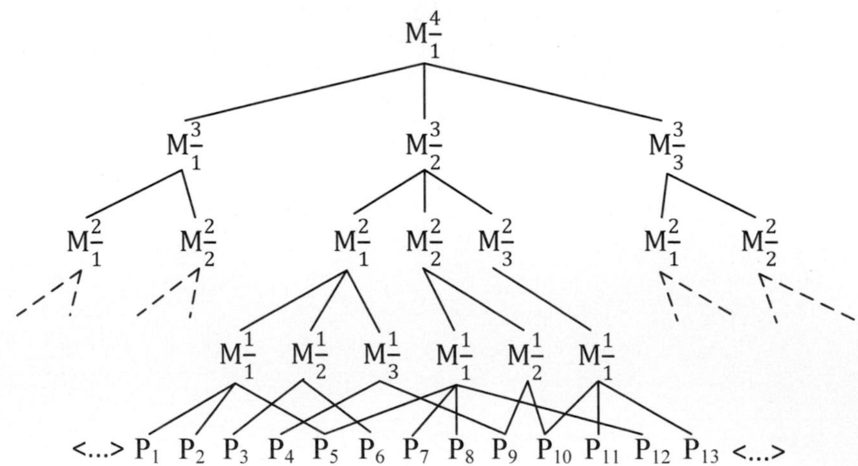

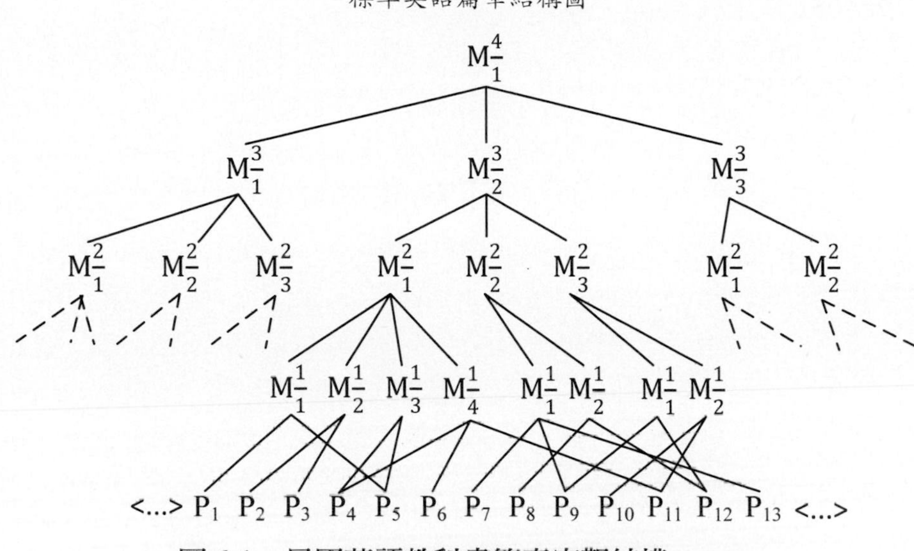

圖 6-1　民國英語教科書篇章宏觀結構〔註 15〕

由以上所得可知，教科書篇章結構內部，相鄰信息距離較大，教科書編寫者建構篇章的主要手段，是依靠各微觀命題之間複雜的縱橫牽連，而也正是因為教科書表層結構鬆散，建構起這些牽連往往需要信息接受者高度地精練相關內容。對於英語學習初級水平者，做到梳理篇章複雜關係，顯然很困難，因此，教科書編寫者偏向使用言語輔助手段來幫助顯現篇章主旨，元話語即是使用最多的言語手段。（1）框架標記語是聯繫塊狀信息表層結構的可靠策略。從表 5-2 中可以看出，框架標記語的平均出現頻數較高，排於所有元話語的第三位，而三本教科書框架標記語皆高於平均水平，其中《開明英文讀本》使用最多，超過平均頻數兩倍，其次是《標準英語》，《英語模範讀本》框架標記語最少，微微高於平均水平。教科書內部信息一般呈塊狀分布，以正文為例，其就包括課文、練習、知識講解等多個信息塊，信息塊之間有明顯界限。比如《英語模範讀本》第二課，構成要素為：課文「在火車上」、對話練習、語法、練習題。這幾個模塊之間雖然內容互涉，但是形式上是相互獨立的，沒有視覺上的延續性，為了使讀者在認知上將它們聯繫起來，編者首先在每一模塊開始時標注排序標記，使各信息表層等到照應；信息組塊之間使用大寫符號來增加段落感；使用轉換話題標記語增加信息間的層次與聯繫。如果把這個信息塊放大為整個課文，我們可以發現，課文與課文之間

〔註 15〕圖中最小語義單位已推導至課文層面。

的表層結構聯繫完全依賴排序標記。而之所以《開明英文讀本》框架標記語最多而《英語模範讀本》最少，正是因為《開明英文讀本》之宏觀結構更為複雜：同課內信息組塊分布多，相鄰模塊的信息距離大。（2）內指標記語是聯繫信息內部的便捷方式。從上表中可以看到，《英語模範讀本》較其他三本內指標記語最多。這與該教科書宏觀結構不無關係，如前文所提，《英語模範讀本》內部組織較清晰，組塊與組塊之間常有對應關係，因此可以非常輕鬆地使用諸如 above、below 這樣的內指標記，此舉不僅能夠幫助減少不必要的言語重複，而且能夠增加信息的指向性。（3）當篇章信息塊之間信息較遠，但又期望在篇章內部產生連接效應時，三位教科書編寫者皆偏向使用自我標記語「we」，但是有意思的是，we 在三本教科書中的作用不盡相同。從表 6-1 中可以發現，《開明英文讀本》自我標記語最多達 69，其次為《英語模範讀本》43、《標準英語》32，其中，《開明英文讀本》與《標準英語》使用自我標記語 we 多是為了引出話題，形成信息聯繫，即上一章所說的以代表「言語社團」的方式增加話題提出的自然感。而《英語模範讀本》多為「增加讀者捲入感」，即這個「we」指代讀者。筆者認為之所以出現此情況，除其他主觀因素外，還和它們的篇章組織規律有關，《英語模範讀本》前後相關，使用 we have learnt、we knew…這樣的句子，讀者亦能夠很快找到所指為何，而且如此一來，讀者也很容易將此命題作為事實，促進篇章延續。而其餘語料，篇章結構複雜，因此作者傾向使用「公理性」的話語來完成命題間的自然過渡。

（二）篇章超結構

篇章超結構是相對宏觀結構的一個概念，是宏觀結構內容的形式化表徵〔註 16〕，其組成部分為功能範疇的等級序列，通過某些約定俗成的規律，形成抽象化圖示，比如圖 6-就是一篇科學論文的超結構圖示。

〔註 16〕Van Dijk T A. Macrostructures〔M〕. New Jersey: Laurence Erlbaum Associates, 1980: v.

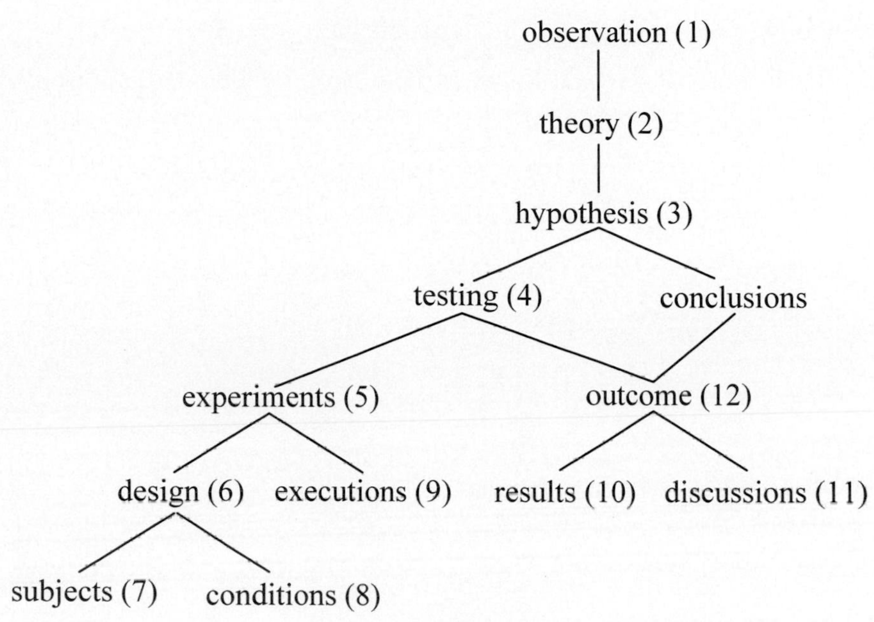

圖 6-2 超結構圖示

朗曼（Longman）認為，完成了宏觀結構的建構只能反映篇章各命題的主要內容，或篇章的主旨。如果再從這些主要內容中抽象概括各部分在整個篇章中承擔的語義交際功能，即是建構篇章的超結構，如此才是對篇章更深層次的理解〔註 17〕。語義完整的篇章都具有超結構，但不同語類的超結構有不同特徵，范迪克在他的《宏觀結構：話語、交際、認知全局結構的跨學科研究》〔註 18〕（Macrostructures An Interdisciplinary Study of Global Structures in Discourse, Interaction, and Cognition）中，集中討論了四種超結構類型，分別是敘述類超結構，議論類超結構，學術論文類超結構，新聞篇章類超結構，每一類超結構都有其獨有的建構方式，比如議論類超結構，一般包括：場景、事實、證據、支持、結論，相關例句如下：

〔a〕There is a meeting tonight.（場景）

〔b〕John is ill.（事實）

〔註 17〕張光軍，解放軍外國語學院亞洲研究中心編，東方語言文化論叢 第 24 卷 國家外語非通用語種本科人才培養基地學術文集〔M〕，北京：軍事誼文出版社，2005。

〔註 18〕Van Dijk T A. Macrostructure: An Interdisciplinary Study of Global Structures in Discourse, Interaction, and Cognition〔M〕. Hillsdale: Lawrence Erlbaum Associates, 1980: 161～163.

〔c〕111 people usually do not go to meetings.（證據）

〔d〕The meeting is not extremely important for John, and he is too sick to go.（支持）

〔e〕John doesn』t go to the meeting tonight.（結論）

作為一種特殊的篇章類型，英語教科書必然有其特有篇章超結構，以下將對此一一說明。

1. 英語教科書進展組織語

對於英語教科書來說，其本身就自帶超結構的提示語，比如前言中的導論，以及正文中以框架標記語標記的信息內容，仁科瑪（Renkema）稱其為「進展組織語」〔註19〕（advance organizer）。進展組織語對教科書這種信息組塊分離的篇章來說十分必要，它可以幫助新的篇章交際者，以最快速度獲取篇章的超結構信息。我們仍以表 6-1 中的語料為研究對象，首先，從前言部分入手，三本教科書都對其基本信息進行了概括，進入正文，則通過標題、過渡語等實現篇章進展。歸納如下：

表 6-2　民國英語教科書進展組織語

1.《英語模範讀本》	（1）前言部分 教學事項、主體內容構成（發音、拼寫、閱讀、理解、聽力、語法、對話、作文、文學）、本書特色（英美文化、原版內容）、本書布局（32 課時、4 個主題，練習、新詞、音標內容位置） （2）正文部分 標題、小標題、引言段、過渡段
2.《開明英文讀本》	（1）前言部分 教學事項（口語、閱讀、語法、發音、教學時間）、學習事項 （2）正文部分 標題、小標題、引言段、過渡段
3.《標準英語》	前言部分 教學事項（聽力、口語、寫作、表演）、練習指導 正文部分 標題、小標題、引言段、過渡段

〔註19〕Renkema J. Introduction to Discourse Studies〔M〕. Amsterdam: John Benjamins Publishing Company, 2004: 99.

從表 6-2 中可以發現，三本教科書正文組織形式基本一致，都由相互獨立的小句組織篇章進展，而這些標題首先通過框架標記語聯繫在一起，也就是說，篇章的進展依靠進展小句，小句之間的語義關係由元話語實現。其次，三本教科書前言部分的進展組織語有一些差別，我們看到，所有語料都對教科書如何使用進行了說明，而只有《英語模範讀本》對整個篇章內容的進展進行了說明，另外，《開明英文讀本》對學習的注意事項進行了總結，《標準英語》僅對教師教學事項和練習指導進行了說明。如果從篇章的角度來解讀各組織語，只有《英語模範讀本》是合格的，因為「其他超結構提示並未與篇章內部信息完全相關」〔註 20〕。因此，本研究認為，導語中呈現的進展組織語最好與篇章整體組織相關聯，此舉有助於讀者，尤其是學生快速捕捉篇章信息。反觀這幾個部分的元話語標記，可以得出，與篇章主體內容聯繫緊密的進展組織語內部都由過渡語或連接信息距離小的框架語銜接，而與內容聯繫疏遠的則仍由連接信息較遠的框架標記語銜接。

2. 英語教科書超結構組織形式

儘管篇章的結構化路徑是不一樣的，但英語文化中的修辭規約會抑制篇章結構的窮盡，霍伊〔註 21〕（Hoey）、麥卡錫〔註 22〕（MacCarthy）、文特爾〔註 23〕（Winter）等學者曾對篇章的常見組織模式進行過歸納，中國篇章語言學專家胡曙中教授，從中概括出五種，分別是問題解決模式（problem-solution pattern）、一般特殊模式（general-particular pattern）、主張反應模式（claim-response pattern）、機會獲取模式（opportunity-taking pattern）、問題解答模式（question-answer pattern）〔註 24〕。通過對表 6-1 所示語料的篇章組織形式進行分析，發現民國英語教科書組織模式存在共性。首先，以整本

〔註 20〕Renkema J. Introduction to Discourse Studies〔M〕. Amsterdam: John Benjamins Publishing Company, 2004: 98.

〔註 21〕Hoey M P. Textual Interaction〔M〕. London: Routledge, 2001.

〔註 22〕McCarthy M& R Carter. Language as Discourse Perspectives for Language Teaching〔M〕. New York: Longman, 1994.

〔註 23〕Winter E. Clause Relations as Information Structure: Two Basic Text Structures in English〔A〕. In M Coulthard（eds.）., Talking About Text: Studies Presented to David Brazil on His Retirement〔C〕. Birmingham: English Language Research: 88～108.

〔註 24〕胡曙中，英語語篇語言學研究〔M〕，上海：上海教育出版社，2005：200：164～174。

教科書為篇章，其使用的篇章模式為「一般特殊模式」，即整個篇章事先明示篇章主題，然後再對主題一一細化、解釋，最後在結語部分總結整個篇章。其次，以前言為篇章，「主張反應模式」使用最多，即本人自己主張觀點，而後對其真實性進行佐證或反駁，對否定的觀點往往給予解釋，以《開明英文讀本》為例，具體分析例子見表 6-3。最後，在知識點解析部分。主要有「一般特殊模式」和「問題解決模式」，一般特殊模式中，編者提出某一要點的基本特性，接著對其一一解釋，而後進行總結陳述（有時無總結陳述）。「問題解決模式」較前者更為活潑，一般為敘事性的段落，在此先由編者提供一個知識點發生的情境（一般為錯誤情境），然後解釋該情境可能引發的問題，最後引出知識點的正確使用方法。比如取自《英語模範讀本》中的一句話：When Blackson went back to Blackson's country, Blackson met many of Blackson's old friends.（1）The above sentence is not good, because the noun Blackson is used too often.（2）How can we make it better?（3）We can make it better by using some other words in place of Blackson. We may say: When Blackson went back to his country, he met many of his old friends.（4），其中句（1）為問題出現的「情境」，句（2）解釋以上「情境」可能出現的問題，句（3）是對上句的反應，最後一句則是針對這一反應的解決辦法。問題解決模式是英語中非常常見的一種篇章組織手段，於教科書知識點講解而言，該手段能夠很好地調動讀者進入篇章交際〔註 25〕。反觀這些篇章組織形式中的教科書元話語，像問題解決式、機會獲取式等便於學習者捲入的超結構模型，編寫者很容易使用參與標記，而以直陳見長的「一般特殊模式」則會出現更多過渡語，主張反應模式因需要例證說明，因此可能會出現更多增強語。反過來說，教科書編寫者也可以根據既定的篇章組織模式，選取適宜的元話語標記手段。

〔註 25〕McCarthy M& R Carter. Language as Discourse Perspectives for Language Teaching〔M〕. New York: Longman, 1994: 79～80.

表 6-3　《開明英文讀本》前言組織結構

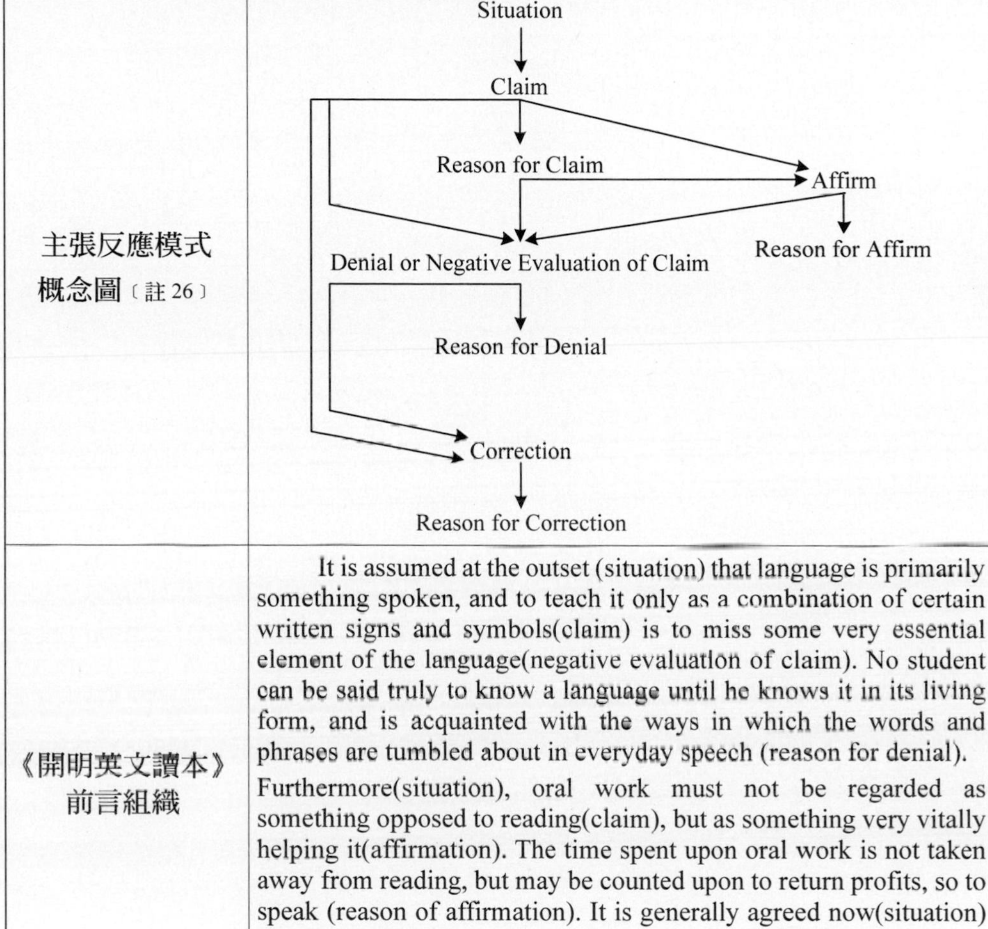

主張反應模式概念圖〔註 26〕	（見上圖）
《開明英文讀本》前言組織	It is assumed at the outset (situation) that language is primarily something spoken, and to teach it only as a combination of certain written signs and symbols(claim) is to miss some very essential element of the language(negative evaluation of claim). No student can be said truly to know a language until he knows it in its living form, and is acquainted with the ways in which the words and phrases are tumbled about in everyday speech (reason for denial). Furthermore(situation), oral work must not be regarded as something opposed to reading(claim), but as something very vitally helping it(affirmation). The time spent upon oral work is not taken away from reading, but may be counted upon to return profits, so to speak (reason of affirmation). It is generally agreed now(situation) that the quickest way to ensure the student's gaining a correct and firm foothold on the language material is to let the student daily hear it and speak it, as well as see it and write it on paper(claim). ...

二、互文語境分析

對「互文性」的認知可最早追溯至古希臘時期柏拉圖的「模仿說」，他提到：「所有的詩文創造都是對先前詩篇的模仿和再造」〔註 27〕。1966 年，克里斯蒂娃（Kristeva）在向法國文學界介紹巴赫金的學說時，首次將「互文性」作為一個學術概念提出，此後，互文性在文學研究領域獲得了深入發展。1981

〔註 26〕Hoey M P. Textual Interaction〔M〕. London: Routledge, 2001: 180.

〔註 27〕（古希臘）柏拉圖著；朱光潛譯，文藝對話集〔C〕，北京：人民文學出版社，1963：69。

年博格蘭和德雷斯勒把互文性引入篇章語言學研究，表示「一個文本的使用取決於其對其他文本的認識」〔註 28〕。關於互文性的分類，克里斯蒂娃〔註 29〕提出了水平互文和垂直互文的分法，前者與巴赫金的「對話」有關，後者指代篇章生成的歷史和直接語境。傑尼〔註 30〕（Jenny）提出了互文研究領域較常提及的「強勢互文」和「弱勢互文」，強勢互文指引用、模仿、抄襲等，弱勢互文指篇章與篇章之間呈現的相似體裁及主題。哈提姆及馬森〔註 31〕（Hatim& Mason）則把互文性分成主動互文：當前篇章與文外篇章產生的聯繫，此和篇章之外的知識和信息系統相關；被動互文：基於篇章內容連貫需要而產生的篇章互文。中國學者李玉平對互文性的分類較為全面，他綜合了前人的互文性研究成果，將互文分為：零互文、完全互文，本體互文、跨體互文，內互文、外互文，積極互文、消極互文。其中內互文與外互文的定義為：內互文即文本（篇章）內各要素間的互文，外互文即文本（篇章）與文本以外文本（篇章）之間的關係〔註 32〕。本段將參考李玉平教授的分類，將互文性分為篇章內部互文及篇章外部互文，以《英語模範讀本》、《開明英文讀本》、《標準英語》為範本，對民國英語教科書元話語的互文語境進行分析。首先我們將三本案例語料的主題內容進行歸納，具體可見表 6-4。

表 6-4　教科書主題

1.《英語模範讀本》	閱讀主題： （1）〔註 33〕小船和輪船（2）在火車上（3）在朋友家（4）南美與北美（5）國旗（6）侄子給舅舅的信（7）有軌電車（8）雜貨店（9）百貨公司（10）銀行（11）商業街（12）公園（13）學校（14）農村（15）兩個小夥子的來信（16）本內特先生的邀請（17）餐桌禮儀（18）日期和假日（19）網球（20）報紙（21）火災（22）圖書館（23）公立醫院（24）所有人都需要的事情（25）婚禮（26）本傑明·富蘭克林（27）喬治·華盛頓（28）阿巴拉馬·林肯（29）市政府（30）州政府（31）聯邦政府（32）我的國

〔註 28〕De Beaugrande R A & Dressler W U. Introduction to Text Linguistics〔M〕. London: Longman, 1981: 16.

〔註 29〕Kristeva J. The Kristeva Reader〔C〕Oxford: Blackwell, 1986: 36.

〔註 30〕Jenny, L. The Strategy of From〔A〕. T. Todorow (eds.) (R. Carter trans.), French Literary Theory Today〔C〕. Cambridge: Cambridge University Press, 1982.

〔註 31〕Hatim B& Mason I. Discourse and the Translator〔M〕. London: Longman: 2001: 133～135.

〔註 32〕李玉平，互文性研究〔D〕，南京：南京大學，2003：39～41。

〔註 33〕此序號表示課文序號，對話練習、語法知識部分同。

	對話練習： （1）蒸汽、船員、乘客（2）火車和馬車（3）我朋友家的我的臥室（4）美國地圖（5）關於國旗的對話（6）關於侄子的信（7）有軌電車上面的乘客（8）雜貨店和罐頭食物（9）在鞋店（10）存錢（11）商業街和居民區（12）公園裏面有什麼（13）學生（14）關於農場（15）信件和信封（16）在本內特先生家（17）我們在餐桌上該怎麼做（18）學校假日（19）盲人的增健（20）報紙說了什麼（21）消防員（22）圖書館和書（23）關於醫生（24）美國和中國遊客的對話（25）婚禮歌曲（26）大美利堅（27）政府的形成（28）林肯是誰（29）公民責任（30）州長和他的參委（31）美國政府（32）國歌 句法知識： （1）人名名詞（2）單數、複數數字（3）動詞、動詞時態（4）代詞（5）主語和謂語（6）信的句法（7）及物動詞和不及物動詞（8）形容詞（9）副詞（10）介詞 11）連詞（12）感歎詞（13）語氣（14）被動語態（15）be 動詞（16）人稱代詞（17）格（18）名詞、代詞性（19）比較級（20）er 後綴、ly 後綴（21）現在時（22）現在進行時（23）完成時（24）易混淆的動詞（25）倒裝（26）過去時（27）動名詞（28）關係代詞（29）疑問代詞（30）疑問副詞（31）標點符號（32）縮寫和省略 拓展知識： （1）一些國外國家和它們的語言（2）數字（3）動詞的時態變化（4）一張地圖（5）用紙做國旗（6）布萊克森先生給他侄子的信（7）小猴子（8）布萊克森先生和他的女兒（9）只有一分錢（10）邁達斯國王（11）街上的兩個小夥子（12）湖和那個孩子（13）數學書中的知識（14）百靈鳥和農夫（15）給湯姆姑媽的信（16）狐狸和野鶴（17）狐狸和野鶴（18）懶人花園（19）龜兔賽跑（20）美國報紙的一篇廣告（21）小孩怎麼看待火警（22）三個願望（23）弗雷德和瑪麗的媽媽臥病了（24）黃蜂和蜜蜂（25）人的一生（26）螞蟻和修草人（27）喬治·華盛頓和櫻桃樹（28）孫中山（29）在美國選舉（30）前後綴（31）國王和浪潮（32）美國
2.《開明英文讀本》	課文主題： （1）新書介紹、哥譚鎮的聰明人（2）所羅門王和他的女人們（3）啄木鳥（4）、5）第一隻啄木鳥（6）日曆（7）、（8）、（9）、（10）、（11）賣火柴的小女孩 12）三隻小貓（13）如何回答（14）好鄰居（15）學習一門語言（16）、（17）老女人與六便士（19）在學校的晚上（20）、（21）錫克斯和愛爾·喜昂（23）、（24）翠鳥（26）、（27）戴奧真尼斯（30）猴子和貓（31）、（32）、（33）潘多拉（35）購物（36）、（37）、（38）丟卡利翁和皮拉（39）家書（40）國家（41）時間（42）、（43）斯沃弗姆的小販（44）小松（45）、（46）孔夫子和顏回（47）你從哪裏來（48）、（49）、（50）、（51）醜小鴨 句法知識： （1）will、shall；much、many（2）代詞（3）使役動詞；can't aren't（4）過去式（6）單複數、情態動詞（8）it seems（9）定語從句（10）定語從句；one、some、any、another（11）動詞時態：現在、過去、完成（14）禮貌用語（17）動詞和名詞（18）被動語態（19）that、how、whether、if（21）形容詞

	（22）語法複習：動詞形態（23）s 結尾、ing 結尾（24）一些形容詞（25）to be（27）人稱冠詞（28）much、many、a lot of（29）few、a few（31）現在時；ever、never（32）-ful 結尾、when（34）more、less、as；比較級 er 結尾、最高級 est 結尾（37）wherever、whatever（39）書信句法（42）介詞（43）such as、such that（44）省份（45）打電話（46—）副詞（48）usually、usual（49）are to、have to（52）have to、be able to（53）連詞和感歎詞
3.《標準英語》	課文主題： （1）對學生們說的話（2）為什麼蝙蝠在晚上飛（3）我和我們（4）彼得喬納森的靴子（6）確認和協商（7）、（8）自私的巨人（9）珍妮·林德（10）只有一個母親（12）、（13）、（14）、（15）小人國歷險記（16）地球（17）、（18）辛巴達的第二次旅行（19）現在（21）為教育權而戰（22）工作和學習（23）去漢普頓（24）我的入學考試（25）衣服（26）確認信（27）威廉·泰爾（28）雪絨花（30）羅賓漢的森林生活（31）羅賓漢和小喬安（32）羅賓漢如何解救威爾·斯圖特里（33）羅賓漢和威爾·斯佳麗（34）羅賓漢和赫里福郡主教（36）田徑運動會（37）喬托（39）兩個聰明人（40）、（41）、（42）海水為什麼是鹹的（44）正式邀請及回答（46）林肯的第一本書（48）、（49）、（50）懶骨頭（52）課外閱讀（53）令人疑惑的遺囑（54）托馬斯·愛迪生（55）拿破崙之死（56）、（57）最幸福的男人（58）幸運和乞丐（59）食物（60）乞丐（61）、（62）緊張的律師、詩歌 what is good（63）諾貝爾和普通人（64）、（65）、（66）一根線（68）、（69）最後一課（70）孫中山之願（71）仁慈的契約（72）某人的母親 句法知識： （3）主語和謂語（5）話語的結構、語法韻律詩（6）yes 和 no 的回答（10）完全主語和謂語（11）連接動詞（16）更多連接詞（17）更多連接詞（19）名詞前或名詞後的形容詞（20）不及物動詞（24）及物動詞、被動語態（28）雙賓語（29）複習短句（35）to to 和 to be（36）don't 和 isn't（38）不定式（43）不帶 to 的不定式（45）語音知識（47）分詞（49）分詞和不定式（51）過去式（54）形容詞和過去分詞（56）動名詞（60）may 和 will（62）抽象名詞（63）形容詞從句（定語從句）（67）狀語從句（70）名詞從句（72）語音符號

（一）篇章內部互文

從小句層面上來說，增加、比較、結果、轉換話題、內指標記語、言據語、敘實這類元話語都可以視作互文標記〔註 34〕，關於這些標記如何形成篇內語義聯繫，已在第五章進行過分析，本章不再贅述，此部分將對整本教科書內部，即篇章層面的互文現象、關係進行解釋。

1.《英語模範讀本》篇內互文

《英語模範讀本》的整體篇章結構簡單清晰，每一課由一個主題引導，

〔註 34〕管志斌在其博士論文《語篇互文形式研究》中，歸納了形式互文標記語的類型，根據其定義，可認為上述元話語為互文標記。

包括閱讀、對話、句法、拓展這幾個部分，每個部分的學習要點都用框架標記標注在開頭。就課文內部的編排上，閱讀課文、對話練習、拓展的聯繫十分緊密，句法作為單獨模塊插入。以第四課「南美與北美」為例，閱讀課文給出了美洲的地圖，用於對南美、北美地理知識進行介紹。對話練習設定一個基本情境：對給定地圖中國家的位置來問答，該問答通過角色扮演的方法，對話的形式開展，涉及前文中提及的知識點，比如句型 tell…from、connected with，以及課文理解：what is a map？ What is the meaning of sea？ 等等。整個問答都非常生活化、流暢，不是為了訓鍊句型而編排，教師可以選擇自己參與對話考察學生的學習理解，也可以將此作為練習項目，鼓勵學生之間對話練習。語法知識為「代詞」，其與課文沒有直接聯繫，即討論的並不是課文即時出現的「語法」。但在例句的選擇上，會關照文中出現的部分信息如：Mr. and Mrs. Blackson live in a house near a lake. They often go to see the lake，就出現了 in、near 兩個關鍵詞。而且有意思的，整本書中的語法知識雖然和前文沒有太大聯繫，卻一定與其他課文的某些知識點達成互文，比如在代詞教學中給出的例句要點：

> When Blackson went back to Blackson's country, Blackson met many of Blackson's old friends.
>
> The above sentence is not good, because the noun Blackson is used too often. How can we make it better? We can make it better by using some other words in place of Blackson.

文中的 Blackson 先生在後面會多次提到，這個人物是作者虛擬的一位美國白人，作為作者表達個人觀點、傳授知識的「傳話筒」而存在。拓展知識為「一張地圖」，作者給出一張教室布局圖，要求學習者根據提示和所學單詞進行回答，並在最後繪製、描述學習者所在教室的布局。本文認為，如果教科書編寫者期望達成高度的篇內互文，可以考慮各個板塊的內部融合，在以上課文中，如果將第二十四課的語法知識點「介詞」帶入本課，那麼此課關於方位、地理的知識點就可全部串聯起來。不過，周越然的語法編撰思路是「以歸納的方式從事實中總結規律，以逐漸加深的方式系統學習」〔註 35〕。而語法的演進規律和真實情境下個體習得語言的進程並不完全一致，因此，要保證語法與語言應用知識的完全結合，未免要求過高。

〔註 35〕周越然，英語模範讀本〔M〕，上海：商務印書館，1918：iv。

除了保證課文內部相關性之外，正如前文所言，《英語模範讀本》每一課之間都產生了深刻聯繫，從課程主題上來看：小船和輪船、在火車上、有軌電車這幾課，教授了「承交通工具出行」相關知識。南美與北美、國旗、日期和假日、所有人都需要的事情，描繪了「國家」、「世界」的概念。侄子給舅舅的信、兩個小夥子的來信，是對信函寫作的基本訓練。雜貨店、百貨公司、本內特先生的邀請、在朋友家、商業街、農村、網球、圖書館、公立醫院，則是對日常生活、出行常使用的英語表達的介紹。銀行、公園、餐桌禮儀、婚禮、報紙、學校，是對西方人文知識的介紹。本傑明・富蘭克林、喬治・華盛頓、阿巴拉馬・林肯為名人傳記。市政府、州政府、聯邦政府為介紹資本主義國家的政治制度。從相同主題內容上看，其課文雖取材來源不同，介紹的語言知識點也不同，但編者仍能通過各種手段使之呼應，比如第三課「在朋友家」，課文的第一句為「It was dark when we left the carriage.」就呼應了前一課的對話練習「火車和馬車」。從不同主題內容上看，編者也在最大程度上做到了呼應，像前面談到的虛擬人物的使用，就使得不同課文之間具有了故事般的流動性。從主題內容的難易程度上，《英語模範讀本》也實現了從易到難的編排理念，語法部分自不用說，其他英語知識、技能的傳遞也是如此，比如第六課講解了信件書寫的基本格式，第十五課則是進一步教授回信格式、技巧。整體來說《英語模範讀本》的篇內互文已達到一個非常高的水準，學習者學完一套書之後，便能對英文，尤其是日常交際英文有一個系統瞭解。由於該書品質頗高，引來許多仿冒、抄襲之事，但無論他人如何模仿其編寫方式，也無法在內容上達到如此高的互文性。

2.《開明英文讀本》篇內互文

在前面宏觀結構分析部分，已知《開明英文讀本》結構之複雜乃三者之最，在觀察其互文性方面也有此感受。《開明英文讀本》的內部結構不是固定的，從表 6-中也可以觀察到，整本書語法和閱讀穿插進行，不保持線性一致。與《英語模範讀本》不同，其語法訓練和閱讀理解是嵌合在一起的，而課程主題內容聯繫卻並不明朗。如果說周越然採用的互文方式是內容互文，那林語堂選擇的互文方式則為體裁互文。

首先可以看到《開明英文讀本》中的語法設計。林語堂認為：「語法教學常常被誤讀，作者始終認為語法是對單詞形式和用法的正確及準確的觀察，有效的語法教學，就是使學生達到一種訓練慣性。語法規則是解答學生疑惑和困難的公式，但在學習者遇到疑惑和困難之前這些所謂的規則將一無是處。現在的英語學習很大程度上是從最簡單的冠詞開始，但其實，一個學了二十年英文的人也許都不能完全確定什麼時候使用或省略『the』。如果教師一直抱著教授精細規則和系統術語來到課堂的話，一定只會事與願違。我們應該讓學習者自己觀察詞形的變化，讓規則教授在對學習者真正有用之時再進行，讓語法術語變成一種有趣、經濟的表達方式」〔註 36〕。因此，在所編之書中，語法並不按傳統意義上的難易進行排列，而服務於課程實際需要，所有的語法，都依靠課文牽引出來，並在閱讀、會話練習、語法練習中不斷凸顯，使整個篇章具有一致性。儘管林語堂對教科書語法的編輯「不按常理出牌」，但這並不意味著整本書的語法是散亂無章的，他說「（對語法規則）的觀察應該在其術語和定義給出之後仍一直保持，在教學中不應該喪失語法規則之間的連續性，我們過去的方法總是花上一個禮拜講一個語法點，然後在下一周又換成新的（這樣是萬萬不可的）。」〔註 37〕因此，我們可以看到《開明英文讀本》在完成一個語法知識點介紹之後，又在後面反覆出現。比如不定代詞就在第二課、第十課、第二十八課、第二十九課中交叉出現。如此一來，既能保證課程內容和語法內容的一致性，又可加強語法知識的鞏固。

其次從整個教科書的選材來看。該書主要包括寓言，如哥譚鎮的聰明人、第一隻啄木鳥、所羅門王、戴奧真尼斯；神話故事，如潘多拉、錫克斯和愛爾·喜昂等；以及童話故事，賣火柴的小女孩，醜小鴨等；生活故事，如好鄰居、老婦人、斯沃弗姆的小販等課文。這幾類選材自身就可構成內容互涉〔註 38〕，比如寓言故事具有「鮮明教育性、諷刺性、虛構性，情節簡單，常使用比喻、誇張、象徵等手法」〔註 39〕的體裁特點；童話的體裁結構「僅存 31 種功能，其中一種功能邏輯地發展出另外一種功能，功能常常以成堆的形式出現，或以組的形式出現」〔註 40〕。因此，在教授同一體裁篇章時，很容易將他們聯繫起來，比如講到潘多拉，也可以回顧錫克斯和愛爾·喜昂。講到醜小鴨，也可以對比賣火柴小女孩和它不一樣的「結局」。此外，不同體裁

〔註 36〕林語堂，開明第二英文讀本〔M〕，上海：開明書店，1928：10～11。

〔註 37〕林語堂，開明第二英文讀本〔M〕，上海：開明書店，1928：11。

〔註 38〕陳剛，文學多體裁翻譯〔M〕，杭州：浙江大學出版社，2015：20～22。

〔註 39〕蘇一洙，文學常識〔M〕，北京：新世界出版社，2012：51。

〔註 40〕丁建新，敘事的批評話語分析 社會符號學模式 第 2 版〔M〕，重慶：重慶大學出版社，2014：38。

類別與教科書語類風格構成互文，中國學者辛斌定義體裁互文性「是指在一個語篇（篇章）中不同體裁、語域或風格特徵的混合交融，這是一種非常普遍的現象，幾乎所有的語篇都會呈現多種體裁的特徵」。〔註 41〕教科書編寫者把具有諷刺、教育、警示、趣味意義的各體裁與教科書編寫者自己的教育理念揉和在一起，使教科書產生了新的體裁意義：（1）增加語言知識的教育性。我們可以對比「啄木鳥」和「第一隻啄木鳥」兩篇課文，前者為介紹啄木鳥生活習性的記敘文；後者為一個寓言故事，講述的是一個吝嗇的婦人因為輕視窮苦人，而受到的懲罰。在第一篇課文中，編者圍繞啄木鳥的習性進行知識點析；後者則討論了這個寓言故事的寓意，引導學習者思考吝嗇這一行為的好壞。可見，不同體裁可使語言知識教學產生不同意義，在實際的教科書編寫工作中，編者亦可根據課程大綱、教學目標等考量選篇體裁。（2）增加語言知識的情境性。鮑林格認為語法教學的形式也承載著它的意義，形式和意義關係的最終發生，則只能依靠真實語境〔註 42〕。將句法練習依託至具體篇章後，句法就不再是孤零零的符號，而具備了一個特定情境，當該句法在多個不同情境中反覆出現時，便為學習者語言遷移提供了可能路徑。當然，《開明英文讀本》的篇內互文模式也可能產生一些問題，正如前文所言，學習者語言遷移的最佳方法是為他們提供豐富的真實語境，如果僅僅在教科書中選取同一體裁類型的文本，教科書就會在整體呈現出該體裁的綜合特點，如成為文選型、語法型、練習型教材等。因此，對於具有綜合教育目的和訓練手段的英語教科書來說，應該盡可能保證選材的多樣性和豐富性。

3.《標準英語》篇內互文

林漢文編撰的《標準英語》具有以上兩本教科書的相關屬性，第一，在內容上盡可能做到遙相呼應。見表 6-4 中所歸納的主題，其中主題（21）、（22）、（24）、（52）或（58）、（59）、（60）即便主題不同但內容互涉。第二，選文體裁具有一致性。比如教材中有詩歌：只有一個母親、什麼才叫好、乞丐；寓言故事：辛巴達的第二次旅行、令人疑惑的遺囑等；名人傳記：珍妮・林德、威廉・泰爾、托馬斯・愛迪生等。但《標準英語》與其他兩本互文策略不同之處，在於其在溝通各章節語法知識時，使用了大量進展組織語。

〔註 41〕辛斌，體裁互文性與主體位置的語用分析〔J〕，外語教學與研究，2001（5）：348～352。

〔註 42〕Bolinger D. Meaning and Form〔M〕. United States: Longman, 1979: 65.

我們從《標準英語》中明顯看到，其語法知識的排列，是按傳統語法書中「從易到難」而行的。近觀其書，與《英語模範讀本》類似，它的語法為漸進式單獨模塊，更要緊的是，他安排語法的路子正中林語堂所說，「一週一語法，每週皆不同」的境況。為了保證各語法知識之間、語法與課文之間存在某種延續性，其在每一篇閱讀文本之後都加入了一個含有進展組織語的模塊：「study help」，並在每一次的語法解說中捎帶上前文已學的知識點或當前課文出現的某一語法特點。比如第十課「只有一個母親」文後的進展組織語：

> You have me learned that every sentence has a subject and a predicate. But sometimes a sentence is so written that you cannot find the subject, for instance "shut the door". Here the subject of the sentence is "you". " (You) shut the door" but the word is not there, it is understood. In the poem "only one mother", you cannot find the verbs. There are two words omitted or understood in each of the lines. The two words are "there are".

不僅提醒了學習者第一課中學過的主語、謂語基本知識，而且聯繫文中出現的某種「新語言現象」，引起學習者學習本課語法的好奇心。在這篇進展語之後，作者便開始對該語法：完全主語和謂語進行定義。因此，總體來看，林漢達的編排方式即體現了語法規則的一般呈現方式，而且做到了文、法適宜。只不過進展語只能起到引導作用，其促進學習者語言遷移的功效只能維持在一個有限水平內。

通過對三本典型語料的篇內互文情況進行分析，已大致瞭解其不同互文手段，反視這些互文手段與元話語之關係，我們可以有如下總結：首先，當語法作為單獨模塊呈現時，可考慮使用內指標記語。在前文篇章宏觀結構部分已經討論了內指標記語在小距離信息模塊中的作用，對以傳統語法演進路線編制的教科書，如其不能做到與教科書內其他信息模塊緊密貼合，則應該在語法知識教授之前使用內指標記語進行舊—新信息的過渡。林漢達先生的《標準英語》是一個值得借鑒的例子，在編排方面不需煞費苦心地一點一點算計篇章關聯，而只是使用篇章進展組織語達成幾個信息之間的交互。但也必須注意的是，無論進展組織語如何完美，其最終只能做到表層銜接，無法達成內容上的互涉，因此，教科書在選材時，理應最大程度上保證語法知識、技能與人文知識中的內部銜接，這樣一來，元話語之使用也不會過於生硬（如過多使用框架標記語）。其次，當選用大量文選類教學材料時，應注意避免過多使用態度標記語。林語堂在《開明英文中》提到：「本教材所選文本呈現了許多西方的文化遺產，這是英語學習者應該掌握的，但是注意這些只是『故事』（just-so stories），不要涉及太多價值倫理，……而應以此為引，引導學習者思考」〔註43〕。這些建議不僅適用於教師同樣適用於教科書編寫者，比如，在《英語模範讀本》，誰是林肯一課，周越然評價其為「one of the noblest men in history」，又在對話中提到「if Lincoln had not been killed, it would have been much better for America.」，且不談此話正確與否，對於新接觸英美文化的英語初級水平者，應該幫助他們提高文化批判意識，而不是使用量級高之程度詞框定其所敘內容。

（二）篇章外部互文

在篇章內部互文分析中，提及《開明英文讀本》的體裁互文手法，並進一步指出不同體裁篇章被植入教科書中即開始了「對話」，這場對話由教科書作者發起，並再現了其生成和解釋話語的特定社會調節方式〔註44〕。由於篇外互文這一概念牽扯的篇章層面過於寬廣，且難以使用〔註45〕。因此，在討論之初有必要為其設定一個理論基點，本研究是在篇章語言學框架下的元話語分析，因此將持篇章語言學的觀點浸入。

費爾克拉夫曾強調：「篇章傳統和話語秩序的急劇改變及重建，是當代矚人眼球的現象，這說明互文性將成為話語分析的重要基礎」〔註46〕。一直以來系統功能語法就是話語分析的關鍵理論支持，但這一派學說只關注篇章的社會特徵，而忽略了將話語／篇章分析與社會實踐相結合，篇章互文性分析恰巧能彌補傳統話語／篇章分析的這一缺憾，在說明篇章如何選擇、使用語言系統之外，解釋篇章如何選擇、使用話語秩序〔註47〕。費氏接著將互文性分為「顯性互文」（manifest intertextuality）和「結構互文」（constitutive

〔註43〕林語堂，開明第二英文讀本〔M〕，上海：開明書店，1928：11。

〔註44〕辛斌，李曙光，漢英報紙新聞語篇互文性研究〔M〕，北京：外語教學與研究出版社，2010：25。

〔註45〕Culler J. The Pursuit of Signs: Semiotics, Literature, Deconstruction〔M〕. London: Routledge, 1981: 109.

〔註46〕Fairclough N. Discourse and Social Change〔M〕. Cambridge: Polity Press, 1992: 102.

〔註47〕Fairclough N. Critical Discourse Analysis: the Critical Study of Language〔M〕. London: Longman, 1995: 188.

intertextuality），前者指從篇章表層結構中可識別出的篇章互文關係，後者指篇章各類體裁、語域、語言風格之間的複雜關係〔註48〕。二者可借由一些顯性語言特徵來識別，比如：表達（representation）、預設（presupposition）、否定（negation）、元話語（metadiscourse）、譏諷（irony）等。其中元話語對互文性的顯現表現在：篇章發起者區分了其在篇章中的位置，並拉開其與該篇章的距離——把它當作其他的、外在的「篇章」，能夠預示篇章發起者是在他自己的話語內還是話語外，以及他在控制和操控整個篇章中所處的位置〔註49〕。本段將參考費爾克拉夫的互文分類，以元話語為起點，結合典型語料，對民國英語教科書篇外互文特性進行分析，但在分析之初，有必要首先釐清民國英語教科書的篇章屬性定位。

1. 篇章屬性定位

英語教科書的共同篇章屬性首先限定了其體裁範圍，即在「特定的實踐與特定的互文鏈（intertextual chains）中，篇章類型中的每一成員，都循著可預測、常規之路被轉換為其他系列中的一個或更多成分〔註50〕」。海亮在分析教科書篇章屬性時提到，教科書同時為專業篇章及教育篇章，但其「專業屬性」與「教育屬性」和同屬類篇章有鮮明區別。首先，以屬於專業篇章的學術論文為例，該類篇章的命題依靠作者形成、確認、推廣，而教科書中的命題是既定的，是學科正統，只需要加以總結和鋪陳。巴赫金〔註51〕認為教科書中呈現的話語是「非對話性的」，它總在為樹立「權威知識」盡可能地排除所有爭議性的聲音。此在元話語中最明顯的特點就是言據語和增強語的使用，前文提到，言據語在每本教科書中的出現概率至多一次，也就是說編者以陳述事實的態度教授知識，不需要讀者過多思考。另外，大多數教科書研究結果所呈現的，皆是增強語頻率遠高於模糊限制語，表現出作者對篇章內容的絕對自信。本研究中，增強語與模糊限制語之差並不明顯，實際是受中國傳統修辭文化的影響，即，即使作者想要表現權威性，仍以委婉的方式進行，

〔註48〕Fairclough N. Discourse and Social Change〔M〕. Cambridge: Polity Press, 1992: 85.

〔註49〕Fairclough N. Discourse and Social Change〔M〕. Cambridge: Polity Press, 1992: 122～124.

〔註50〕Fairclough N. Discourse and Social Change〔M〕. Cambridge: Polity Press, 1992: 130.

〔註51〕（蘇）巴赫金（M.M.Бахтин）著；錢中文主編；曉河等譯，巴赫金全集〔M〕，石家莊：河北教育出版社，1998：418。

因此整體來看，民國英語教科書編寫者以營造「事實性氛圍」體現篇章專業性。

其次，民國英語教科書與其他教育類篇章存在差別。楊信彰對教育語篇的定義為：「在教育過程中使用的語篇（篇章），包括講義、教材、課堂對話等……（其中）口語和書面語是兩種表達意義、獲取和組織知識的互補資源，在教育中起著不同作用。課堂對話在組織課堂、傳授知識、培養學生推理和評判能力方面別有特色，不同學科教科書則存在著不同詞彙—語法特徵、不同的知識構建協商方式」〔註 52〕。若將教科書元話語與課堂教師元話語相比，可發現教科書內指標記語要遠遠超出〔註 53〕，這是由於課堂交際中話語具有即時性，較難回指，而書面篇章以物質手段呈現，可以反覆追溯，因此內指標記語是教科書言語銜接的重要手段，在課堂中若過多使用該元話語，則會導致交際困難。與同類型篇章相比，本研究的語料皆為英語初級水平者編寫，其在前言部分也已表明是為了「使學生掌握基本語言知識、技能，獲取基本常識」。因此，教科書編寫者一來傾向選擇簡單的篇章過渡手段，如 and、but，及多種類型的框架標記；二來為使篇章更具可接受性，使用大量自我標記及參與標記，樹立編者的「在場身份」，營造親和的交際氛圍。三來利用語碼注解語使語言知識更直白地呈現，減少學習者的認知負擔。

總體來說，英語教科書的基本屬性為其類型體系之中的各種子類提供了可參考的標準，就元話語而言，本文認為，教科書中的元話語使用常規套路和策略，可通過總結及推廣應用在新的教科書編制中。而如何總結歸納出其互文鏈，則需要長期，大量的工作才可順利追溯，這也是今後英語、或外語教科書元話語研究的一條可拓展之方向。本文將在「結構互文」部分拋磚引玉，歸納出三本典型教科書共有的語類風格。

2. 顯性互文

我們仍以表 6-4 中所列語料進行對比，三本語料雖然發表的時間分屬民國前期、中期、晚期，但從其內容涉獵中，仍能發現其間存在著某些共性，通過對三本案例語料的主題類型、引導策略、語法內容的梳理，得出表 6-5 中的內容。

〔註 52〕楊信彰，系統功能語法與語篇分析〔A〕，載彭漪、柴同文（編），功能語篇分析研究〔C〕，北京：外語教學與研究出版社，2010：114～120。

〔註 53〕閆濤，中國英語教師課堂元話語研究〔D〕，上海：上海外國語大學，2010。

表 6-5　教科書顯性互文

考察項目	《英語模範讀本》	《開明英文讀本》	《標準英語》	標　識
主題類型	科普類（1、2、3、4、18、19、22、23）、生活故事類（3、8、16、21）、地理人文類（4、5、7、9、10、11、12、13、14、17、24、25）實用應用類（6、15）、名人傳記類（26、27、28）、公民教育類（29、30、31、32）	寓言類（1、2、4、5、16、17、46）、童話類（1、8、9、10、11、27、48、49、50、51）、生活故事類（12、14、19、30、42、43）、神話類（20、21、31、32、33、36、37、38）、科普類（3、6、15、23、24、35、41、44）、實用應用類（13、39）、公民教育類（40、47）	科普類(16)、詩歌類(3、10、19、28、55、62)、實用應用類(6、26、44、72)、名人傳記類(9、27、37、46、54、63)、小說類(4、12、14、14、15、30、31、32、33、34、48、49、50、53、36、57、58、60、61、64、65、66、71)、童話類（17、18）、名人演講演類（21）、民間故事類（28、40、41、42）、公民教育類（70）、寓言類（2、7、8、39）、生活故事類（22、23、24、25、36、59、68、69）	科普類／生活故事類／使用應用類／公民教育類
引導策略	順口溜、語法串講、對話拓展、活動題	順口溜、語法串講、對話拓展、活動題	順口溜、語法串講、對話拓展、活動題	順口溜／語法串講／對話拓展／活動題
語法內容	名詞、動詞、數詞、代詞、主語、謂語、形容詞、副詞、介詞、連詞、感歎詞、語氣、語態、時態、比較級、倒裝句、疑問詞	語氣、代詞、時態、數詞、從句、形容詞、冠詞、量詞、比較級、副詞、連詞、感歎詞、疑問詞、語態	主語、謂語、動詞、名詞、連詞、賓語、時態、形容詞、從句、代詞、副詞、語態	名詞／動詞／代詞／形容詞／副詞／連詞／時態／語態／比較級

從表 6-5 中可以發現民國三本英語教科書在編排內容上存在的共性。科普類、生活故事類、使用應用類、公民教育類文本選擇一直存續在各教科書中。這與民國的英語教科書編制要求有很大關係，從 1912 年頒布的《中學校令施行規則》、1923 年頒布的《中學課程標準剛要》、1941 年頒布的《修訂課程標準》這三條重要教育法令中可以看出，語言運用能力、語言貼近學習者生活的要求一直未有變化。而在民國中期以後政府對教科書提出了更高要求，比如 1912 年，教育部對中學教材的期待僅僅是：通解文字、增進智識，只不

過涉及書寫、翻譯、普通文章及文法要略即可〔註 54〕。而至 1929 年，教育部頒布的《初級中學暫行課程標準》，則要求教科書有「關於英語民族生活文化的事實，和英語的習用有著密切關係的（內容）」，《高級中學英語暫行課程標準》要求「關於西洋民族生活文化的事實和意義，和一般英語作品的瞭解有密切關係的（內容）」〔註 55〕。1936 年《修正初中中學課程標準》中也明確提出教科書的編制要加入「外國人民生活習慣等之事實——尤其關於英語民族及有益於中國民族精神之培養者〔註 56〕。」1947 年的《修訂中學英語課程標準》未因戰時烽煙而降低英語教材標準，提出教材中應包括實用會話與故事、短劇，並在第二學期起逐漸增加〔註 57〕。因此，我們可以看到，在《英語模範讀本》中人文地理等一般科普類文章居多，而到了林語堂的《開明英文讀本》，書中便增添了大量文學類閱讀材料，到民國後期的《標準英語》竟然增加了許多詩歌鑒賞的課文，可以說對學習者的學習要求越來越高。

三本教材的「引導策略」，即增強學習者學習之策略幾乎一致，只不過《英語模範讀本》善於使用活動題和對話拓展，《開明英文讀本》偏向於編繪順口溜幫助學習者記憶詞法要點，《標準英語》樂於採用語法串講的方式。值得一提的是，在「對話拓展」這一模塊，教科書編者不僅將其作為練習、複習語言知識的手段，而且利用這一模塊進行知識拓展訓練。比如在《英語模範讀本》第六課中，本課是教授學習者信箋格式的一篇短文，對話練習中不僅包括閱讀理解相關 What did James call himself in his letter?，而且通過引申問題鼓勵學習者交際：If you were to write a letter to your brother, what would you call yourself?。《開明英文讀本》中有一篇對話實例，見圖 6-3。這篇對話是由林語堂本人編寫的，其中包括了教師與學生關於「什麼才可以引為自豪」、「廣東是革命搖籃」這兩個論點的爭論，整個對話自然流暢，不添加過多的個人情感，但其中所折射出的某些現象和話題則可成為學習者批判性思維的發散地。

〔註 54〕課程教材研究所，20 世紀中國中小學課程標準 教學大綱彙編——外國語卷 英語〔M〕，北京：人民教育出版社，2001：7。

〔註 55〕課程教材研究所，20 世紀中國中小學課程標準 教學大綱彙編——外國語卷 英語〔M〕，北京：人民教育出版社，2001：28～35。

〔註 56〕課程教材研究所，20 世紀中國中小學課程標準 教學大綱彙編——外國語卷 英語〔M〕，北京：人民教育出版社，2001：43～45。

〔註 57〕吳弛，由「文」到「語」——清末民國中小學英語教科書研究〔D〕，湖南：湖南師範大學，2012：158。

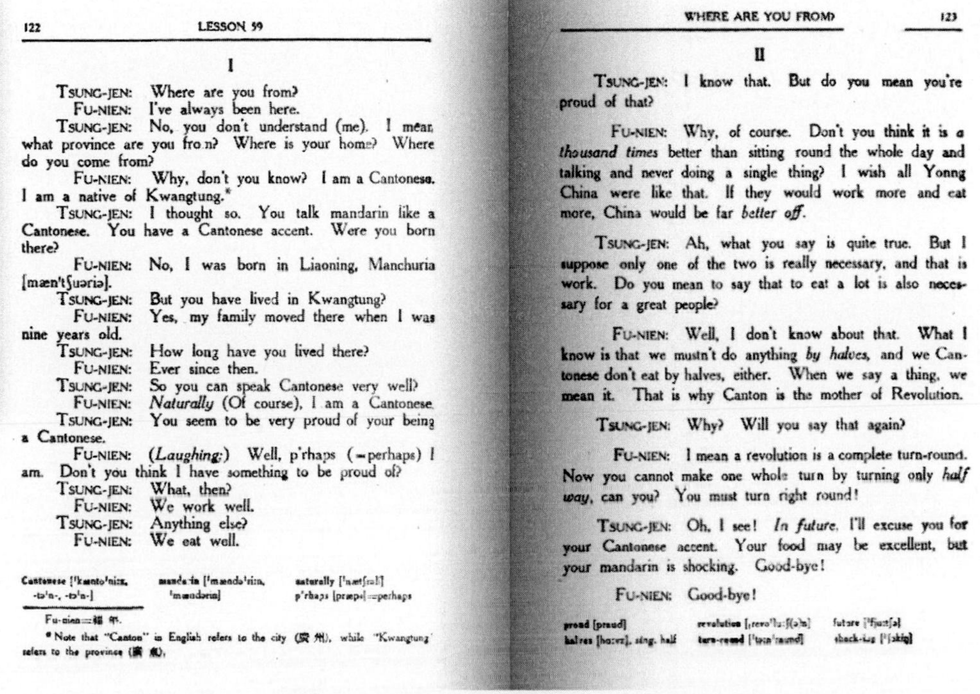

122　LESSON 59

I

TSUNG-JEN: Where are you from?
FU-NIEN: I've always been here.
TSUNG-JEN: No, you don't understand (me). I mean what province are you from? Where is your home? Where do you come from?
FU-NIEN: Why, don't you know? I am a Cantonese. I am a native of Kwangtung.*
TSUNG-JEN: I thought so. You talk mandarin like a Cantonese. You have a Cantonese accent. Were you born there?
FU-NIEN: No, I was born in Liaoning, Manchuria [mæn'tʃuəriə].
TSUNG-JEN: But you have lived in Kwangtung?
FU-NIEN: Yes, my family moved there when I was nine years old.
TSUNG-JEN: How long have you lived there?
FU-NIEN: Ever since then.
TSUNG-JEN: So you can speak Cantonese very well?
FU-NIEN: *Naturally* (Of course), I am a Cantonese.
TSUNG-JEN: You seem to be very proud of your being a Cantonese.
FU-NIEN: (*Laughing:*) Well, p'rhaps (=perhaps) I am. Don't you think I have something to be proud of?
TSUNG-JEN: What, then?
FU-NIEN: We work well.
TSUNG-JEN: Anything else?
FU-NIEN: We eat well.

Cantonese, mandarin, naturally, p'rhaps = perhaps

Fu-nien = 福年.

* Note that "Canton" in English refers to the city (廣州), while "Kwangtung" refers to the province (廣東).

WHERE ARE YOU FROM?　123

II

TSUNG-JEN: I know that. But do you mean you're proud of that?

FU-NIEN: Why, of course. Don't you think it is *a thousand times* better than sitting round the whole day and talking and never doing a single thing? I wish all Yonng China were like that. If they would work more and eat more, China would be far *better off*.

TSUNG-JEN: Ah, what you say is quite true. But I suppose only one of the two is really necessary, and that is work. Do you mean to say that to eat a lot is also necessary for a great people?

FU-NIEN: Well, I don't know about that. What I know is that we mustn't do anything *by halves*, and we Cantonese don't eat by halves, either. When we say a thing, we mean it. That is why Canton is the mother of Revolution.

TSUNG-JEN: Why? Will you say that again?

FU-NIEN: I mean a revolution is a complete turn-round. Now you cannot make one whole turn by turning only *half way*, can you? You must turn right round!

TSUNG-JEN: Oh, I see! *In future*, I'll excuse you for your Cantonese accent. Your food may be excellent, but your mandarin is shocking. Good-bye!

FU-NIEN: Good-bye!

proud [praud]　revolution　future
halves, sing. half　turn-round　shocking

圖 6-3 《開明英文讀本》之練習

語法方面，可以看出英語學習中最為基礎的句法知識：名詞、動詞、代詞、形容詞、副詞、連詞、時態、語態、比較級都包括在內。但是，三本教科書中的語法知識總量卻越來越少，其實，這並不說明民國語法越教越簡單，相反，民國初年，教科書編制者雖各個語法要點都有涉及，可探入不一定深，在所有已得民國初年教材中，《英語模範讀本》是教授語法最為詳細之作，而大多數，比如《共和國民英文讀本》只有詞句訓練而已。我們從民國中期之後的教育法令中也可以看出，教育部對語法的要求並未降低。比如 1923 年《新學制課程剛要》就有如下規定：初中第一段：（1）識字 四百至五百（2）文法 詞類之簡單用法：名詞（包所有格）；代名詞（包目的格及所有格）；形容詞（包比較法）；副詞（包比較法）；動詞（除既有前進候 perfect progressive tense 外，各候皆略有；並稍涉簡單之助謂字 simple auxiliary verbs）；介詞（簡單者）；連詞（簡單者）；感歎詞（極簡單者）。（3）造句法簡單句：複句；同等複句。第二段：（1）識字五百；（2）文法詳解以下諸項：自動態、被動態、語氣、時候；冠詞用法；詞類偽句及子句之用法；句語分析法；造句法簡單句；簡單成語用法；作文短段構造。

另外，從教科書的具體內容來看，其不存在十分顯著的「互文」形式，比如「引用」、「評論」，這是由它們本身的篇章屬性決定的，就像前文一再強調的那樣，英語教科書陳述事實，而不援引、結論。但是教科書話語作為一種可能的語類，其間必然存在著表達、描述上的一致性。以《英語模範讀本》和《標準英語》對「subject」之解釋為例：

〔f〕 In the first sentence, *preaching* is the subject of the verb *begins.* In the second sentence, *digging* is the object of the preposition *for* and at the same time it takes a direct object. In the third sentence, *reading writing* and *counting* are the direct objects of the transitive verb *learn.* <title>YYMFDB</title>

〔g〕 In the first sentence *playing* is the subject of the sentence. In the second sentence, *playing* is the object of the verb *like.* In the third sentence *playing* is the object of the preposition *after.* The subject of a sentence the object of a verb or the object of a preposition is usually a noun. Now *playing is* a verb and yet it is used as a noun. <title>BZYY</title>

例句中可以很明顯地看出，這兩句話在語言風格上（事實敘述），元話語使用上（框架標記語），還是知識點的解釋上（動名詞作主語、直接賓語），都存在著某種共性，而這種共性從民國初年跨越至民國晚期不可不受重視，本文將在下一部分集中討論。

3. 結構互文

根據費爾克拉夫對結構互文的定義，篇章通過佔用某些話語常規（discourse conventions），如體裁、語域、語言風格，對話語秩序（order discourse）進行重構，從而形成篇際之間的互文效應〔註58〕。前文提出，英語教科書至少在某些主題、語法活動的選擇上具有一定共性，那麼其體裁〔註59〕、語域、語言風格是否也具有一定相似性？我們知道，史書的體裁一般有編年體、紀傳體、典制體、紀事本末體等〔註60〕；文學體裁一般有詩歌、散文、小說、喜劇等〔註61〕；應用文章的基本體裁為：記敘文、說明文、議論文、實用文等

〔註58〕Fairclough N. Discourse and Social Change〔M〕. Cambridge: Polity Press, 1992: 85.

〔註59〕本段中所言說的「體裁」並非前文中「課文」的體裁，而是「整本教科書」呈現出的體裁，特此說明。

〔註60〕吳懷祺，中國史學思想通論 歷史文獻思想卷〔M〕，福州：福建人民出版社，2011：67～70。

〔註61〕童廣運，人文社會科學概論〔M〕，北京：北京師範大學出版社，2015：82。

等〔註 62〕。柳華妮則通過梳理，得出中國英語教材體裁按歷史發展順序，可分為語法型、文選型、閱讀對比型、結構型、綜合型、立體型、內容型幾種〔註 63〕。如果按柳的定義，民國三本案例教科書中，《開明英文讀本》、《標準英語》可基本確定為文選型教材，而《英語模範讀本》則難尋其類。不過，從周越然自己對教材的定位上可以看出，《英語模範讀本》應為「聽說型」與「語法型」的綜合，其曰：「英語學習的第一件事情，不是去學習那些古老的文學，而是對日常對話進行口頭練習。教師首要做的也應該是讓學習者盡可能地熟悉語言的發音。……對於語法應以歸納法為先，系統教習。」〔註 64〕其實，我們從所得的 15 本教科書中發現，民國英語教科書（至少是民國初中英語教科書）體裁併不可以用歷史時段將其區分開，比如 1914 年編制發行的《共和國民英文讀本》就是典型的「不直接傳授語法、選取英美原版作品」的「文選型」教科書，而 1936 年發行的《初級中學英語》又是以基礎對話、聽力訓練為主的「聽說型」教材，「新中國」成立前編寫的《初中活用英語讀本》則是以傳輸語法為中心的「語法型」教材。因此，本文認為，民國英語教科書存在著體裁上的互文關係，但這些互文關係並不以時間為隔離。另外，除常見語法型、文選型等英語教科書體裁外，還有「聽說型」、「混合型」等多種體裁可能。體裁互文的發生有諸多因素，比如（1）模仿。民國時期，教科書市場開放、繁榮、且競爭激烈，許多人看見其中蘊藏著的巨大潛力，都想擠進來分一杯羹。像造成轟動的《英語模範讀本》，多人眼紅周越然光靠版稅「一年收入就是 100 多萬元」，便模仿其編撰、選文方式出版了諸多相似教材，此「亦得可觀賺頭」〔註 65〕。出版界盡知的「民國第一教科書案」也是由「模仿」糾起。前文已談過，《開明英文讀本》與《標準英語》在體裁上具有相似性，而《標準英語》之前身《標準英語讀本》更是被林語堂痛批其在選文上與《開明英文讀本》幾近雷同，涉嫌抄襲。其實，《標準英語讀本》的編撰確受《開明英文讀本》影響，但是否判為抄襲則有待商榷。中國著名史學家宋雲彬先生回憶，時任中華書局副總經理的沈知方，在得知開明書店靠林語堂「開明」系列賺得盆滿缽滿後，立即叫英文部的年輕編輯林漢達撰編一套投放市場，

〔註 62〕趙建中，文章體裁學〔M〕，南京：南京大學出版社，1990；106。

〔註 63〕柳華妮，基於體例演變影響因素分析的大學英語教材編寫研究〔D〕，上海：上海外國語大學，2013：54。

〔註 64〕周越然，英語模範讀本〔M〕，上海：商務印書館，1918：iv。

〔註 65〕楊建民，昨日文壇的別異風景〔M〕，西安：西安出版社，2013：347～352。

果然《標準英語讀本》受到師生好評，一時銷路大增，而林語堂在仔細對比兩書之後，認定其為仿書。後來，此事從兩位作者之交涉上升至開明書店與世界書局之官司，最後以世界書局名譽受損，教育部長蔣夢麟親批判詞為終，《標準英語讀本》也被剝奪了發行權。但宋雲彬回憶說，當時許多教材內容大都是國外經典文選，談不上誰抄襲誰，而《標準英語讀本》其實在整體編排上、個人風格上並不比《開明英文讀本》差〔註 66〕。我們回到這兩本教材的體裁上，可以發現，雖然兩本書都是「文選型」，但是在選材上林漢達偏向通俗易懂的民間故事，林語堂則傾向於選擇詞彙量較大的神話、小說。綜上，與其說是「抄襲」，不如說是《標準英語讀本》共用《開明英文讀本》之體裁類型，所以閱讀起來才會有如此多的相似感。（2）編者理念。教科書作者的編寫理念對教材整體組織風格具有很大影響，比如林語堂就認為，學習英語並不一定要從最簡單的學起，而應該布置一些有趣又有一定難度的文選作品〔註 67〕。《共和國民英文讀本》也是為「傳輸公民思想，儘量選取有趣、簡單的寓言、格理故事」〔註 68〕。《初中活用英語讀本》講究「聽說讀寫全面發展」〔註 69〕，選取的課文也是為此服務，人文教育性少，整體向句法訓練的「語法型」體裁傾斜。（3）教育政策。民國時期的圖書出版市場雖然比較自由，但是事關人才培養的教科書編撰事宜，還是需教育部審定通過，方能發行。我們可以看到許多教科書編寫者在前言處，都申明其對教育部最新教育政策的貫徹。比如陸步青撰寫的《國民英語讀本》，便強調其為 1929 年教育部最新制定「教材大綱」專門編撰。1929 年，國民政府頒布《初級中學英語暫行課程標準》，其中規定教材應包括：「各種有定式的簡短句組，大部分能用實物圖型或動作示意者，例如命令組演進組之類」〔註 70〕。因此，在《國民英語讀本》中，作者編寫了大量的口耳訓練程序，整本書的體裁偏向「聽說型」。體裁的不同也影響著作者的元話語策略，比如在「聽說型」中，作者為了達到訓練學習者口語、發音的目的，布置相當的問答式對話練習，無形之中增

〔註 66〕中國人民政治協商會議全國委員會文史資料研究委員會，文史資料選輯 第 31 輯〔M〕，北京：中華書局，1962：1～4。

〔註 67〕林語堂，開明第二英文讀本〔M〕，上海：開明書店，1928：11～12。

〔註 68〕蘇本銚，共和國民英文讀本〔M〕，上海：商務印書館，1914：i。

〔註 69〕詹文滸，邵鴻鑫，初中活用英語讀本指導書（第二冊）〔M〕，上海：世界書局，1937：ii。

〔註 70〕課程教材研究所，20 世紀中國中小學課程標準 教學大綱彙編——外國語卷英語〔M〕，北京：人民教育出版社，2001：18～19。

加了「參與式標記語」的數量，而「語法型」則多講解，過渡語、語碼注解語較其他類型更多。

前文曾提及韓禮德的語境觀，即語境由語場、語旨、語式組成，三者任一發生改變，交流之意義便發生變化，也就產生了相應的「語域」。在實際分析中，許多學者將語域等同於「體裁」（見武姜生所著：《語域變異與語境關係的多維度分析》），但本文認為，體裁與語域並非同義。前者是「內部結構特徵鮮明，高度約定俗成的交際事件」〔註 71〕，即我們不會把一篇整齊對仗、無前因後果的小文稱為小說，我們也不可能把一篇洋洋灑灑、論述詳細的長文稱為詩歌；後者是「根據情景類型配置的意義集合」〔註 72〕，也就是說，語域是根據情景語境要素產生的語言功能變體，是連接語言與社會意義的過渡成份。那麼，語域即是比體裁更大的概念，體裁只不過是「語式」的一種表現。胡壯麟曾對語境變量與語域的產生進行過較為明朗的解釋〔註 73〕：語場變化產生不同學科或領域語域；語旨變化產生不同正式程度、口氣和態度的語域；語式變化產生不同渠道、媒介、修辭方式所區分的語域。循著胡教授的定義，我們能夠發現，所選教科書語料處於同一語域：都屬通識類、專業性、書面英語。當然，這些只是對案例語料最為寬泛語域特徵的描繪，如果深入研究，則需判斷三者對概念意義（及物性、語態、歸一度）、交際意義（語氣、情態）、篇章意義（主位結構、信息結構、銜接）的具體選擇。由於本文是對非命題的「元話語」進行探討，因此可從「交際意義」和「篇章意義」討論三本案例教材的語域範圍。首先，從表 6-1 中可以看出，三本教科書在與讀者交際中的主觀情態存在區別，《英語模範讀本》模糊限制語頻數為 90，增強語為 68；《開明英文讀本》模糊限制語 76，增強語達 111；《標準英語》模糊限制語 61，增強語 60。也就是說三本教材中《開明英文讀本》「專業性」最高，《標準英語》較為平均，《英語模範讀本》編者試圖降低專家身份，建立一個平等的交際氛圍。從教科書的篇章結構看，《開明英文讀本》最為複雜，課文內部關係縱深交錯，可見作者對讀者的學習能力具有一定期待，其自身的英文功力深厚。《標準英語》

〔註 71〕Bhatia V. A generic view of academic discourse〔C〕. In J. Flowerdew（eds.）, Academic Discourse. Harlow: Longman, 2002: 21～39.

〔註 72〕Halliday M A K. Language as Social Semiotic: the Social Interpretation of Language and Meaning〔M〕. London: Arnold, 1978: 68.

〔註 73〕胡壯麟等，系統功能語法概論〔M〕，長沙：湖南教育出版社，1989：175～176。

結構時而緊湊、時而離散，表現出作者對課文編排具有較強的自我控制能力。《英語模範讀本》結構清晰，易上手，適合英語初級學習者使用。

語言風格之「風格」，對應為英文的「style」，也作語體解。在上文分析中，已知教科書編者在進行語法教授時，語言風格具有相似性，本段將根據程雨民教授提出的「語體綜合分析法」〔註 74〕，從平均句長、句型（簡單句／複合句）、謂語（主動／被動）、不完全結構（詞組／句型）對三本教科書的語言風格互文關係進行進一步探討。首先，由於教科書導語部分涉及學習者不多，主要是對教師教學事項的提示，以及新書介紹；而在語法、人文知識講解部分，授受對象才為學習者。因此，我們將整個語料分成「導語」與「語言知識點講解」兩部分導入 Readability Analyzer，其中知識講解部分語料文件名後綴（2），得到具體結果如下：

Settings Results About

File	Reading Ease	Text Difficulty	Grade Level	Sentences	ASL
11.txt	55.30	52.40	15.10	115	20.10
13.txt	71.50	45.60	10.30	89	12.30
4.txt	79.40	36.30	8.90	44	13.30

Readability Analyzer 1.0 (Using Microsoft Office Word 2007)

Settings Results About

File	Reading Ease	Text Difficulty	Grade Level	Sentences	ASL
11 (2).txt	73.60	26.40	6.80	174	13.60
13（2）.txt	84.70	15.30	4.30	153	12.00
4（2）.txt	81.20	18.80	4.30	314	11.60

圖 6-4　教科書句長分析

從圖 6-4 可以發現一個頗有意思的現象，即三本教科書導語部分平均句長（ASL）皆高於正文知識點講解部分，其中開明英語的篇章難度及句長都較其他兩本更甚。但是在知識點講解部分，雖然開明英文用句略長，但是總體來看，案例語料的句長都維持在一個較平均，且較低水準，也就是說，在向學習者講授知識點時，三位編寫者都傾向於使用盡可能簡單的句子，從整個篇章的難度統計中也可以看出，導語部分難度達到中高級英語水平（k9-k15），講解部分難度只有初級水平（k4-k7）。其次，我們順著上文的思路，著重對知

〔註 74〕程雨民，英語語體學〔M〕，上海：上海外語教育出版社，1989。

識點講解部分句型、謂語、不完全結構進行互文性分析。結果發現，案例語料在知識點引入、知識點介紹、重點提醒三個方面存在著句型、結構、語態上的一致性。

（1）引入的主要結構為：（內指標記語）+參與式標記／自我標記語+新知識點，此句一般為簡單句、主動語態。如：

〔h〕n Lesson III, you learned something about verbs. <title>YYMFDB </title>

〔i〕Lesson 49 tells us what a participle is. <title>BZYY</title>

〔j〕We talk everyday, and every time we talk, we both ask and answer questions.<title>KMYWDB</title>

（2）知識點介紹的主要結構為：框架標記語銜接主系表結構如例〔f〕、〔g〕；或使用知識點+語碼注解語+解釋，一般為包含被動語態的複合句。如：

〔k〕The verb which has *ing* as an ending is called the present participle.

A noun used as the complement of a copulative verb is a predicate noun. <title>YYMFDB</title>

〔l〕These words on, in, at, upon, after, for, to, etc. are called Prepositions. <title>KMYWDB</title>

〔m〕They saw the soldiers pass" means they saw the soldiers when the soldiers pass. <title>BZYY</title>

（3）重點提醒的主要結構為：增強語／評價標記語／指示標記語+重點知識，一般為簡單句，比如：

〔n〕A verb is the most important word in a sentence。<title>YYMFDB</title>

〔o〕There must be a verb in the predicate. <title>BZYY</title>

〔p〕We don't say「不要客氣」in English. That is a Chinese expression. Don't translate it. <title> KMYWDB</title>

其實以上結構很好理解，當我們需要引出主題時，總是不自覺地將該主題與信息接受者的已有知識聯繫在一起，而在教科書中，作者可以預估的「已有知識」一般都是先前講解過的內容；在重點提示的時候，為了提升篇章的信服度，使用強度／量級高的詞類亦是明智且通常的決策。另外，可以發現在知識講解時，作者非常喜愛使用被動語態，在韓禮德的系統功能語法中，語態屬於「概念功能」之一，被動語態與主動語態於概念意義和人際意義而言都是一致的，即小句呈現的命題信息一致、授受關係一致，但是其篇章意義不同，在篇章語言學理論基礎部分，介紹了布拉格學派和系統功能學派的「主位理論」、「交際動態理論」，我們知道英語語法主語不具備核型施事以及核型主題的特徵時，必須啟用被動語態來彌補，如此一來中介和目標就成為主語，主、述位置得以保持，小句的中心信息就能夠凸顯出來。

通過對案例語料篇外互文關係進行探索，可以解釋，為什麼教科書所選取的元話語總是具有一定相似性。中國近代英語教科書最早乃「舶來品」，從引進、修編、再到自編，英語教科書逐漸形成了一套較為成熟、系統的編撰體例，而其系統化的過程，正是不斷與不同和相同體裁、語域、語體教科書進行「對話」、「互文」的過程。筆者在閱讀案例教科書時亦發現，每一本教科書都可牽引出許多條拴結彼時語言教學思潮、社會意識形態的線索，比如自《英語模範讀本》啟用「國際音標」對單詞進行標注之後，後續教科書都陸續開始在單詞後標注音標；從民國初期到民國晚期，不乏教科書編者表示對帕爾默〔註 75〕（Palmer）的敬仰；另外從選文內容上可以看出，本國意識和別國（特別是英美）意識在不同時代中有著細微改變。那麼這些互文關係在英語教科書發展史上到底是如何形成的，又以何種互文形態出現在教科書中，還有待相關研究者作更深入的研究。本研究僅將以「元話語」為切入點，在下一小節對篇章更外圍的語境要素進行分析。

三、文化語境分析

教育語篇的社會語境往往包含著教師和學生之間的不平等關係〔註 76〕。從元話語中可以看出，編者與讀者交際時，普遍將自己設定為專家，而讀者為事實知識的接受者。這一境況是可理解的，正如前文分析的那樣，教科書具備專業性和教育性，如果編者使用大量模糊標記語或情感標記語，整個篇章的專業性會受到質疑，專業界限、內容客觀性亦會模糊。但這並不是要求教科書編寫者完全關閉交際，而是要以正確的方式，在適當的時候提醒讀者進入篇章。如何提醒，以什麼手段提醒不僅與教科書編寫者的篇章意識相關，而且與其對交際主體：師、生角色的理解相關。比如上一章中談及 let、should、

〔註 75〕直接法的推廣者。

〔註 76〕楊信彰，系統功能語法與語篇分析〔A〕，載彭漪、柴同文（編），功能語篇分析研究〔C〕，北京：外語教學與研究出版社，2010：114～120。

must 之使用區別就能在側面佐證此論點。此外，英語（外語）教科書不僅傳播語言知識及技能，亦傳遞其對不同文化、不同文化交際對象的認識及態度，元話語是引導讀者理解篇章，表達命題態度的介質，結合元話語對命題信息進行分析，能夠還原作者的主觀態度，並由此進一步探尋彼時的主流文化觀。最後，就像前文分析的那樣，教科書元話語的選擇與中國修辭文化、社會價值取向有著密切聯繫，比如中國人樂於使用折衷、協商的表達方式、崇尚集體主義，因此在篇章中出許多現模糊限制語和第一人稱複數的自我標記語等。本小節將以民國英語教科書元話語特徵為切入點，通過還原作者「主觀情態」，探索民國交際主體角色、文化觀念、修辭文化的嬗變。

（一）交際主體角色

在言語交際過程中，話語參與者總是充當著一定的社會角色和話語角色。話語角色是交際雙方在一定語境內充當的角色，社會角色則是言語交際雙方或多方之間的社會關係。社會角色相對而言比較穩定和持久（如教師、學生等），而話語角色則相對具有臨時性，其由對話雙方的交際角色而決定。「研究話語角色即研究和區分交際的某一方是在發出信息、接受信息，還是代表某一方在傳遞信息這類關係」〔註 77〕。我們知道教科書編寫者與其讀者之間的交際是不在場，預設的。其交際分兩個時段，第一個時段為教科書編寫者在編書之初，根據經驗、課程標準、教學大綱等因素，在腦海中與想像的讀者進行交際。第二個時段為教科書在課堂使用時，其元話語與現實師、生的篇章理解產生連接效應，從而開展的交際。第二階段交際的質量與第一段事先擬定的交際情境有很大關係。如果作者事先確定的情境是不現實的，超出第二階段交際主體的接受水平，則不可能達成交際。由於本文關注的主體是教科書，而非課堂教學，因此本文考量的交際主體角色為現實編寫者與編寫者擬定的教師、學生。陳麗江〔註 78〕總結了話語交際建構者的三個角色分別是：（1）責任者，即言語行為的發起者，與事實上說出或實施某一言語行為的話語「傳聲筒」或「代言人」相區分，責任者可以是在場的也可以是不在場的。（2）代言人，為某一言語社團的代表或成員，其代表社團，或社團中的某

〔註 77〕陳麗江，文化語境與政治話語 政府新聞發布會的話語研究〔M〕，北京：中國廣播電視出版社，2007：142。

〔註 78〕陳麗江，文化語境與政治話語 政府新聞發布會的話語研究〔M〕，北京：中國廣播電視出版社，2007。

一人傳遞話語信息，並對傳遞的話語內容負責。（3）傳達者，指按原話傳達作者話語信息的某個人，他可以對其傳遞的信息持否定、懷疑態度，也無需對言語形式及內容負責。本研究中，很明顯，教科書編者為責任人，負責初始信息命題的遞送，而教師則是教科書的代言人，以教學的方式將責任者的話語傳遞給學生。從對民國教科書的分析來看，它的內容是面對學生的，而它的操作則面向教師。我們可以從表 6-中獲證，三本案例教科書的前言內不管篇章進展組織語所謂何事，都必然包括教師對教材使用流程的詳細介紹。進一步對涉及編者角色及教師角色的元話語分析時，我們發現，作為責任者的作者極少在交際中表現其責任人的身份，而用隱晦的建構方式，如前文所說的「the author」、「we」來代替，而涉及教師身份時，不同教科書有不同的表徵方法，見表 6-6。我們可以看到《英語模範讀本》和《開明英文讀本》都用第三人稱的形式形容教師角色，即作者將自己信息傳遞的代言人定義為教師團體，而非個體。從韓禮德的篇章理論看待此現象，可以理解為，作者通過人稱照應關係使上下文產生銜接，避免不必要的語義重複。另外，從元話語理論中可以獲悉，《英語模範讀本》及《開明英文讀本》旨在建立一個由上而下，具有距離感的交際氛圍。雖然《英語模範讀本》缺失編者角色，從整個語義布局也可以看出，編者佔據了絕對的交際地位。《標準英語》直接使用第二人稱，即使缺失編者角色，也能夠增加交際過程中的平等感。其實，對交際角色的不同描述，取決於編者自己的編寫立場，無論是「teacher」還是「you」都無妨信息傳遞，只是前者更表現作者對教學應然的客觀描述；後者更偏向於和教師直接交際，其指向性更強。

表 6-6　英語教科書編者對教師角色的指涉

1.《英語模範讀本》	（1）對教師角色的指涉：teacher(s)、he/his 例句：The teacher's first care should be to make his pupils perfectly familiar with the sounds of the language. To insure a correct use of the foreign sounds he will make use of a phonetic transcription, which should be employed to the exclusion of the traditional spelling during the initial stages. （2）編者角色：缺失
2.《開明英文讀本》	（1）對教師角色的指涉: teacher(s) 例句：Teaching is an art, and its success must necessarily depend more on the teacher's methods and personality than on the choice of a textbook.

	（2）編者角色：the writer 標題、小標題、引言段、過渡段
3.《標準英語》	（1）對教師角色的指涉：you 例句：After the reading, free discussion of the subject matter of the story is very necessary. Do not limit your conversation to questions and answers between yourself and the students. （2）編者角色：缺失

陳麗江在上述交際建構者的分類上又進一步劃分出話語的接受角色，分別是（1）受話者，指話語的直接授受對象，與話語發起者具備同樣的話語權利。（2）旁聽者，指話語的間接授受對象，與言語發出者不直接進行交際，一般不能參與談話，但偶而能插話。（3）觀眾，是相對於發言人等的其他不在場的參與者，不參與談話，也不屬於言語行為的正式參與者，是某一話語的間接言語對象。陳麗江的受話者角色分類建立在直接交際的基礎上，即口頭交際，對於教科書這一書面篇章而言，其內容的接受者為學生，主要受話對象也為學生，書面交際雖然沒有口交際那樣有即時的對話機會，但是如前面所言，在教科書交際的第一階段，教材編寫者自行擬定了受話者——學生的說話權利。比如，我們在教科書中看到的練習、提問，都是教科書編寫者為學生預留的交際空白。那麼在這些擬定的交際中，編寫者的角色和受話者的角色如何？從第五章元話語分析中已經瞭解，大多數編寫者在篇章組織過程中享有絕對的控制權，不論是開放交際，體現協商還是關閉交際，樹立權威，都由編者敲定。優秀教科書編寫者在此，就是能夠權衡這種控制，在不同的交際情境下轉換編-受者角色。以《開明英文讀本》為例，在編排語法知識時，其使用了許多增強語及語碼注解語，此時，編-受關係是不平等的，但也是合理的，因為「公理性」知識的呈現如果依靠模糊語，或其他過渡語引入，便會增加該知識的模糊感。其次，在一些稍容易或有特點的句法知識點引入時，《開明英文讀本》又使用了較為輕鬆的表徵方式，比如：Do you know how to ask a question? There are many ways of asking.。

（二）文化觀念

「文化」是個包羅萬象的詞，幾乎囊括了人類活動之所及的方方面面的事情〔註 79〕。但這並不意味著「文化」是虛渺難抓的空氣，英國著名社會學

〔註 79〕（英）泰勒著；蔡江濃編譯，原始文化〔M〕，杭州：浙江人民出版社，1988：1。

家雷蒙德·威廉斯（Raymond Williams）在《文化分析》一文中，曾對文化進行了三分定義，即認為「文化」包括「理想的文化」：永恆秩序及普世價值，「文獻的文化」：記錄人類追尋永恆秩序、普世價值過程中的思想和經驗作品，「社會的文化」：對生活方式的整體性描述〔註 80〕。教科書是記錄、傳播「理想文化」的載體，屬於「文獻的文化」，但同時它也是「官方知識」的傳聲筒，是促進文化再生產的工具。因此，按照威廉斯的理解，分析教科書這樣的「文獻文化」必須聯繫具體的社會歷史背景討論，因為「文化的意義和價值是在特定社會中，特定個體間，通過特定社會遺產和特定社會活動加以鞏固的」〔註 81〕。也就是說，「文獻」中對「理想文化」的定義，對「理想文化」再生產的方式都是由其所處社會歷史背景所決定的。「英語（外語）教科書」作為一種特殊的「文獻」類型，其不僅包括英美國家文化的選擇和呈現，還應包括對不同國家、不同類別文化的對比及反思，而以上行為最直接的反映就是當前社會共有的「文化觀念」〔註 82〕。本段將就英語教科書中文化內容的選擇及呈現，文化內容的對比與反思兩個部分，對民國主流「文化觀念」進行分析，並總結該文化語境要素與編者「元話語」的關係。

1. 英語教科書文化內容的選擇與呈現

民國成立初年，政府對「語言文化」關注的其實並不多，壬子癸丑學制對英語課程之要求不過是：「通解外國普通語言文字，具運用之能力，並增加智識。外國語首宜授以發音拼字，漸及簡易文章之讀法、書寫、譯解、默寫、進授普通文章及文法要略、會話、作文」〔註 83〕。而至民國中期以後，教育部開始增加英語課程的「文化要義」，要求其能「增進學習者對他國文化尤其是目的語國家文化的興趣和理解」，其選擇也必須符合「培養中國民族精神」之要求，比如：

1929 年頒布的《初級中學英語暫行課程標準》中對於課程目標的規定為：「……使學生從英語方面加增他們研究外國事物的興趣。」

〔註 80〕Williams R. The Long Revolution〔M〕. UK: Penguin Books Ltd, 1965: 149～150.

〔註 81〕Williams R. The Long Revolution〔M〕. UK: Penguin Books Ltd, 1965: 153.

〔註 82〕Stern H H. Fundamental Concepts of Language Teaching〔M〕. Oxford: Oxford University Press, 1983: 156～258, 505～507.

〔註 83〕課程教材研究所，20 世紀中國中小學課程標準 教學大綱彙編——外國語卷英語〔M〕，北京：人民教育出版社，2001：7。

1929 年頒布的《高級中學英語暫行課程標準》中對於課程目標的規定為：「……使學生從英語方面加增他們研究外國文化的興趣。」〔註 84〕

1936 年頒布的《初級中學英語課程標準》中對於課程目標的規定為：「……使學生從英語方面加增研究外國事物之興趣。」並要求教材中編有「外國人民生活習慣等類之事實——尤其關於英語民族者，及有益於中國民族精神之培養者」

1936 年頒布的《高級中學英語課程標準》中對於課程目標的規定為：「……使學生從英語方面加增其研究外國文化之興趣」，教科書則需包括「外國文化之事實與意義——尤其關於英語民族者及有益於中國民族精神之培養者」。〔註 85〕

1948 年頒布的《修訂初級中學英語課程標準》中對於課程目標的規定為：「……認識英美民族精神及風俗習慣。……」教材要求為「（加入）外國人民生活習慣等類之事實——尤其關於英語民族者，及有益於中國民族精神之培養者」

1948 年頒布的《修訂高級中學英語課程標準》中對於課程「目標」的規定為：「……從英語方面加增其對於西方文化之興趣。……」教科書應有「外國文化之事實與意義——尤其關於英語民族者及有益於中國民族精神之培養者」〔註 86〕

由上可見，民國時期，當局對語言文化的態度逐漸從忽視到重視，對語言文化的選擇也逐有定論，即選擇有助於培養學習者興趣，並有利於鞏固本國主流價值觀之內容。從 15 本所獲英語教科書中可發現，民國初期，編者傾向於選擇與日常生活相關（尤其與目的語國家日常生活相關），或傳揚「勤勞儉樸」、「自由民主」等符合「官方價值」的文化內容。比如前文提及的《英語模範讀本》，從表 6-3 中能夠看出，該教科書幾近描繪英美國家地理人文、風俗習慣之樣貌，且不乏對其讚揚褒獎之意（見「篇章內部互文」之例句）。又如民國初期發行的《共和國民英文讀本》，此書共計 60 課，除介紹日常相關

〔註 84〕課程教材研究所，20 世紀中國中小學課程標準 教學大綱彙編——外國語卷 英語〔M〕，北京：人民教育出版社，2001：18～25。

〔註 85〕課程教材研究所，20 世紀中國中小學課程標準 教學大綱彙編——外國語卷 英語〔M〕，北京：人民教育出版社，2001：28～35。

〔註 86〕課程教材研究所，20 世紀中國中小學課程標準 教學大綱彙編——外國語卷 英語〔M〕，北京：人民教育出版社，2001：68～76。

的語言用法、知識以外，所選課文大都有「教化」之意，像「生病的大象」一文為講述救死扶傷之故事；「兩個孝順的兒子」，讚揚「孝順」之行為；「騾與馬」講述互相幫助的益處；「被抓的小偷」讚揚見義勇為的行為；「馬」頌揚忠誠之意義等等。總結來看，民國初期，儘管課程標準並未明確規定教科書文化內容如何選擇，但編者們不約而同選擇簡單的科普類、說理類文化內容，一來符合民國英語學習者英語水平普遍不高的現實，二來這類實用、明瞭、貼近生活的課程內容能夠幫助學習者最快地獲得基礎語言知識和技能。不過這一階段文化內容的呈現大都過於「直白」，即停留在「就事論事」這一層面，無進一步的反思和推導，作者本人之主觀情態亦較明顯。而民國中期以後，此情況漸漸消退，彼時「文選型」教科書開始大量出現，編者熱衷選用文學類文本作為教學內容，其中就不乏難度較高且文化內涵豐富的寓言、小說等。而編者在抒發其文化教育意義時，總是採取引導而非直授之方式。比如周越然 1925 年編撰發行的《現代初中英語教科書》，較其前期代表作《英語模範讀本》來看，不僅添加了諸多「傳播主流價值觀念」的寓言故事，如「母親與她的兒子們」、「豺狼與仙鶴」、「狐狸與葡萄」等，而且在閱讀後的練習部分不再給出「標準答案」而以「開放性問題」引導學習者思考。民國後期，教科書編者選取文學類文本時，亦普遍採用這種「以引導代直授」的文化內容呈現方式，但，與此同時，教科書中也頻繁出現「訓導式」文化內容，即不再通過「文本中介」依託文化內容，直接以「作者」本人身份告知學習者應遵守的文化規約。比如《文化英文讀本》和《初中活用英語讀本》就有如下內容：

〔q〕You should always obey your parents and your teachers. They are placed over you for your good and they know better than you do what is best for you.

Obey at once with a smile and thus show that you are willing and glad to do as you are told.

You should be gentle and kind to all; not only to those who are kind to you, but to those who are unkind. “Do to others as you would have others do to you.”<title>WHYWDB</title>

〔r〕Always say “please” when you ask for something. Always say “Thank you” when you get it.

Always obey your parents and your teachers. They are placed over you for your good. They know better than you do.

Think of the poor, the old and the sick. They need your help. Gentle words and kind acts will make them happy.

Always speak the truth. Never tell a lie. Better own a wrong than tell a lie. Nobody can trust a liar. <title>CZHYYYDB</title>

從例文〔q〕、〔r〕可以清楚看到，兩位編者所描述的都為中國傳統文化中的普世價值觀，如尊敬師長、父母，善待他人、以德報怨，誠實、助人等。但其描述方式並不是「陳述」，也不是「建議」，而是一種「要求」。回看兩本教材發布的歷史背景，往前看是民國自成立以來，首次將初中英語改為選修，從當下看，戰事荒廢，淪陷區英語教學廢止長達六七年之久，其正待重新整組開展。而在這兩個時段內，學界及政府強調的都是「民族意識」，「固有之文化」，「國民道德」〔註 87〕〔註 88〕等有助於即時鞏固國家政權的英語教育方針，陶冶、怡情等隱性文化輸送策略被擱置，因此，在教科書中，許多編者也逐漸拾起「戰時」的緊張感，加大傳統文化的教導力度。

另外，值得一提的是，民國整個發展階段中，英語教科書中關於「本族語」文化，特別是黨政、黨國的著墨越來越多，以《國民英語讀本》為例，蔡元培為其題跋道：「陸步青先生所編讀本，著意此點。其讀物內容除普通常識外，一掃從前滿紙西洋誇大狂及侮辱中國文字之弊，而採取總理遺教，革命故事，本黨注意，本國優點，以激髮兒童愛黨愛國之忠誠；使與其他各科收聯絡之效，而應用更為便利，名以『國民英語讀本』，真是名實相符了。」〔註 89〕從教科書中可見，作者通過一些隱晦的故事、圖例，不斷引導學習者重視「愛黨愛國」之要義。除此之外，民國中期之後，英語教科書不僅增加了本族語相關文化知識，而且對如何傳遞這些知識進行了編排。比如陸殿揚編著的《初級中學英語》，第 16 課為「中國」，閱讀部分為介紹中國地理風貌，對話練習部分則專門針對課文內容，提供了可參考的問答模式，寫作練習部分增加了中國地理人文知識的拓展，學習者可以根據編者提供的線索，自行增加相關話題的交際內容。

最後，本文發現，民國教科書中配圖中的「中國形象」越來越突出。民國初年，教科書中或不配圖，若配圖則多為「外國之人事」，30 年代之後，隨

〔註 87〕李良佑、張日晟、劉梨，中國英語教學史〔M〕，上海：上海外語教育出版社，1988：174。

〔註 88〕熊明安，中華民國教育史〔M〕，重慶：重慶出版社，1997：303。

〔註 89〕陸步青，國民英語讀本〔M〕，上海：世界書局，1932：i。

著國家政治經濟逐漸穩定，公民意識不斷崛起，編者選用的插圖，大都以描繪本族文化為先。圖 6-5 是《共和國教科書中學英文讀本》和《國民英語讀本》中兩篇課文的插圖，兩篇課文都為介紹「火災」且未提及國別文化。從圖中可發現，後者使用的插圖都與本國物質生活相關，而前者插圖反映的則是其他國家的概貌。

FOR MIDDLE SCHOOLS: SECOND YEAR 101

2. It is not often that any one can tell either where a fire has begun or what has caused it. A little spark may set a large building in a blaze.

3. Sometimes children play with matches or lighted paper, and, afraid of burning their fingers, they throw the blazing thing down, never thinking of the harm they may do.

102 PROGRESSIVE ENGLISH READERS

4. One careless act may cost many thousands of pounds, and even a number of lives; for we often hear of persons having been burnt to death. Therefore, never either play with fire or use it carelessly.

5. If you once hear the cry, "Fire, fire!" mingled with the ringing of the alarm-bell, you will never forget it as long as you live. All the people near run at once to the spot to try to put it out.

6. As soon as the firemen hear the news, they jump on to their fire-engine and drive to the fire as fast as the horse can gallop.

7. The firemen have brass helmets on their heads, so that they may be protected from falling stones, bricks, and other things, as they move about in the burning building.

8. As soon as they arrive, pipes are quickly laid, and streams of water are poured on the

256 THE KUOMING ENGLISH READERS

LESSON 19

FIRE AND WATER

1. We eat cooked food.
We drink **boiled** water.
By what means is our food cooked and water boiled?
It's by means of **fire**.
Long ago, people didn't know how to make fire at first.
Like **animals**, they were **afraid** of it.

Early people learned to get fire by rubbing dry sticks together

Later, they learned to get fire by **rubbing dry sticks** together.
Today there seems nothing so easy as to make a fire.
Strike a **match** and you will get a fire, **ready** for use.

Strike a match and you will get a fire

257 BOOK II

2. Fire gives us **heat** in winter when it's cold.

Fire gives us heat in winter

Fire gives us light at night

Fire gives us light at night when it's **dark**.
Is it our **faithful servant**?
But sometimes fire gets out of **control**.
It **burns** everything (that) it can touch.

Fire burns everything it can touch

圖 6-5 《共和國教科書中學英文讀本》（上）與《國民英語讀本》（下）插圖

綜上所述，民國時期，英語教科書經歷了從單方面輸送他國文化至教授學習者如何傳遞本族文化，從選取「裨益」於中國價值取向的「國外文化內容」至直抒本國公民所需的「文化觀」。其中，元話語，特別是互動式元話語的語義內涵也受到改變。比如，民國初年，編寫者總是將正面評價類標記語用於描述英美國家人文概況，而民國中期之後，這些評價標記語則轉而用於中國文化內容的介紹（見例〔s〕的對比）。

〔s〕The most well-known name in American history is George Washinton. He always thought of his country first and himself last. <title>YYMFDB </title>

The flag of China is beautiful; China is in the east of Asia. It is a great republic; China is famous for its tea and silk. <title>GMYYDB</title>

另外，我們可以發現，民國晚期，為了達到「訓導」學習者的目的，在文化內容的表述上常見增強語與祈使句，或與指示類參與標記語和信息接受者提及標記語搭配，如此一來，整句話的「使役」之感更甚，作者對命題的態度也更加明晰和強勢。反視民國初期，由於編寫者主要以陳述事實的態度介紹文化內容，即使使用同一類語義表達，編者也不會直接將命題指向學習者，而採用較為模糊的自我標記語：we，減輕讀者的被動感；或增加使役感弱的動詞，減輕學習者的責任感。如：「we all should try to have good table manners.」。而民國中期，編者熱衷於利用文學文本的文化內容引導學習者思考，則出現較多提問類標記語。

2. 英語教科書文化內容的對比與反思

從前文提及的民國英語課程標準中，可發現，其只是要求學習者「瞭解」他國文化，更深層次的「對比」和「反思」卻未能提及。對於英語教科書編寫者而言，他們需要做的也只是選擇符合主流意識形態的文化內容，比較、反思與批判則是不必實行的。但是，正如第四章所言，語言的研究本質就是對語言某種現象的比較，即使只是將語言文化內容呈現給學習者，他們在吸收這些內容時，也必然會將其與自身文化經驗相比較。而且，民國中期之後，隨著越來越多本族語文化增添至教科書，這種以「異族之言述本國之事」產生的語言習慣、語言文化衝突感，也不得不使教科書編寫者考慮到文化比較與反思之事。

從所得的 15 本教科書來看，民國初期，英語教科書極少涉及文化內容的比較及反思，即使是有比較，也停留在非常淺層的「分別敘述」處，即將可對比的文化內容置於同一篇章下描述。如《共和國民英文讀本》第 31 課「茶與咖啡」，該文用同樣的敘述手段分別介紹了「茶」和「咖啡」的生長特性、種類、原產地，但並未作更深入的討論，閱讀理解習題也未涉及任何比較。20 世紀 20 年代之後，該情況稍有改變，比如《新世紀英文讀本》「樹與竹」一課，也是對兩種植物的比較，不過，該文利用「樹」、「竹」影射「強壯但不知退讓」及「弱小但有智慧」之人，在閱讀理解中也布置一題，讓學習者思考從課文所得之理。至 30 年代，對「事物」的比較和反思，上升至國家層面，特別是在兩本「國字頭」教科書：《國民英語讀本》、《國定教科書初中英語》中尤甚。《國民教科書》為中國修辭學專家陸步青所編，其在教材中不僅增添極多中國文化相關內容，而且在國民政府「教育理念」的指導下增加了不少文化比較內容。我們可以看到以下課文節選，其分別取自第 12 課「中國」和第 18 課「數字」，兩篇課文皆包括了「中國」、「英國」、「日本」相關知識對比：

〔t〕…China is in the east of Asia. China is a country. England is a country, too. China is a great republic. England isn't a republic. Japan isn't republish either. China is rich and large. I love her very much.

There is only one republic in Asia. It's China. …Japan is near China, but England is far from it. China is a country. Japan and England are countries too.

從〔s〕中下劃的元話語標記可知，編者並不僅僅是比較中國、英國、日本的地理位置，其實是想要比較三者政體，突出中國為「共和國」這一重要信息，在之後的課文中，作者也反覆引導學習者形成「共和國即民主自由」這一價值觀。

《國定教科書初中英語》為戰時教育部審編會 1943 年編制發行，正如前文分析的那樣，彼時教育對「民族意識」、「國家大義」的疏導要求更多，我們看到例〔u〕中的兩篇課文節選，可以理解編者通過呈現「不平等」的世界格局，來鼓勵愛國主義，宣傳自強及和平。

〔u〕China is a very big and old country. Many countries are not so old as China. Some foreigners come to live in our big cities. They have great chance to make much money. But we do not have equal chances in foreign countries.

China has navy and an army. The other countries also have navies and armies. When our babies grow up to be gentlemen and ladies, we must teach them to do their duties. They must study hard and prepare themselves to be good citizens. Then China will be a strong country.

… Different kinds of people speak different languages. Some speak Chinese. Some speak English. Others speak French or German. Sometimes we have war between the races, and sometimes we have peace among them. If the people of the world love one another, then we shall have peace always.

儘管民國中期之後，已經有不少教科書開放了文化比較與反思，但是總體來看，這些文化內容仍框定在「國家主流意識形態」下，並沒有深入地挖掘這些文化內容之後更重要的批判價值。費爾克拉夫的批評話語分析理論，要求英語（外語）教學不僅僅是表現主流意識形態，更重要的是幫助學習者去理解語言與意識形態之間的微妙關係，英語教科書也不應該只呈現事實性知識，更重要的是曝光現實中的不合理因素，提供理解文化的多樣視角，幫助學習者瞭解事實背後的權利關係。以上觀點正是民國英語教科書中失落的部分，也是當前英語教科書編寫工作亟需考慮的要點。

回觀元話語在文化比較和反思中的作用，可以發現，在教科書編者進行文化比較時，常使用過渡類元話語，特別是比較類元話語，此現象較好理解，文化內容一般以完整的信息結構呈現，內部命題聯繫較為緊密，不需使用諸如框架標記語這樣的銜接元話語，且一旦信息之間存在比較關係，則很容易使用過渡語。其二，民國教科書編寫者在作文化比較時，總是容易流露出個人主觀情態，這是由於文化比較常伴隨評論，如果作者不將這些「評論」假以他言的話，話語評論中經常出現的增強語、評價類標記語就只能指向主觀命題信息，作者情態便極易被發現。此外，本研究也發現，表 6-中的三本案例教材在文化內容引導的過程中，幾乎不採取例〔t〕、〔u〕中的元話語手段，即涉及家國責任等道德類教養內容，一般依託於其他文本，而不直白抒講，在需要作者自己評注時，也儘量對評注給予說明，以減少命題的主觀性。比如前文提及的《英語模範讀本》中的例子：作者評價林肯為「one of the noblest men in history」，又在對話中提到「if Lincoln had not been killed, it would have been much better for America.」，儘管這兩句話不利於學習者進行批判性思考，但是從這兩句話的語境中可以發現，前者提出之後，後面緊接著開始對林肯在南北戰爭中的事蹟進行介紹，後者則是在對話練習中以第三人稱的口吻呼出，此舉有助於削弱作者個人評述痕跡，增加文化內容引導的自然感。

（三）修辭文化

中國篇章語言學專家胡曙中教授指出：「語言學習和社會文化是相互聯繫的過程，文化對一個人所學的語言形式和修辭形式起著影響〔註 90〕」。的確，在對民國英語教科書元話語進行量化分析的過程中，已發現其存在著與他國教科書不同的修辭策略，比如使用更多模糊限制語，使用更多參與標記語等。通過進一步的語境分析，也發現，中國英語教科書的篇章形式具有一定特點和相似性。基於以上認識，本節將著重對中國修辭文化與元話語之關係作進一步剖析，以期總結出可靠規律。

1. 修辭結構

每一種文化都有其特定的思考方式，這些思考方式最直接的體現，便是該語言的篇章修辭結構，比如英語就是總-分-敘-評的線性結構，閃含語以平行結構鋪開主題，拉丁語篇章常常由許多離題枝節構起，而中文總是呈反覆發展的螺旋型結構〔註 91〕。在英語寫作中，我們總是不可避免地受到本族語修辭習慣的影響，以英語為例，英語母語寫作者推崇一種順其自然的線性遞進寫作模式，每一句都由上一句而來，講究形式上的連貫，因此在英文篇章中總是會出現大量起承轉合的過渡語。而中文在發展文意的同時，常呈現一種典型的修辭結構：反覆贅述〔註 92〕，即在某一論點結論之後，又在後續討論中將其帶出，這使得漢語修辭更強調篇章意義、內容上的連貫，而非形式上的連貫。我們在研究教科書元話語時，也發現漢語寫作習慣對篇章修辭結構的影響：儘管語料中的「過渡語」占總語料頻數可觀，但與本族語教科書元話語相比，還是有一定差距，海亮曾調查了 21 本通識類教科書元話語，其中過渡語占總語料的 40.9%，遠高於本研究語料中過渡語的比額〔註 93〕。這說明，在民國英語教科書中，小句與小句之間的關聯並不全然依靠過渡語，而是選擇其他手段。我們可以看到《英語模範讀本》中的一段語法教學：

〔註 90〕胡曙中，英漢修辭跨文化研究〔M〕，青島：青島出版社，2008：98。
〔註 91〕胡曙中，英漢修辭跨文化研究〔M〕，青島：青島出版社，2008：98～101。
〔註 92〕胡曙中，英漢修辭跨文化研究〔M〕，青島：青島出版社，2008：98～104。
〔註 93〕（英）Hyland K. Metadiscourse〔M〕，北京：外語教學與研究出版社，2008：102。

A verb is a word that says something of a person, place, or thing.

A verb may be one word, two words, or more than two words; as, walk, walked, will, walk, shall, walk, will be going, may have done.

A verb which consists of more than one word is called a VERB PHRASE.

There are three verb phrases in the third group of sentences (c).

A verb is the most important word in a sentence. It is used to show time. Time is called TENSE in grammar.

There are three tenses. They are:

1. PAST TENSE; as, walked, spoke, studied.

2. PRESENT TENSE; as, walk, speaks, study.

3. FUTURE TENSE; as, shall walk, will speak, shall study.

Past tense denotes that something was done a short time ago, yesterday, last week, ten years ago, or one thousand years ago.

Present tense denotes that something is done now or every day.

Future tense denotes that something will be done by and by, tomorrow, next year, or ten thousand years from now.

段與段之間並沒有形式上的過渡標記，而是通過內容上的呼應來完成交際目的。這種情況在語料中很常見，比如前文的例〔r〕、〔s〕、〔t〕、〔u〕都是採取內容呼應的手段。韓禮德和哈桑曾將這種內容呼應的篇章稱作「平行結構」，認為這是一種非常特殊的篇章類型，僅作為語言（語法）練習使用〔註 94〕。但是，我們發現，民國英語教科書不僅僅是在語法訓練中出現，而且在人文知識教授等都可見（見例〔r〕、〔s〕、〔t〕、〔u〕），因此，本研究認為「螺旋、意合」的修辭習慣是影響英語教科書編寫者元話語使用手段的重要因素。此論點還可從民國英語教科書篇章可終止單位中獲證。胡曙中曾對比了漢語本族語作者撰寫的中文篇章、英語本族語作者撰寫的英文篇章以及中國作者撰寫的英文篇章中可終止單位的數量，結果發現，英語原版篇章中的可終止單位數量遠遠低於漢語和中國作者撰寫英文篇章中的可終止單位數量。也就是說，英文原版篇章的表達更具有形式上的連貫性，中國作者傾向於內容銜接。本文中的語料也具有如上特點，回看圖 6-4 對教科書平均句長

〔註 94〕Halliday M A K& R Hasan. Cohesion in English〔M〕. London: Longman, 1976: 17.

的統計結果，以及本章中的例句，我們可以發現民國教科書的斷句、節點亦非常多，此即可在側面證實，民國英語教科書編寫者的修辭策略較英語母語者不同，重視意而勝於形。

2. 修辭平衡

美國著名修辭學專家韋恩·布斯（Wayne Clayson Booth）認為，任何形態的篇章，都包括以下三要素：讀者興趣、論點、作者個性，而這三者之間是否達成「修辭平衡」，則是衡量篇章品質的重要標準。一些篇章作品之所以能流芳百世、潤澤幾代，就在於其能「與觀眾一起充滿激情地思索某一重要問題」〔註 95〕。換句話說，雖然不同言語社團、文化片區有自己的修辭風格，但是在這些社會、片區中，總流通著一種共在的「修辭文化」，這就是對「修辭平衡」的追求，這也就能解釋為什麼，總有一些作品可以做到雅俗共賞，並獲得不同文化背景讀者共鳴。從本研究中的語料可以發現，民國英語教科書編寫者為實現「修辭平衡」所作的努力，比如在建構「以讀者為中心」的低語境篇章環境時，又通過增強語、指示語來增強論點的可靠性，並在這一過程中，利用話語策略或將自我身份刻畫為「權威專家」，或刻畫為「協商者」。但是，儘管許多編者嘗試將三要素結合，仍只有少數經受住了市場的檢驗和時間的考驗。本章所選取的三本案例教材，不僅在當時引起了不小的社會影響，而且在一百年後的今天，仍有不少學者在孜孜不倦地研究它們。我們從其篇章修辭來看，三本教科書不僅具備篇章三要素，而且在謀篇布局上，將三要素緊密融合在一起，使呈現的篇章實體——教科書，具有鮮明的編者理念和風格。

首先，《英語模範讀本》的編者周越然，為中國著名藏書家、書話家，其注書的風格也落入到教科書編寫中，可以看到，在所有已得教科書中，《英語模範讀本》對知識點的解析是最為詳盡的，許多課文的講解內容比課文本身還要豐富，在遣詞造句上也能做到淺顯、形象，於英語學習初級水平者而言，這套書無疑大有用處。與此同時，周為滿足彼時學習者對瞭解英美文化的期待，選用了大量日常且典型的材料，有助於學習者進行文化比較。此外，周越然還力排眾議，首次在書中使用「國際音標」標注法，並改變傳統教科書聽、說、讀、寫分開的編撰方法，使各部分「合一爐而治之」〔註 96〕。如此，

〔註 95〕（美）大衛·寧（David Ling）等著；常昌富，顧寶桐譯，當代西方修辭學 批評模式與方法〔M〕，北京：中國社會科學出版社，1998：254。

〔註 96〕楊建民，昨日文壇的別異風景〔M〕，西安：西安出版社，2013：348～349。

《英語模範讀本》的修辭平衡策略便清晰起來，即以最貼近學習者生活的材料，最詳盡的解釋，最平和的姿態構建出具有親和感和低認知負擔的篇章氛圍。如果我們回看到（見表 6-1）《英語模範讀本》的整體元話語分布情況，可以發現，此種修辭策略對元話語影響很大，比如由於書中作者獨白較多，與講解緊密相關的「過渡語」、「內指標記語」、「語碼注解語」也十分豐富；而在互動式元話語中，模糊限制語比增強語竟高出 16.2%，可側面說明，作者較為協商的修辭態度。其次，在《英語模範讀本》暢銷十餘年之後，《開明英文讀本》橫空出世，竟逐漸取代前者在教科書市場上的絕對地位，成為當時的第一暢銷書〔註 97〕。我們知道，該書作者林語堂先生是正統的「語言學專業」博士，並在哈佛大學、耶拿大學、萊比錫大學等知名學府留學過，可以說其語言造詣非常深厚。在第五章，我們也瞭解到，該書的難度遠超所有 15 本民國教科書，直達現今大學英語教科書水平。其本人也說，課文的難度並不是阻礙學習者學習的絆腳石，關鍵是要選用「具有一定難度但有趣的文本」〔註 98〕。在前文亦分析過，《開明英文讀本》不按語法編排課文，而將其融入課文學習中，增加了語法學習的情境性；在講解知識點時，十分注意變換修辭風格，使行文不至於單調。從以上背景可以發現，《開明英文讀本》修辭策略也比較明朗，即選取具有一定難度、但具備完整故事性的原版作品增加學習者興趣，依靠自身的英語水平，提高語言的可讀性和知識性。因此，可以預見，該教材不似《英語模範讀本》通過降低作者身份來構建篇章交際環境，而是通過語言技巧來提高學習者的積極性。在元話語的分析中，明顯看到，《開明英文讀本》增強語要遠遠高於模糊限制語，此現象其實可以理解，試想，如果一本難度較高的教科書，沒有強有力的指引的話，實在很難讀懂。最後，民國中期，教科書市場的競爭越發激烈，《標準英語讀本》在世界書局與商務印書館、中華書局的對抗中，「臨危受命」急忙問世。該書的編者林漢達，彼時剛從之江大學畢業不久，在世界書局任英文編輯一職，受沈知方所託，在短時間裏竟編出了一部廣受好評的新教材，雖然該教材因為「官司」被剝奪發行權，但從其後期出版的教科書如《標準英語》、《高中英語讀本》之暢銷狀況來看，林本人的教科書編寫水準乃為上乘。通過對比，我們可以瞭解，林漢達不及林語堂的語言學功底，也不如周越然博文強識，但是他在

〔註 97〕羅維揚，羅維揚文集 1 學術卷〔M〕，武漢：武漢出版社，2014：5。

〔註 98〕林語堂，開明第二英文讀本〔M〕，上海：開明書店，1928：11。

教學方面卻比兩位前輩有更多思考。在編寫《標準英語讀本》之前，林漢達已經在觀城約翰小學、寧波四明中學擔任了多年中小學英語教師，有一定教學經驗，瞭解英語學習的關鍵所在，在選文時，並不只考慮學習者的興趣和編者自身的品味，而會思考各類體裁文本在英語教學中的意義。因此，我們看到其主編的教科書中既有人文教育意味的寓言、民間故事，又有幫助對比語法和練習語感的詩歌，也有實用類的信函寫作實例等，內容較同、前期教材更綜合和多樣化。此外，他還認為，教學的關鍵在於「開放式討論」（free discussion），其在各個模塊練習中，設計了大量開放式提問，期望教師利用該部分「鼓勵學生多說、多表達、多交流」〔註 99〕。另外，從林漢達本人的著作和經歷中可以發現，其特別擅長將複雜高深之知識簡單化、通俗化，比如在《標準英語》中，語法的介紹並不僅僅是羅列知識點，而是巧妙地將前、後涉及的知識點串聯在一起，並通過反覆、多次的對比、復現，以及豐富的例句使學習者能夠記住重點知識；書中還常對人文知識單設板塊進行重述，有助於引導學習者更好地理解非本族語文化內容。基於以上分析，參考表 6-1 中《標準英語》元話語的分布，可以明顯地發現，該教材增強語和模糊語使用頻率相差無幾，態度標記和自我標記都很少，這說明，林漢達在編寫教材時，並不突出個人也不過分遷就學習者，但是其參與標記語甚為突出，而「提問」恰巧占比最重（占參與標記語總數的 86.3%），說明其十分關注編-讀互動。

綜上所述，修辭結構，讀者興趣、篇章論點、作者個性三者之間的「修辭平衡」是影響英語教科書元話語呈現的重要因素。但是，我們不能假定，傾向於本族語的修辭結構就是最佳的英語學習材料；《英語模範讀本》、《開明英文讀本》、《標準英語》所呈現的修辭平衡就是英語教科書的理想狀態。正如前文一再強調的那樣，篇章分析不僅僅是語言結構的分析，更重要的是對其所在語境的分析，因此討論一本教科書的質量，一定要回到其產生的背景中，參考一本教科書的篇章策略，也要與此時代、此背景下的篇章交際目地相吻合。

四、本章小節

經過本章對民國英語教科書元話語語境要素的分析，可以發現英語教科書具有區別於其他篇章的組織結構、互文體系、文化呈現策略，而這些語境要素的特點直接影響著教科書元話語的呈現。

〔註 99〕林漢達，標準英語〔M〕，上海：世界書局，1946：i-ii。

首先，民國英語教科書的篇章組織並不以線性呈現，內部糾雜著各種各樣的結構關係。我們發現，越是複雜的篇章結構，越宜使用框架標記語，越是緊湊的篇章，則更易使用內指標記語；此外，自我標記語能夠減少篇章信息之間銜接的生硬感，是較為常用和便捷的元話語手段；前言部分的篇章進展組織語作為英語教科書中常見的超結構形式，應充分利用其特性，保證描繪的精確性和概括性。

其次，民國英語教科書之間具有緊密和複雜的互文關係。在教科書的發展進程中，出現了不以歷史時段為間隔的體裁互文關係，受模仿、編者理念、教育政策等因素影響，形成了包括「語法型」、「文選型」、「聽說型」、「混合型」等多樣類型的教科書體例。此外，教科書不僅在主題類型、引導策略、語法內容設計上具有共性，而且在具體的元話語使用上呈現互文關係，如引入知識點常使用以下結構：(內指標記語)+參與式標記／自我標記語+新知識點；知識點介紹時總是通過被動語態和語碼注解語來完成；呈現重點、難點知識時，主要有增強語／評價標記語／指示標記語+重點知識這一話語結構。

第三，民國英語教科書文化內容呈現在不同歷史時期具有不同特點。民國初期，文化內容僅是呈現，缺少進一步的反思和比較；民國中期，大量文選型教科書出現，編者傾向於用引導的方式，潛移默化地影響學習者思考；民國後期，出於「戰時」需要，教科書中出現了許多「訓導式」文化內容，作者直白告知學習者應遵守的文化規約。於元話語而言，可明顯察覺，民國初期文化內容介紹時多用過渡語，民國中期多用提問標記，民國晚期增強語、指示語出現更多。另外，從教科書具體內容中可發現，民國整個歷史時段，教科書內的「本族語文化」、「中國形象」越來越多且清晰，編者逐漸將正面評價標記語施於中國文化介紹中。但總體來看，民國時期教科書缺乏不同文化的比較、反思及批判，不利於培養學習者的多元文化觀和文化批判能力。

最後，民國優秀英語教科書有著形式不一、本質相近的特點。本章著重選取了民國時期影響力較大的三本教科書：《英語模範讀本》、《開明英文讀本》、《標準英語》作為案例研究對象，結果發現，三本教科書的篇章結構、互文方式、文化導入都各具特色，但是其實現篇章交際目的的基本路徑是一致的：篇章結構方面，《開明英文讀本》的結構最為複雜，《英語模範讀本》結構最為清晰，《標準英語》則介於二者之間，儘管如此，三本教科書的篇章演進手段幾乎一致，以整本教科書為篇章，其使用的篇章模式都為「一般特殊模式」，以前言為篇章，「主張反應模式」使用最多，在知識點解析部分，主要有「一般特殊模式」和「問題解決模式」兩種。互文方式方面，《英語模範讀本》為內容互文，《開明英文讀本》為體裁互文，《標準英語》通過進展組織語實現互文，但是可以發現，三者在主題、教學策略、語法的選擇上有許多重疊，在語體風格上也具有相當的一致性。文化導入方面，三本教材所處時代不同，呈現文化內容的方式亦不同，《英語模範讀本》較推崇英美文化，因此總是花費大篇幅介紹其民俗風情，《開明英文讀本》極少直述文化知識，而利用文學文本引導讀者思考，《標準英語》則通過進展組織語單獨進行文化知識的解釋。然，總而觀之，這三本教材在文化知識的輸送方面總是盡可能地裹飾個人主觀情態，需評注之處，也會依託客觀材料予以說明、佐證。

其實，正如「修辭文化」部分解釋的，現以存形的篇章千千萬萬，但能在歷史進程中留有迴響的，總歸能在讀者興趣、篇章論點、作者個性中找到平衡。因此，高質量的篇章無論形態如何，其本質是不變的，於當今英語或外語教科書編寫工作而言，我們在賦予教材其他附加價值之前，的確應從篇章本質出發，「盡一切努力，讓適當的讀者、具有哲學頭腦的讀者參與到極其有趣的探索中，並自始至終引導他們。」〔註 100〕元話語是修辭行為，是增加話語使用力量的最佳手段，元話語研究的意義便在於使作者的「努力」發揮作用，在引導讀者、抒發觀點、體現個性之間找到話語上的適切點。

〔註 100〕（美）大衛·寧（David Ling）等著；常昌富，顧寶桐譯，當代西方修辭學批評模式與方法〔M〕，北京：中國社會科學出版社，1998：254。

第七章　中國當代英語教科書元話語提升策略分析

元話語研究作為話語（篇章）分析的一個子科類，自上個世紀末才受到重視。然而，正如研究者呼籲的那樣，元話語在篇章主體中所佔據的位置雖然不多，但是卻有聯繫命題，展現作者交際意圖的關鍵作用。海亮曾總結：語言學習者若具備元話語意識，可以至少獲得三個優勢：一、幫助作者更好地理解篇章對讀者的認知要求以及作者幫助讀者處理信息的方式；二、能向作者提供表達自己陳述態度的各種資源；三、使作者能夠與讀者進行適合於社區的對話，協商自己的態度〔註 1〕。2011 年，中國《義務教育英語課程標準》明確提出中國教材編寫應遵守思想性原則、科學性原則、趣味性原則、靈活性原則。其中，思想性原則要求「引導學生提高文化鑒別能力，……促進學生形成正確的人生觀和價值觀。……積極營造愛國主義教育、社會主義核心價值觀教育、中華傳統美德教育以及民主與法制教育。」科學性原則要求教材「體現循序漸進的原則」。趣味性原則要求教材「符合學生認知和心理發展水平，……創設儘量真實的語言運用情境，設計生動活潑、互動性較強的語言學習活動，提高學生的學習興趣和學習動機。」從以上原則中可以看到，中國當代英語教科書在篇章組織方面要求邏輯性強、聯繫性高；在人際互動方面要求引導學習者「正確」價值觀，增加學生英語學習的融入感。正如前文所分析的那樣，元話語在內組織篇章，向外促成交際，以《課程標準》

〔註 1〕（英）Hyland K. Metadiscourse〔M〕，北京：外語教學與研究出版社，2008：xiv。

中「設計生動活潑、互動性較強的語言學習活動」這一要求為例，倘若教科書編寫者都施以量度高的增強語引導這些內容，那麼《課程標準》中期望達到的「生動活潑」亦很難實現。本章將基於前文的分析和總結，以《（人教版）七年級英語上冊》（2013 年 6 月第 2 版）作為分析對象，試提出具有操作性的總結建議。

一、中國當代英語教科書元話語總體特徵概述

本文基於海亮元話語分類框架對「人教版」英語教科書元話語進行了統計，結果發現，「人教版」教科書元話語的分布非常不平均，前言部分引導式元話語使用量少且類型單一，互動式元話語較為豐富一些；正文部分則是引導式元話語較多，互動式元話語只有「參與標記語」而已；附錄部分相對來說比較平衡，包括了除言據語以外的全部類型（相關分布情況如表 7-1 所示）。另外，我們還發現，有關交際的元話語大部分來自前言及目錄，且都為中文，而在正文中，編者關注篇章銜接遠甚於編-讀者交際，即使使用「參與標記語」這樣鼓勵學習者交際的元話語，其形式也很簡單及重複。

表 7-1 「人教版」英語教科書元話語分布

元話語類型		總頻數	前言部分	正文部分	附錄部分
引導式元話語	<Tra>	50	3	26	21
	<Fra>	193	6	118	69
	<End>	47	0	37	10
	<Evi>	0	0	0	0
	<Cod>	42	0	0	42
	合計	332	9	181	142
互動式元話語	<Hed>	28	3	0	25
	<Boo>	9	2	0	7
	<Att>	6	2	0	4
	<Sel>	4	0	0	4
	<Eng>	96	30	68	2
	合計	147	37	68	42

具體來看，前言部分，參與標記語遠遠高於其他元話語類型，而其中大部分為「信息接受者提及」類元話語，與此同時，表明作者本人身份的「自我標記語」卻未曾出現，也就是說，整個前言表現出非常強烈的交際欲望，專

家身份被降低，篇章的組織結構向「廣告篇章靠攏」（參考 Fuertes-Olivera, 2001）。我們可以看到下文標注過的前言內容，在此，「新教材」這一產品實體成為編-讀者交際的核心，編者本人與教材、與讀者的關係被抹去，於是，整個篇章即表現出「我能為你們做什麼」，而不包括民國教科書前言中常出現的「你們應該做什麼」。當然，儘管當前教科書缺失了編者角色，也正如海亮所言，所有的篇章都裹挾著作者的個人信息，在篇章中，這些個人信息或隱藏或突出都是作者有意識的選擇〔註 2〕。在前言中，作者以「局外人」的身份，用看似介紹「產品信息」的手段，實則隱述了對學習者的要求，比如：新教材為你們設計了許多具有交際意義的任務或活動，目的是讓你們在英語課堂上「活起來」、動起來。英語課堂教學需要你們的充分參與，英語學習需要你們與老師合作、與同學交流。通過參與和互動，你們的英語水平才會得到不斷提高。其中劃線部分正是作者想要表達的重點內容，而把作者信息隱去了之後，在一定程度上避免了民國時期前言部分可能的「說教意味」，建構了活潑的篇章氛圍。但與此同時，也必須注意，前言部分包含了教科書非常重要的超結構信息，如果不對學習要求作出明確說明的話，很有可能不利學習者對教科書內容進行預估，也不容易提升學習者的責任感。

致同學

<Eng-aom>*同學們*</ Eng-aom>，<Eng-aom>*你們*</ Eng-aom>*好！*<Att-emo>*祝賀*</ Att-emo><Eng-aom>*你們*</ Eng-aom>*進入一個新的英語學習階段！這套教材將陪伴*<Eng-aom>*你們*</ Eng-aom>*走過初中三年的英語學習歷程，幫助你們實現*<Hed-deg>*更高*</ Hed-deg>*的英語學習目標。*

這套教材是根據<Eng-aom>*你們*</ Eng-aom>*的心理特點、認知水平和興趣愛好來編寫的。*<Hed-ten>*相信*<Hed-ten>*在今後的英語學習中，新教材的以下特點會引起*<Eng-aom>*你們*</ Eng-aom>*的學習興趣，*<Tra-add>*並*</ Tra-add>*對你們的英語學習有所幫助：*

<Fra-seq>*1.* </ Fra-seq>*新教材*<Tra-add>*不僅*</ Tra-add>*要幫助*<Eng-aom>*你們*</ Eng-aom>*學會*<Hed-deg>*一些*</ Hed-deg>*英語語言知識，*<Boo-cer>*更重要的是*</ Boo-cer>*要幫助*<Eng-aom>*你們*</ Eng-aom>*發展語言運用能力，讓*<Eng-aom>*你們*</ Eng-aom>*會用英語表達思想、與人交流。*

〔註 2〕（英）Hyland K. Metadiscourse〔M〕，北京：外語教學與研究出版社，2008：53。

<Fra-seq>2. </ Fra-seq>新教材充分考慮了<Eng-aom>你們</ Eng-aom>的生活實際和學習需求，教材的內容和活動都與<Eng-aom>你們<Eng-aom>的生活和興趣緊密相連，<Fra-goa>目的是<Fra-goa>讓</ Eng-aom>你們</ Eng-aom>在英語學習中不感到枯燥乏味，做到有話可說、有話想說、有話能說。

<Fra-seq>3. </ Fra-seq>新教材不僅重視培養<Eng-aom>你們</ Eng-aom>的語言能力，<Tra-add>而且</ Tra-add>重視培養<Eng-aom>你們</ Eng-aom>的學習能力，包括自主學習能力和合作學習能力，這些能力會讓<Eng-aom>你們</ Eng-aom>終身收益。

<Fra-seq>4. </ Fra-seq>新教材為<Eng-aom>你們</ Eng-aom>設計了許多具有交際意義的任務或活動，目的是讓<Eng-aom>你們</ Eng-aom>在英語課堂上"活起來"、動起來。英語課堂教學<Eng-dir>需要</ Eng-dir><Eng-aom>你們</ Eng-aom>的充分參與，英語學習<Eng-dir>需要</ Eng-dir><Eng-aom>你們</ Eng-aom>與老師合作、與同學交流。通過參與和互動，<Eng-aom>你們</ Eng-aom>的英語水平才會得到不斷提高。

<Fra-seq>5. </ Fra-seq>學習語言和學習文化是密不可分的。因為語言是文化的載體，文化是語言的靈魂。新教材為<Eng-aom>你們</ Eng-aom>編寫了大量的文化內容，包括我們的民族文化、英語國家的文化和非英語國家的文化。通過文化內容的學習，<Eng-aom>你們</ Eng-aom>的視野會更開闊，思想會更豐富，思維會更活躍，交流會更得體。

想要學好英語，光靠課本是不夠的，<Eng-aom>你們</ Eng-aom>還<Eng-dir>需要</ Eng-dir>接觸更多的英語學習資源。學習英語沒有捷徑，<Boo-cer>只有</ Boo-cer>多聽、多說、多讀、多寫、多記、多用才是最有效的辦法。因此，<Eng-aom>你們</ Eng-aom><Eng-dir>要</ Eng-dir>充分利用各種資源和學習機會來學習英語。

同學們，加油吧！朝著<Eng-aom>你們</ Eng-aom>的目標，Go for it！<Att-emo>祝</ Att-emo><Eng-aom>你們</ Eng-aom>英語學習取得成功！

編者

2012 年 5 月

正文部分，從表 7-1 隻可以看到，引導式元話語中，使用最多的為框架標記語（118），其次為內指標記語（37）、過渡語（26），民國時期使用較多的言據語竟未出現，這可說明，中國當前英語教科書正文部分陳述多，解釋少。而且，從各類元話語的子類來看，其形式非常單一，過渡語只有「and」和「then」兩種，框架標記語除了教科書中常見的排序類標記語（主要是數字類標記），也只有告知目標標記語而已。但值得一提的是，「人教版」英語教科書在每單元開始前都明確了學習目標，有助於學習者快速瞭解單元知識重點，這在民國時期是沒有的，一來可能因為民國時期課文包括的內容較為豐富，無法濃縮在一兩個詞組中，二來因為民國教科書課文目標都在前言或目錄中已然說明，在正文中便不再重述。此外，教科書編寫者只通過「參與標記語」與讀者進行互動，其中以「信息接受者的提及」最多。按理說，該類元話語能夠很好地開放交際，提高學習者的參與意識，但若回到這些元話語出現的語境，則會發現，它們大都出現在祈使句中，作為明示指令的提示語，而不似民國時期大都出現在問句中，也不似本教科書前言部分大都出現在陳述句中，用於捲入讀者，此可在側面說明正文部分篇章交際性不強，協商性亦偏弱。另外，本章案例教科書是根據「任務型教學法」理念研製的，旨在以「任務鏈」之形式，幫助學習者循序漸進地完成學習目標，並增加學習者的學習參與。〔註 3〕可以說，整套教材非常鮮明地體現了「任務型教學」的風格——每個單元都圍繞大大小小的「任務」展開，且都指向清晰、表述簡潔，學習者能夠很快進入角色，在任務中完成學習。但是，從元話語的角度考慮，教科書正文部分只有指令性任務，任務與情境，任務與任務之間的形式關聯考慮的並不充分，如此，篇章信息之間的過渡便顯得略為生硬。表 7-2 分別是「人教版」教科書中的任務設計與民國英語教科書任務設計〔註 4〕、國外當代典型英語教科書（k-7 水平）任務設計〔註 5〕的比較，可以發現中國英語教科書中的任務在「指令」之前，並沒有解釋和前提，而民國、國外教科書會在任務開啟之前擬定一個與學習者相關的「情境」，實現形式上的銜接。因此，在統計元話語頻數時會明顯發現，「人教版」正文元話語「整齊劃一」，只有與指令相關的「信息接受者提及」標記，而其他教科書元話語則豐富許多。最後，研究發現，「人教版」教科書內指標記語語義範圍與民國時期有很大不同。隨著科學技術不斷發展，教科書印刷水平不斷提高，書內呈現的插圖、表格

〔註 3〕人民教育教育出版社 課程教材研究所 英語課程教材研究開發中心，義務教育教科書 教師教學用書〔M〕，北京：人民教育出版社，2014：i，2。

〔註 4〕林語堂，開明第二英文讀本〔M〕，上海：開明書店，1928：43。

〔註 5〕Van den Branden K. Task-Based Language Education: From Theory to Practice〔M〕.Cambridge: Cambridge Applied Linguistics, 2006: 88.

也越來越豐富且精美，內指標記語在此，便主要為銜接語言信息和圖畫、表格類視覺信息；而民國時期只有閱讀文本才配有少量插圖，內指標記語一般不用於此，主要放置在語言知識講解部分，用於重述上下文信息。

表 7-2　教科書中「任務設計」話語比較

1.「人教版」英語教科書中的任務設計	Listen to the conversation. Then practice it with your partner.
2. 民國英語教科書中的任務設計	In English, we sometimes use the words “yes” and “no” in a different way from in Chinese. We cannot say, “ Yes, he will not come.” Whenever we use “not” in the answer, we must say “no”. Study the following, and make sentences with them: …
3. 國外英語（外語）教科書中的任務設計	Can you see through your hand? Maybe this experiment will help you… Take a thin magazine and roll it up into a cylinder with a diameter of about 2.5 centimeters. ….

附錄部分主要呈現整個教科書的語言和文化知識點，使用了較多框架標記（69）及語碼注解語（42）；互動式元話語雖不豐富但都有涉及，其中模糊限制語頻次最多達 25 次，為增強語（7）的三倍有餘，其次為態度標記語 4 次、自我標記語 4 次、參與標記語 2 次。前文已有介紹，附錄中的元話語都由中文呈現，基於前文的分析——中國推崇的修辭文化是包容、含蓄，傾向於用「比較」、「大概」這樣的模糊語為評論留下空間——模糊限制語頻數遠高於其他元話語也不足為奇了。此外，我們可以看到缺失作者增強語的同時，編者選擇使用語碼注解語這種表達客觀信息的標注方式銜接命題，這樣一來可以順利完成知識點教習，而且能夠避免言語上的壓迫感，但此種做法的缺點是減輕英語教科書專業篇章之屬性，使重點知識無法突出。另外還可以發現，附錄部分自我標記語一般出現在篇章的進展組織語中，且都為「我們」。比如在「pronunciation」部分編者寫道「在本套教材七年級上、下冊以及八年級上冊中，<u>我們</u>結合每個單元的內容，設計了『音素學習』——由字母或字母組合到讀音——由讀音到拼寫這三輪拼讀訓練，幫助同學們掌握單詞的拼讀規則。另外，<u>我們</u>還設計了一些最基本的朗讀技巧訓練，幫助同學們打好語音基礎」。但必須注意的是，這裡的「我們」和第六章所分析的民國教科書中「we」的語義範圍不同，前文總結，we 或者表示篇章情境中出現的某一對

象，一般在例句解析中呈現；或包括「讀者」，主要目的是引導讀者捲入，呈現重要命題；還有一種是指代「篇章外部」的言語社團，用於銜接信息。本章中的「我們」主要指向「編者」自身，這是因為該元話語正好出現在進展組織語當中，用於介紹與己相關的產品信息，而民國時期「we」主要用於介紹客觀語言知識，因此，「人教版」曝露作者身份的可能性更大，再加上「人教版」教科書是團體智慧，使用複數「我們」也很正常。

二、提升當代英語教科書元話語組織與呈現的建議

因特拉普拉瓦特等〔註 6〕（Intaraprawat）在分析優質篇章和劣質篇章元話語時發現，優質篇章使用更多的元話語策略，幾乎每一類元話語都會在篇章出現，特別是模糊限制語和增強語要遠遠高於劣質篇章。此外，他還強調，優質篇章善於使用各種連接詞作為過渡語，在他的調查中，語法課程及寫作課程教科書使用多類型連接詞時，能最大程度提高學習者成績。從上一節的分析中已知，中國「人教版」英語教科書元話語有分布不均衡、分布不合理、種類少等現象，編者的元話語意識還有待提升。以下將針對上述問題，總結可行之建議。

（一）增強元話語的均衡性

從表 7-1 中可明顯察覺，教科書三個組成部分：前言、正文、附錄的元話語分布很不一致。前言部分互動式元話語為引導式元話語四倍有餘，展現了極強的交際意圖；然而在正文部分，幾乎沒有什麼開放交際的互動式元話語，作者的個人身份被隱藏，且只要是「作者的話」，皆變為指令式任務，交際程度大大降低；到了附錄部分，元話語數量再次上升，語碼注解語增多，作者交際重點開始顯現，但由於互動式交際語整體孱弱，篇章的篇章屬性和交際目的亦不明朗。如此一來，整本教科書的交際風格便以三種全然不同的形式呈現，不利於維持教科書的篇章統一性和完整性。由此，本文認為，即使教科書各個模塊功能不同，但是在表述時，也應儘量做到前後照應，不至於使讀者有「正在讀三位不同作者文章」之感。

其次，如前文所言，國家《課程標準》明確提出，英語教科書編寫應遵守思想性原則、科學性原則、趣味性原則、靈活性原則，從「人教版」教科書的編寫體例上，可看出該教科書設計了豐富、真實，且難度漸進的各類任務

〔註 6〕Intaraprawat P& Steffensen M S . The use of metadiscourse in good and poor ESL essays〔J〕. Journal of Second Language Writing, 1995, 4（3）: 253～272.

及活動，有助於調動學習者的積極性，在一定程度上滿足了科學性、趣味性、靈活性的編寫要求。但是，英語教科書還需具備「引導學生提高文化鑒別能力，促進學生形成正確的人生觀和價值觀。積極營造愛國主義教育、社會主義核心價值觀教育、中華傳統美德教育以及民主與法制教育」等作用，然而我們看到，「人教版」 教科書為了將語法學習弱化，突出語言的交際作用，將所有語言知識注解和講解都放在附錄中，整個正文充滿了交際任務，缺少必要的思想引導。正如前文總結，教科書是重要的課程資源，是國家實現課程目標的重要途徑，對英語學習者而言，「教科書是他們除教師以外，能夠接觸英語的唯一途徑」〔註 7〕。教科書編者應該建立起「任務」與「思想引導」之間的關聯，發揮語言教學「工具性」與「人文性」的雙重作用，而不是將它們分篇而論，把均衡語言知識技能與人文教育的重任全然留給教師及學習者。為此，林漢達《標準英語》的設計可作為參考，即在需要提示語言知識時，插入小段進展組織語，其不僅不會影響各任務的設置，而且能夠銜接不同信息模塊，對語言及人文知識作必要解釋。

（二）增加元話語的多樣性

經由上文分析，本文發現「人教版」英語教科書元話語使用方式非常單一，像過渡語就只有 and、then 兩種，且每一篇課文都重複同一種表達方式：xxx and xxx 或 xxx. Then xxx，比如 listen to the conversation. <u>Then</u> practice it with your partner.。雖然，對於英語初學者來說，不建議編者使用複雜的過渡語，但是簡單並不等於重複，正如因特拉普拉瓦特所分析的那樣，優質篇章不僅使用更多元話語，關鍵是使用「更多類」元話語，因此教科書作者有必要適時增加元話語的種類，減少話語的重複感。另外，在第五章民國教科書元話語量化分析部分，可以發現，民國英語教科書元話語除了具有某種功能（如過渡功能）之外，本身還有其他延伸語義，比如比較類過渡語標記就具有提示重點內容的作用，而本章語料之元話語卻很少有多種語義功能，像上文的「過渡語」就只為「過渡」而用，編者可參考前文所歸納的元話語語境意義，利用元話語的多種功能，輔助篇章交際目的實現。

〔註 7〕 Ghosn I K. Talking like Texts and Talking about Texts: How Some Primary School Coursebook Tasks are Realized the Classroom〔A〕. In B. Tomlinson（ed.）. Developing Materials for Language Teaching〔C〕. New York: Bloomsbury Academic, 2003: 291.

（三）增加較大信息塊之間的銜接語

在統計「人教版」教科書的過程中，可以發現，編者非常注意某一課文內部銜接，比如在進入課文之前使用不同形式的框架標記語組織鬆散命題，其次，使用告知目標類元話語，提前為篇章閱讀提供超結構信息，再次，利用內指標記語聯繫語言信息與視覺信息，提升信息的指向性。但是在課文之間，卻缺乏表層信息上的銜接，僅依靠排序類標記，顯示課文順序。實際上，「人教版」教材內容間的聯繫非常緊密，以它的 12 個單元主題為例；（1）Meeting friends；（2）Things around you；（3）Colors；（4）Making new friends；（5）The family；（6）Things in the classroom；（7）Things around the house；（8）Spending time with friends；（9）Food；（10）Shopping；（11）Dates；（12）School subject。其中（1）與（4）、（8）主題相關，（2）與（6）、（7）主題相關，（6）、（12）內容相關，（5）、（10）、（11）語法相關等。像這種宏觀結構內部信息交錯的篇章，如果沒有豐富的框架標記語、內指標記語這樣銜接大組塊信息的元話語，就會給人感覺是單篇課文集合成教科書，而不是教科書是由各篇課文組成。因此，本文認為編寫者可以適當增加課文與課文之間的聯繫，擴大內指標記語的所指範圍，或利用自我標記語、表示階段標記語、轉換話題標記語等增加信息組塊過渡的流暢性。

（四）提高編者的元話語意識

海亮在《元話語》開篇便提到「讀者」（audience）這一概念，他認為，篇章作者必須正確預測讀者已有的篇章資源以及他們可能的回應，只有這樣篇章交際才能開展下去〔註 8〕。元話語是修辭行為，它存在的意義是建立篇章內部以及篇章與作者、篇章與讀者、讀者與作者之間的聯繫，而要使這一修辭行為真正發揮作用，則必需作者在著筆之前構建出合理的「讀者觀」。在第六章中，我們詳細探討了民國三本較有社會影響力的英語教科書：《英語模範讀本》、《開明英文讀本》、《標準英語》，發現它們的共性就在於具備明晰的篇章屬性，和確定的教材受眾群體，因此，我們能夠看到三本教科書元話語呈現各有特點，且這一特點貫穿整個篇章布局，具有穩定性。以上發現提示我們，教科書絕不是靠知識堆砌而成的，編者需要具備相當的元話語意識，知

〔註 8〕（英）Hyland K. Metadiscourse〔M〕，北京：外語教學與研究出版社，2008：11。

道通過何種元話語，牽引何種命題，達到何種交際效果。反觀當前語料，編者並未有一而貫之的元話語及讀者意識，這才使得教科書前言、正文和附錄呈現出三種截然不同的修辭風格——前言部分傾向於「廣告篇章」；正文因無任何直接指向編-讀者交際的元話語，其篇章屬性非常模糊；附錄部分，作者使用語碼注解語解釋信息，通過增強語及模糊限制語表達個人情態，具有一般教育類篇章的特性（參考 Hyland K, 2008）——此不利於教科書篇章整體性的形成，有礙篇章交際順利展開。

此外，從「人教版」英語教科書元話語的使用方式來看，依舊能反映出編者元話語意識不強之現實，比如幾乎所有同類元話語都侷限於同一語用範圍內，像前文的例子，「過渡語」只是為銜接話語而已，「信息接受者的提及」也只為提示指令。書內各類元話語的語義搭配也很少見，一個可終止單位內至多只有 2 個元話語，而民國時期教科書則善於利用多種元話語來實現交際意圖，比如在使用表現作者情態的態度標記語時，編者傾向於利用第一人稱複數形式的自我標記語，撇清責任，提高教科書專業性；信息接受者的提及標記也常常與提問標記語、內指標記語聯用，用來鼓勵學習者交際或建立新舊知識聯繫。綜上所述，本文認為，在實行各種元話語策略之前，編者應首先確定「讀者」、「編者」角色，提高自己的元話語意識，如此才可進入下一步的謀篇布局。

三、構建當代英語教科書元話語和諧語境的建議

錢敏汝在《篇章語用學概論》中，談到：「篇章與人和世界同在，只要人和世界存在，篇章就不滅，沒有篇章，世界就會癱瘓，對此我們沒有別的選擇，不像沒有饅頭的話吃米飯照樣可以飽肚子。」〔註 9〕這句話看似誇張其實在理，我們總是通過「篇章」來聯結自身與外部世界，沒有了篇章，人們無法交流和傳遞信息，世界也無法正常運轉。錢敏汝接著提出了篇章與人、世界的動態關係理論，認為篇章、人及世界可以組成三種三元關係，其中以篇章為中心的三元關係如圖 7-1 所示。在這裡，人不僅是篇章的生產者也是篇章的接受者，他們在各種類型的交際領域中承擔了不同的社會角色；世界也不僅是物質世界，還包括主觀的思想世界，甚至是「第三世界：語言世界」〔註 10〕；

〔註 9〕錢敏汝，篇章語用學概論〔M〕，北京：外語教學與研究出版社，2001：327。
〔註 10〕錢敏汝，篇章語用學概論〔M〕，北京：外語教學與研究出版社，2001：328。

篇章是聯結人和世界的橋樑，在其與人和世界的交互中不斷產生新的篇章，也產生新的「人」和「世界」；人因為各自社會角色不同、活動領域不同，在構建篇章時夾帶著不同的世界觀，而這些又恰恰反作用於世界，引發「可能世界」的產生。

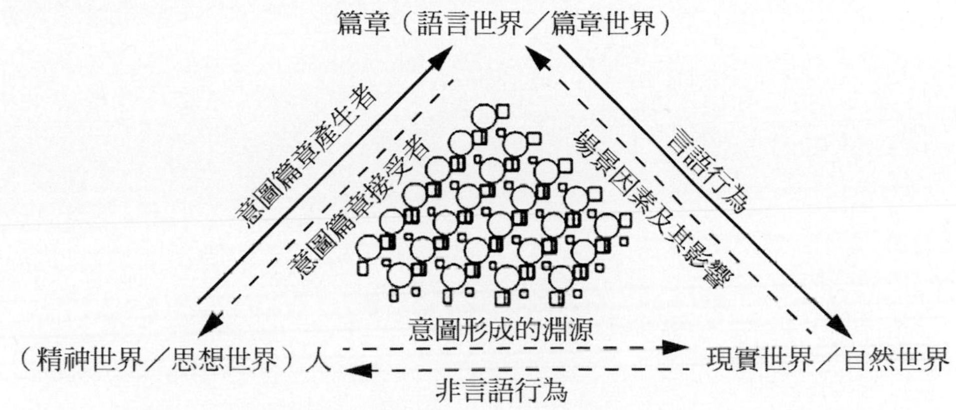

圖 7-1　篇章視角下篇章、人、世界關係〔註 11〕〔註 12〕

既然「篇章」是引導社會輪轉，促進人境交互的引子，那麼篇章「元話語」在此有何特殊意義？前文已知，「元話語」乃「修辭行為」，討論元話語實際是「討論修辭活動中表達者是如何介入話語形式中，來調整語辭適應題旨情境的」〔註 13〕。因此，元話語是篇章、人、世界三元關係得以動態交互的核心部件，圖 7-1 中所有虛實箭頭都需依靠元話語才能達成——首先，「人」（作者）通過元話語組織「篇章」，使其得以「產生」；其次，「篇章」中的元話語促進「人」（作者與讀者）之間的溝通；最後，「篇章」元話語表現了「人」（作者）對物質世界、對「他人」（讀者）的理解和看法，也體現了其對現實世界和主觀世界的適應。正如韓禮德所言，對於特定的語言使用實例，如果我們分析出它的形式、功能特徵，就能夠推演出它所在的具體情境樣貌，如果我們進一步探尋其情境樣貌，則能更深一步瞭解形式和功能的語用內涵。這一推演過程就是「將現實化的話語特徵和言語情境的抽象範疇聯繫在一起」〔註 14〕。為此，元話語研究不僅為總結篇章組織規律，更重要的是通過其突

〔註 11〕錢敏汝著，篇章語用學概論〔M〕，北京：外語教學與研究出版社，2001：330。

〔註 12〕三角中心內部指代篇章、人、世界建構的「可能世界」。

〔註 13〕李秀明，漢語元話語標記研究〔M〕，北京：中國社會科學出版社，2011：62。

〔註 14〕（英）M.A.K. Language as Social Semiotic : the Social Interpretation of Language and Meaning〔M〕. 北京：外語教學與研究出版社，2001：128～136。

出特徵，還原篇章世界、精神世界、現實世界的可能概貌。本研究根據篇章語言學派的語境理論對民國英語教科書元話語篇內語境、互文語境、文化語境進行了分析，並從更宏觀的角度解釋了元話語形成和組織的語境因素。基於前文研究結果，回觀「人教版」英語教科書元話語分布情況，本文認為可從以下幾個方面為元話語質量提升提供語境保障：

（一）提升進展組織語的有效性

在「人教版」英語教科書中，編者不僅在每一課內提前告知學習者當前課文要點，而且在正文開始前，以圖表的形式對教科書內容進行了概括，表內包括：教學單元、話題、功能、單詞與句型，若干個單元之後，編者又重新將重點句型、詞彙、複習要點等再次整理、概述一遍，可以說「人教版」教科書較為重視進展組織語的應用，且語言精練、明瞭，能夠幫助讀者快速獲取篇章信息。但若深入分析其篇章進展組織語的具體內容，可發現其並未完全貼合課文要點，比如「My name is Gina」這一課，教授的句法結構為：現在時 to be；what 引導的問句；yes／no 的回答；所有格。但在正文部分，可見後三個知識點，而不見第一個，容易引起混淆。根據前文對篇章超結構的分析，本文認為，進展組織語應該準確、完全地覆蓋篇章內容。因此，本章研究語料可以利用本已成熟的組織語策略，提升組織語與教科書整體結構的切合性。

（二）增強語法模塊與任務教學的互文聯繫

「人教版」一鮮明特點即是將語法要點講解挪至文後，這樣有助於教科書擺脫「語法為綱」的傳統教科書編排模式，提高語法教學與任務情境的融合度。但是值得注意的是，附錄後的語法提要是一個總括式的語法知識點介紹，它把課文中的例句全部按順序割裂出來單獨解釋，在一定程度上破壞了語言學習的情境性。如此，就需要教師在課堂教學中予以說明，否則初級英語學習者必須花費額外時間還原不同信息模塊之間的聯繫。其實，從前文對三本優質教科書的分析中已經發現，儘管其編者都以「聽說領先」的編撰理念來增加語言的情境性和任務性，但語法模塊仍在教科書中占重要位置，每本書不僅在文後附有「文法概要」、「語音重點」等，而且在文中對語法要點不吝解說，此乃可參考之處。於元話語而言，當篇章內部開始產生互文效應時，其語用範圍也逐漸擴大，比如參與式標記不僅僅用於引導讀者，也可成為銜接新舊信息的過渡語。

（三）明晰交際主體的交際角色

前文已提，話語角色是話語參與者在話語產生時所充當的臨時性角色。從教科書導語中可見，教科書編寫者認為，該教材「為學習者設計了許多具有交際意義的任務，目的是讓學習者在英語課堂上『活』起來、『動』起來」。整本書的編排的確做到了「任務驅動」，比如 What color is it？這一課中就有如下具體任務：

Look at the picture. Write the letter for each.

Listen and repeat.

Practice the conversations in the picture with your partner. Then make your own conversations.

從以上句型中可看出，教科書編者一般以祈使句的話語方式提示任務。該話語類型在教科書中十分常見，有減少質疑、聚焦任務的功效〔註 15〕〔註 16〕。但是，值得注意的是，這類話語亦有很強的指示性和權威性，使用過多則會使教科書變為「指導書」，即編者告知學習者應做什麼，而不是學什麼。若作者最初設定的是平等、互動的編-讀者關係，那麼理應減少過多的指令性話語。於元話語而言，命題表達方式的改變也許並不會改變元話語的使用，但是一定會改變元話語的語義範圍。因此，正如前文所敘，教科書編者應首先具備準確、清晰的讀者意識，如此才可能使用恰當的元話語策略。當然，教科書只是課堂教學中的一個媒介，真正使教科書交際發揮作用之場域在現實課堂，因此，這些指令的接受者不僅是學生，也是老師，教師在實際教學中也可儘量針對這些指示，進行教學拓展，減輕教科書已有的「使令性」，而避免「依葫蘆畫瓢」、「照本宣科」。

（四）增加人文知識的情境性

誠如上文所言，教科書編寫者將語法知識和人文知識皆拋置附錄，打斷了它們原本依存的情境。但其實，附錄中的文化內容並不少，比如第一單元就包括英美國家朗讀電話號碼時的習慣，英美國家姓名、稱呼的注意事項，公共電話的作用等等，可是在正文中編者只是不間斷地安排任務，並沒有為

〔註 15〕李祖祥，小學思想品德教科書研究〔M〕，長沙：湖南師範大學出版社，2014：40，184～186。

〔註 16〕陳新仁著，禮貌理論與外語學習〔M〕，北京：外語教學與研究出版社，2013：83。

這些文化知識的輸入提供恰當位置。以「英美國家姓名、稱呼的注意事項」這一知識點為例，附錄中編者解釋了英美國家姓、名順序，以及在正式場合對陌生人的稱謂，正文處則圍繞「介紹自己」、「問候他人」來設計交際任務，但無論附錄還是正文都未指明這些任務與人文知識之間的具體關聯，人文知識教授完全依賴教師自行抉擇。像正文第二部分，編者設計了一個相關任務（見圖 7-），似乎可用於解釋英美國家名在前，姓在後這一現象，但是為何 Jack 就一定是名字，Smith 就一定是姓呢？這與人稱場合有關，對於熟悉的朋友，不需要連姓名一起稱呼，直呼其名即可，而練習中的「人名」在前文中已有出現，因此可歸為「名」，其餘為「姓」；之後，教師還可進一步解釋，不同場合中稱謂的區別，比如在正式場合人們通常在姓氏前面加上 Mr.（先生）、Ms（女士）、Mrs，（夫人；太太）等稱謂。但與此同時，對於缺少文化指導意識的教師而言，很有可能只要求學習者理解 first name 和 last name 兩個詞組的意思，或稍微提帶英美國家姓名書寫規範，不同場合下的稱謂習慣則可能不會涉及。總之，本研究並不贊成把人文知識疏導工作全部交給教師，也不贊成讓文化知識講解與語言知識教授完全脫離，編者實際可在正文中闢出小塊進行解釋，亦可在附錄部分對該文化知識可能依託的文本進行元話語標注，以方便讀者識別。

圖 7-2 「人教版」教科書任務設計

（五）提升文化內容的多樣性

艾倫和瓦萊塔（Allen &Valette）曾把文化分為廣義文化和狹義文化，廣義文化又稱作「大 C」文化（culture with a big C），指文學、音樂、科技、建築、哲學等集中反映人類普世價值的文化，狹義文化又稱作「小 c」文化（culture with a small c）是與人類生活息息相關的風俗習慣、禮貌禁忌等〔註 17〕。從本章語料中可以發現，文中對「小 c」文化涉及較多，而「大 C」文化幾乎未著筆墨，這符合中國《義務教育英語課程標準》的要求，即只需學習者「能意識到語言交際中存在的文化差異」即可。像程度較深、理解較難的「大 C」文化，在初級英語學習階段並不一定要包括。但通過對民國英語教科書的分析，我們知道，具有一定難度的教學內容並不一定會阻礙學習者語言知識的學習，相反，如果選擇有趣又有些許難度的教學材料反而會激發學習者的學習動機。其實「大 C」文化中也有許多適合初級英語學習者的內容，比如在第五單元「Do you have a soccer ball」中就包括棒球、乒乓球、網球、足球、籃球的單詞學習，編者可在此適當介紹不同國家的體育文化，作為知識拓展。

另外，我們可以發現，「人教版」教材編者具有較高的文化比較意識，只要是可比較的文化知識，都會進行說明，比如第二單元，其就非常詳細地講解了中外家庭親屬成員之間稱謂的文化差異。但總的來說，教科書中關於本族語文化的單獨涉獵還是很少，就連文內插圖也絕大多數以「外國人」形象呈現。吳曉威曾對「人教版」高中英語教科書進行評價，其曰：「整本英語教科書就好像目的語文化的一臺獨角戲，母語文化只是做了稍稍的陪襯」〔註 18〕，此結論也同樣適於本文語料。前文已敘，《義務教育英語課程標準》明確規定，中國英語課程應同時具備工具性和人文性，人文性指的是學生通過英語課程的學習能夠開闊視野，形成文化意識、發展跨文化交際能力、培養多元文化觀。其中，跨文化交際能力的培養並不是單單依靠學習目的語文化即可，還需要知道如何運用英語這一媒介向外輸出本族語文化；多元文化觀也不僅僅是目的語文化及本族語文化，還有世界文化。這就要求英語教科書編寫者在設計交際任務時，提供充足的本族語文化，並引導學習者利用該文化進行交際；此外編者也應儘量添加其他民族、種族的文化內容，培養共融的多元文化觀。當然，從元話語的角度來看，編者文化意識越清晰，對學習者的引導越多，那麼元話語的使用也將更豐富，其用於抒發編者主觀情態的效用就更顯著。

〔註 17〕Allen E D& Valette R M. Classroom Techniques: Foreign Languages and English as a Second Language〔M〕. New York: Harcourt Brace Jovanovich Inc, 1977: 325.

〔註 18〕吳曉威，人教版高中英語教科書中文化內容的選擇及其呈現方式研究〔D〕，東北師範大學，2014：171。

四、本章小節

正如海亮總結，如果作者／說者能正確使用元話語表達個人氣質，以親近的方式與受眾發生聯繫，那麼每一篇篇章都能夠取得成功〔註 19〕。通過本章對「人教版」英語教科書元話語進行分析，可以發現中國當代教科書編者元話語意識並不強，對讀者的定位並不清晰，如此教科書才會出現元話語分布不均衡、類型較少的境況。為改善這一現實，編者首先應將視線轉圜到篇章本體上，尋求讀者興趣、篇章論點、作者個性中的平衡點，如此才可進一步探討元話語的使用策略。此外，元話語是聯通篇章世界、物質世界、精神世界的橋樑，為確保元話語的有效性，編者應首先建構和諧、良好的教科書篇章結構、互文體系、文化觀。就「人教版」英語教科書而言，本文認為，作者可以通過提高篇章進展組織語對全文的概括性，加深正文任務設計與語法教學、人文知識教學的聯繫性，明確交際主體角色，增加本族語文化及多元文化呈現等方面提升元話語的質量。

〔註 19〕（英）Hyland K. Metadiscourse〔M〕，北京：外語教學與研究出版社，2008：xii。

第八章　研究結論與展望

本研究從篇章語言學理論出發，建構了元話語研究的可能路徑，即以「功能」為核心，首先對元話語形式特徵研究，理解元話語的語義範圍，並在此基礎上盡可能地向篇章外部延伸，探尋元話語與情景語境的深刻關係。秉持這一思路，研究對民國時期 15 本英語教科書元話語進行了形式—功能特徵的量化分析，以及對其所在篇內語境、互文語境、文化語境進行了構畫，總結了元話語與情景語境的可能關係。最後，基於以上研究發現，為當代英語教科書元話語的呈現提供了相應建議。儘管本研究獲得了些許收穫，但是受人力、物力、時間、空間的限制仍有許多需要改進的地方，此處還期待相關領域研究者繼作耕耘。文章將結合前文所述，對研究結論、不足、展望進行進一步說明。

一、本研究的基本結論

在第四章中，本文提出了主題相關的三個研究問題，分別是民國時期英語教科書元話語的形式—功能特徵如何？民國時期英語教科書元話語情景語境變量有何特徵，如何影響元話語？中國當代英語教科書元話語組織有何特徵，提升策略有哪些？通過對語料的量化及質性分析，本文在第五章、第六章、第七章對上述問題進行了剖解，並得出以下結論：

（一）民國英語教科書元話語形式——功能特徵方面

通過對語料總體數據進行梳理，本研究發現民國各歷史時期教科書難度相當，大約維持在 0.21 左右，其中以《開明英文讀本》難度最高達 0.38，相當於現在高三至大學一年級水平難度。元話語分布方面，引導式元話語與互動式元話語的差距並不顯著，其中使用頻率最高的為參與標記語（31.79），過渡語頻數次之（31.03），而後為框架標記語（11.55）和內指標記語（9.96）；最不常使用的元話語為言據語（0.19）及態度標記語（2.12）。基於以上統計結果，對元話語具體語用功能進行分析，發現：

1. 民國英語教科書元話語具有區別於其他篇章元話語的語用特徵

首先，英語教科書編寫者使用大量簡單過渡語，其一是因為該類元話語屬於交際常用語，其二是因為基礎類教科書篇章屬性要求簡化知識點的過渡，因此教科書編寫者傾向於使用更為明瞭的篇章連接方案。而過渡語的三個子類別：增加、比較、結果的語用特徵十分明顯，即為了強調重點命題信息，而非其他篇章類型用於建構論斷、描述事件流程。

其次，面對信息距離較大的內容時，教科書編寫者善於使用排序、表示階段、告知目標、轉換話題等框架標記語。該類元話語在本語料和學術篇章中的語用範圍有較大不同，前者為了呈現結構化信息，幫助新手學習者更好地理解課文內容和要點，在整個篇章內有規律地出現；而後者用於明示研究目標和結果，主要出現在摘要和結論部分。

第三，內指標記語在其他語類篇章中，大體銜接視覺信息（如圖、表）和言語信息，本研究中，該標記語主要為劃定注意範圍、減少不必要的語言重複。

第四，語碼注解語在語料庫中出現頻率頗高，通過質性分析之後，發現97%的語碼注解語與語法教授相關，其次為了重述話題。

第五，民國英語教科書中的模糊限制語並不為表現作者的「不確定性」，而是受中國傳統修辭文化的影響，旨在構建一個協商、和諧的交際氛圍；增強語也不僅僅是「樹立權威」，更多用於強調重點信息。

最後，英語教科書編寫者使用自我標記語時，總是避免第一人稱單數的出現，傾向於使用「我們」（we），而本語料中「我們」的語用範圍主要有——指代篇章情境中出現的某一對象，一般在例句解析中呈現；指代「讀者」，主要目的是引導讀者捲入，呈現重要命題；指代「篇章外部」的言語社團，用於過渡信息。

2. 民國英語教科書元話語反映出特定時代的教科書篇章特性

首先，民國英語教科書注重對語法知識的講授。從總體數據介紹中不難看出，民國教科書包括了大量用於銜接、遞進知識點的過渡語、語碼注解語等元話語標記，若不是為了解釋某些「事實觀點」，是不可能用到如此多的相關標記的。而在深入分析以上元話語周邊語境詞後，可明顯察覺，這些元話語主要用於語法知識點講解，尤其是語碼注解語，其中 97%都與語法相關。其實，民國時期並不是語法—翻譯教學法繁榮的時代，彼時學界受「直接法」影響最大，但是即使部分教材，如《國民英文讀本》、《英語模範讀本》、《開明英文讀本》明確其「聽、說領先」的編制理念，但在實際編排的時候，仍對語法格外關照。正如林語堂對語法公式性的定義，如若完全拋棄語法，是很難真正掌握一門外語的，英語教科書應該權衡交際任務與語法知識之間的比率，而不是輕一重一。

其次，民國英語教科書傾向隱藏編者主觀情態。在前文的分析中，已講明英語教科書中較少使用表引述他人觀點的「言據語」，以及表徵個人喜惡的情感類態度標記語，和表明事實不確定性的非敘實或試探類標記語。以上可以說明，民國英語教科書在整體上維持了教科書「專業篇章」的特點，即使需要開放交際和表達觀點之時，也是選擇將「自我」隱蔽，如用「we」或「the author」、「the writer」來代替「我」，用言據語來加強知識的客觀性等等。在使用可表主觀情態的模糊限制語時，注意將其與本人撇清，比如使用情態動詞時，或用代表言語社團的「we」作主語，表現後接命題的事實性，或者將其意義定為「允許」，增加正式感；使用程度副詞時，盡可能讓其出現在前言或後序中，避免在正文知識講解時使用。

最後，民國英語教科書表現出「以讀者為中心」的交際態度。跨文化交際學大師愛德華・霍爾（Edward T. Hall）曾將語境分為「高語境」及「低語境」，前者「不是處於物質語境中，就是內化於個體中，很少進入編碼清晰的信息傳遞中」，後者「大都依靠清晰的編碼，因此需要更多的言語解釋」〔註 1〕。李秀明在分析漢語元話語標記時歸納道：在高語境中，表達往往為作者中心，作者根據自身的知識背景和語言能力來建構話語，無需過多開放作者-讀者之間的交際。而在低語境中，表達常以讀者為中心，即作者時刻考慮讀者知識背景和能力，為使自己的話語能被讀者接受，儘量鼓勵讀者參與交際。〔註 2〕我們在對語料分析的過程中可以發現，教科書編寫者為了創造協商的交際氛圍常使用模糊限制語，和大量參與式標記語；為了使學習者更容易

〔註 1〕劉榮，廖思湄，跨文化交際〔M〕，重慶：重慶大學出版社，2015：37。

〔註 2〕李秀明，漢語元話語標記研究〔M〕，北京：中國社會科學出版社，2011：197。

加入交際，不斷對知識點進行解釋和說明，以減少學習者認知上的負擔；即使是使用增強語也注意所選詞彙的量級，避免過於武斷的表述，僅僅在表現指令的時候，才會使用像 must 這樣的元話語標記。因此，總的來說，民國時期教科書為了適宜初級英語學習者的英語水平，最大程度地提供了一個「以讀者為中心」的低語境氛圍。

（二）民國英語教科書元話語情景語境要素方面

基於元話語的形式—功能特徵，本研究從影響它的三個情境因素：篇章內部語境和互文語境、文化語境出發，選取民國三個歷史階段三本最具影響力的教科書《英語模範讀本》、《開明英文讀本》、《標準英語》，結合民國英語教育發展脈絡，試深入分析元話語與情境語境之關係，最後得出如下結論：

1. 情境語境的異、變直接影響英語教科書元話語的分布

首先，於篇章結構而言，篇章宏觀結構越複雜，框架標記語使用越多；對於宏觀結構內部組成較簡單的篇章來說，內指標記語成為聯繫信息內部的便捷方式；當篇章信息塊之間信息較遠，但又期望在篇章內部產生連接效應時，編者傾向於使用自我標記語來增加篇章信息銜接的自然感。

其次，於篇內互文關係而言，教科書內部各單元主題內容相關係數高時，內指標記語大量出現；通由體裁進行互文的教科書，若選材難度較大，則常使用框架標記語來銜接各類文本，並借由增強語引導學習者理解課文；以傳統語法演進順序進行課文編排的英語教科書，為使語法知識與課文主題相互關聯，熱衷於使用進展組織語。

第三，於教科書交際主體角色而言，在建立具有距離感和編者權威性的篇章中，編寫者一般使用「teacher」、「he」等第三人稱代替；若旨在建立平等，開放的交際環境，則偏向使用第二人稱。

第四，於文化觀而言，民國初期，文化內容僅是呈現，缺少進一步的反思和比較；民國中期，大量文選型教科書出現，編者傾向於用引導的方式，潛移默化地引導學習者思考；民國後期，出於「戰時」需要，教科書中出現了許多「訓導式」文化內容，作者直白告知學習者應遵守的文化規約。受此影響，民國初期文化內容介紹時多用過渡語，民國中期多用提問標記，民國晚期增強語、指示語出現更多。另外，從教科書具體內容中可發現，民國整個歷史時段，教科書內的「本族語文化」、「中國形象」越來越多且越來越清晰，編者逐漸將正面評價標記語施於中國文化介紹中。

2. 民國英語教科書元話語情境語境具有超越時空限制的共性

首先，民國英語教科書組織模式存在共性。以整本教科書為篇章，其使用的篇章模式為「一般特殊模式」；其次，以前言為篇章，「主張反應模式」使用最多，即本人自己主張觀點，而後對其真實性進行佐證或反駁，對否定的觀點往往給予解釋；最後，在知識點解析部分，主要有「一般特殊模式」和「問題解決模式」兩種，其中「問題解決模式」較前者更為活潑，一般為敘事性的段落，先由編者提供一個知識點發生的情境（一般為錯誤情境），然後解釋該情境可能引發的問題，最後引出知識點的正確使用方法。

其次，民國英語教科書同時具備專業篇章屬性和教育篇章屬性。為保證專業屬性，教科書編寫者皆儘量使知識呈事實性出現，因此避免使用言據語和反映主觀情態的元話語標記。為保證教育屬性，教科書編寫者一來傾向選擇簡單的篇章過渡手段，如 and、but，及多種類型的框架標記；二來為使篇章更具可接受性，使用大量自我標記及參與標記，樹立編者的「在場身份」，營造親和的交際氛圍；三來利用語碼注解語使語言知識更直白地呈現，減少學習者的認知負擔。

第三，在民國英語教科書的發展進程中，出現了不以歷史時段為間隔的體裁互文關係，受模仿、編者理念、教育政策等因素影響，形成了包括「語法型」、「文選型」、「聽說型」、「混合型」等多樣類型的教科書體例。此外，教科書不僅在主題類型、引導策略、語法內容設計上具有共性，而且在具體的元話語使用上呈現互文關係：如引入知識點常使用以下結構：（內指標記語）+參與式標記／自我標記語+新知識點；知識點介紹時總是通過被動語態和語碼注解語來完成；呈現重點、難點知識時，主要有增強語／評價標記語／指示標記語+重點知識這一話語結構。

第四，優秀英語教科書能在讀者興趣、篇章論點、作者個性中找到平衡。基於對三本案例教科書：《英語模範讀本》、《開明英文讀本》、《標準英語》元話語進行分析，可發現，無論以上教科書篇章結構、互文方式、文化內容如何組織和呈現，其總能明確自己的受眾群體，清楚表現自己的語言觀、語言教學觀，並在引導受眾群體吸納編者語言觀、語言教學觀時採取豐富但穩定的修辭策略。

（三）當代英語教科書元話語策略提升方面

第七章中，本文對「人教版」英語教科書元話語分布特徵進行了總結和分析，並集中就教科書元話語呈現策略提升，及教科書元話語和諧語境建設兩個部分進行了闡釋。研究發現，中國當代英語教科書存在元話語分布不均衡、元話語使用單一、作者交際身份不明朗等問題。研究認為，教科書編者應該首先提高元話語意識，明確交際主體的交際角色，並注意不同模塊之間話語表達的均衡性和銜接性，增加信息模塊內部元話語的多樣性。另外，編者應確保進展組織語的有效性，在表述上儘量做到完整、清晰，在文化知識的選擇上應提高本族語文化、多元文化內容的比率，並在重要的文化內容部分提供明確的指導語。

二、英語教科書元話語研究的未來展望

本研究雖對英語教科書元話語形式—功能特徵，及其語境樣貌進行了較完整的分析，但受人力、物力之限，仍有許多需改進和拓展的地方，本研究也只作為拋磚引玉之「磚」，期望更多教科書研究者和話語分析研究者加入這個較新的研究領域，拓展已有研究成果。

首先，加大英語教科書元話語的理論研究。元話語研究作為話語研究的一門分支，經歷了提出、消失、重視的發展路徑。時至今日，已有一大批研究者投入到元話語分析的懷抱中，並在廣告篇章、新聞篇章、學術篇章、教育篇章等研究領域結出了累累碩果。但是，總的來說，元話語分析還是依託在系統功能語言學中，對元話語形式—功能的語言學描述多，從其他學科視角闡述的少。其實正如元話語的定義，它是一種修辭行為，是能夠銜接篇章和主觀情態的話語符號，在使用語言學演繹規則的同時，也可以考慮社會學、文體學等學科的研究成果，把元話語放在一個多樣、寬廣的視野下討論。

其次，對影響英語教科書元話語的各個要素進行考量。本文因受空間所限，無法對元話語的發起者：編者，及元話語的被授者：學生與教師進行調查和訪談，因此也無法進一步挖掘元話語對篇章交際主體的切實影響。正如前文所言，英語教科書研究可分為：產品取向的教科書評價研究，過程取向的教科書編制研究，接受取向的教科書使用研究，而本研究的關注點其實只落在「產品取向」上，即對現已成形的教科書進行文本分析，元話語在教科書編制過程中有何意義？元話語又如何影響讀者對教科書的接受？還有待更多研究。

最後，加強英語教科書元話語語料庫的開發。由於教科書元話語缺乏現成的標注工具，本研究所選 15 本英語教科書，全部依靠人工標注和校對，這不僅是一份十分耗時和費力的工作，而且就語料量級來說也不足以實現更大範圍內的語料比對和使用。因此，本文認為，今後的研究可以首先開發出一套通行的教科書元話語標注工具，並借助和參考賓州篇章樹庫（Penn Discourse TreeBank，簡稱 PDTB）、修辭結構篇章樹庫（Rhetorical Structure Theory-Discourse Treebank，簡稱 RST-DT）、篇章圖庫（GraphBank）等成熟篇章語料庫的建庫方法，建構出一套可反覆利用的語義表達機制，實現歷時、共時、多國別、多類型的英語或外語教科書元話語語料庫建設工作。

參考文獻

1. Abbas Z& Yahya S. Iranian University Learners' and Teachers' Views on Adopted and Locally-Developed English Language Teaching Textbooks〔J〕. International Journal of Instruction, 2018（11）: 291～308.

2. Ädel A . Just to Give You Kind of a Map of Where We Are Going: A Taxonomy of Metadiscourse in Spoken and Written Academic English〔J〕. Nordic Journal of English Studies, 2010, 9（2）:69～97.

3. Ädel A. 2006. Metadiscourse in L1 and L2 English〔M〕. Amsterdam: NLD, John Benjamins Publishing Company, 2006.

4. Allen E D& Valette R M. Classroom Techniques: Foreign Languages and English as a Second Language〔M〕. New York: Harcourt Brace Jovanovich Inc, 1977.

5. Almujaiwel S& Analysing Culture and Interculture in Saudi EFL Textbooks: A Corpus Linguistic Approach〔J〕. English Language Teaching, 2018, 11（2）:31.

6. Al～Qahtani M F. Relationship between English language, learning strategies, attitudes, motivation, and students' academic achievement〔J〕. Education in Medicine Journal, 2003, 5（3）: 19～29.

7. Apple W M. Education and Power（2nd Edition）〔M〕. New York: Routledge, 2012.

8. Apple W M. Ideology and Curriculum（3rd Edition）〔M〕. New York: RoutledgeFalmer, 2004.

9. Apple W M. Official Knowledge: Democratic Education In A Conservative Age（2rd Edition）〔M〕. New York: Routledge, 2000.

10.（古希臘）Aristotle 著；（美）Hett W S & Rackham H 譯. Aristotle〔M〕. London: William Heihemann LTD, 1957.

11. Austin J L. How to do Things with Words〔M〕. Cambridge mass: Harvard University Press, 1962.

12. Austin J L. Philosophical Papers〔M〕. Oxford: Oxford University Press, 1979.

13. Aviles C B. Teaching and testing for critical thinking with Bloom's taxonomy of educational objectives〔Z〕. ERIC Document Reproduction Service, 2000.

14. Barthes R. The Pleasure of the Text〔M〕. New York: Hill and Wange, 1975.

15. Bhatia V. A generic view of academic discourse〔C〕. In J. Flowerdew（eds.）, Academic Discourse. Harlow: Longman, 2002.

16. Bolinger D. Linear Modification〔M〕. United States: Modern Language Association LXVII, 1952.

17. Bolinger D. Meaning and Form〔M〕. United States: Longman, 1979.

18. Brown G & Yule G. Discourse Analysis〔M〕. Beijing: Foreign Language Teaching and Research Press, 2000.

19. Brown H D. Principles of Language Language Learning and Teaching〔M〕. New York: Pearson Education, 2007.

20. Brubacher J S. A history of the problems of education〔M〕. New York: McGraw-Hill, 1966.

21. Bruner J. The process of Education〔M〕. United States: Harvard University Press, 1990.

22. Chomsky N. Aspects of the Theory of Syntax〔M〕. Untied States: the MIT Press, 1969.

23. Chomsky N. Language and Mind〔M〕. Cambridge: Cambridge University Press, 2006.

24. Clark J L. Curriculum Renewal in School Foreign Language Learning〔M〕.Oxford: Oxford University Press, 1987.

25. Clark R &Ivanic R. The Politics of Writing. London and New York: Routledge, 1997.

26. （捷）Comenius J A 著；（美）Syracuse C H 譯. The Orbis Pictus〔M〕. New York: C.W. Bardeen, 1887.

27. Cook G. Discourse〔M〕. Oxford: Oxford University Press, 1999.

28. Crismore A& Markkanen R& Steffensen M S. Metadiscourse in Persuasive Writing: A Study of Texts Written by American and Finnish University Students〔J〕. Written Communication, 1993（1）: 39～71.

29. Crismore A. Metadiscourse: What is it and How is it Used in School and Non-School Science Texts〔M〕. Urbana-Champaign: University of Illinois, 1983.

30. Crismore A. The Metadiscourse Component: Understanding Writing about Reading Directives〔Z〕. ERIC, 1982.

31. Crismore A . The Effect of a Rhetorical Textbook on Students: Two Studies of Metadiscourse and Interpersonal Voice〔J〕. Content Analysis, 1984:33.

32. Culler J. The Pursuit of Signs: Semiotics, Literature, Deconstruction〔M〕. London: Routledge, 1981.

33. Cunningsworth A.Choosing Your Coursebook〔M〕. Oxford: Heinemann, 1995.

34. Cunningsworth A.Evaluating and Selecting ELT Materials〔M〕. London: Heinemann, 1984.

35. Dalim S F& Mubarrak M. Quantitative method of textbook evaluation for chemistry(KBSM)Form 4 textbooks[Z]. International Conference on Social Science Research, Malaysia: Penang , 2013.

36. Daneš F. A three level approach to syntax〔J〕. TLP, 1964（1）: 225～240.

37. Daneš F. Functional Sentence Perspective and the Organization of the Text〔A〕. In F. Daneš（ed.）. Papers on functional sentence perspective〔C〕. Prague/Mouton, The Hague/Paris, 1974.

38. Daneš F. Involvement with language and in language〔J〕. Journal of Pragmatics, 1994（22）: 251～264.

39. Daneš F. Sentence patterns and predicate classes〔M〕. Amsterdam: J Benjamins.

40. Daneš F. Some thoughts on the semantic structure of the sentence〔J〕. Lingua, 1968（21）: 55～69.

41. De Beaugrande R A & Dressler W U. Introduction to Text Linguistics〔M〕. London: Longman, 1981.
42. Dewey J. Democracy and Education〔M〕. United States: The Pennsylvania State University, 2001.
43. Dewey J. Experience and Education〔M〕. New York: Kappa Delta Pi, 1997.
44. Dewey J. The Child and the Curriculum: The School and Society〔M〕. Chicago: The University of Chicago Press, 1966.
45. Doll W E. Chaos, complexity, curriculum and culture〔M〕. New York: P. Lang, 2005.
46. Eisner E W& Vallance E E. Conflicting Conceptions of Curriculum〔M〕. Berkely: McCutchan, 1973.
47. Ellis R. The Empirical Evaluation of Language Teaching Materials〔J〕. ELT Journal, 1991（1）: 36～42.
48. Ellis R. The Evaluation of Communicative Tasks〔A〕. In B Tomlinson (ed.). Materials Development in Language Teaching〔C〕. Cambridge: Cambridge University Press, 1998.
49. Er O. Evaluation of the Cultural Elements in the Textbook "Genki I: an Integrated Course in Elementary Japanese"〔J〕. Journal of Education and Training Studies, 2017（5）:193～204.
50. Fairclough N. Critical Discourse Analysis: the Critical Study of Language〔M〕. London: Longman, 1995.
51. Fairclough N. Discourse and Social Change〔M〕. Cambridge: Polity Press, 1992.
52. Fairclough N. Language and Power〔M〕. London: Longman, 1989.
53. Fairclough N. Language and Social Change〔M〕. Cambridge: Polity Press, 1992.
54. Firbas J. On defining the theme in functional sentence analysis〔J〕. TLP, 1964（1）: 267～280.
55. Firbas J. Some Aspects of the Czechoslovak Approach to Problems of Functional Sentence Perspective〔A〕. In F. Daneš (ed.). Papers on functional sentence perspective〔C〕. Prague/Mouton, The Hague/Paris, 1974.

56. Firbas J. Studies in English Language: Functional Sentence Perspective in Written and Spoken Communication〔M〕. Cambridge: Cambridge University Press, 1992.

57. Firth J R. Personality and Language in Society〔J〕. Sociological Review, 1950, a42（1）:16.

58. Gattegno C. 1972. Teaching Foreign Languages in Schools: The Silent Way〔M〕. New York: Educational Solutions, 1972.

59. Ghosn I K. Talking like Texts and Talking about Texts: How Some Primary School Coursebook Tasks are Realizedin the Classroom〔A〕. In B. Tomlinson（ed.）. Developing Materials for Language Teaching〔C〕. New York: Bloomsbury Academic, 2003.

60. Gokce A T& Agcihan E . Analyzing the Types of Discrimination in Turkish for Foreigners Books〔J〕. Universal Journal of Educational Research, 2018.

61. Graesser A C& Gernsbacher M A& Goldman S R. Introduction〔A〕. In A C Graesser& M A. Gernsbacher& S R Goldman (eds.), Handbook of Discourse Processes. Mahwah, NJ: Erlbaum, 2003.

62. Grice H P. Logic and Conversation〔A〕. In J L. Mogran& P. Cole（eds.）. Syntax and Semantics, Volume 3: Speech Acts〔C〕. United States: Academic Press Inc., 1975.

63. Grice H P. Logic and Conversation〔A〕. In P Cote& J L Morgan（eds.）. Syntax and Semantics 3: Speech Acts〔C〕. New York: Academic Press, 1975.

64. Gürbüz O& Emine A B. Evaluation of English Textbooks in Terms of Textuality Standards〔J〕. Journal of Education & Training Studies, 2016, 4（12）:36～44.

65. （德）Hadumod Bussmann 著；（英）Gregory P. Trauth，（英）Kerstin Kazzazi 編譯. Dictionary of Language and Linguistics（語言與語言學詞典）〔M〕. 北京：外語教學與研究出版社, 2000.

66. Halliday M A K& R Hasan. Cohesion in Engilsh〔M〕. London: Longman, 1976.

67. Halliday M A K& Webster J. The Language of Science〔M〕. London: Continnum, 2004.

68. Halliday M A K. An Introduction to Functional Grammar〔M〕. UK: A Hodder Arnold Publication,1994.

69. Halliday M A K. Langauge as Social Semiotic: the Social Interpretation of Language and Meaning〔M〕. London: Arnold, 1978.

70. Halliday M A K. Language as Code and Language as Behavior: a Systemic-functional Interpretation of the Nature and Ontogenesis of Dialogue〔A〕. In R. Fawccett et al.（eds.）. The Semiotics of Culture and Language〔C〕. London and New York: printer, 1984.

71. Halliday M A K. The Linguistic Sciences and Language Teaching〔M〕. London: longman,1964.

72. Halliday M A K. The Linguistic Study of Literary Texts〔M〕. Hague: Mouton Publishers,1964.

73. Halliday M A K. The Place of "Fuctional Sentence Perspective" in the System of Linguistic Description〔A〕. In F. Daneš （ed.）. Papers on functional sentence perspective〔C〕. Prague/Mouton, The Hague/Paris, 1974.

74. Halliday M A K.The Linguistic Sciences and Language Teaching〔M〕. London: Longman, 1964.

75.（英）Halliday M A k. Linguistic Studies of Text and Discourse〔M〕. 北京：北京大學出版社, 2006.

76.（英）Halliday M A K. An Introduction to Functional Grammar 〔M〕. 北京：外語教學與研究出版社, 2010.

77. Hartmann R R K · Contrastive Textology：Comparative Discourse Analysis in Applied Linguistics〔M〕· Heidelberg: Julius Groos Verlag, 1980 ·

78. Hatim B& Mason I. Discourse and the Translator〔M〕.London: Longman: 2001.

79. Hoey M P. Textual Interaction〔M〕. London: Routledge, 2001.

80. Hoey M. Textial Interaction: An Introduction to Written Discourse Analysis〔M〕. London: Routledge, 2001.

81. Hofstede G . Cultural differences in teaching and learning.〔J〕. International Journal of Intercultural Relations, 1986, 10（3）:301～320.

82. Howatt A P R. The History of English Language Teaehing〔M〕.Oxford: Oxford University Press, 1984.

83.（英）Hyland K. Metadiscourse〔M〕. 北京：外語教學與研究出版社, 2008.

84. Hyland K& Tse P. Metadiscourse in academic writing: A Reappraisal〔J〕. Applied Linguistics, 2004（2）: 156～177.

85.（英）Hyland K. Metadiscourse〔M〕. London: Continnum, 2005.

86. Hyland K. & Tse P. 2004. Metadiscourse in Academic Writing: A Reappraisal〔J〕. Applied Linguistics,2004（2）: 156～177.

87. Hyland K. 2000. Disciplinary Discourse: Social Interactions in Academic Writing 〔M〕. London: Longman, 2000.

88. Hyland K. Persuasion and Context: The Pragmatics of Academic Metadiscourse〔J〕. Journal of Pragmatics, 1998 （30）:437～455.

89. Hyland, K. Disciplinary Discourses 〔M〕. London: Pearson, 2000.

90. Hymes D. Language in Education: Etho-linguistic Essays〔M〕. Washington D. C: the Center for Applied Linguistics, 1980.

91. Ifantidou E . The semantics and pragmatics of metadiscourse〔J〕. Journal of Pragmatics, 2005, 37（9）:1325～1353.

92. Ilie C. Discourse and metadiscourse in parliamentary Debates 〔J〕. Journal of Language and Politics, 2003（1）:71～92.

93. Intaraprawat P& Steffensen M S . The use of metadiscourse in good and poor ESL essays〔J〕. Journal of Second Language Writing, 1995, 4（3）:253～272.

94. Jenny, L. The Strategy of From〔A〕. T. Todorow（eds.）(R. Carter trans.）, French Literary Theory Today〔C〕. Cambridge: Cambridge University Press, 1982.

95. Johnsen E B. Textbooks in the kaleidoscope: a critical survey of literature and research〔M〕. : The University Press,1993.

96. Jolly D& Bolitho R. A framework for materials writing〔A〕. In B. Tomlinson（ed.）. Materials Development in Language Teaching〔C〕. Cambridge: Cambridge University Press, 2011.

97. Kinneavy J L. A Theory of Discourse: The Aims of Discourse〔M〕. New York: W. W. Norton and Company, 1971.

98. Klanawong, S. A Study of Reading Questions in High School English Textbooks and National Tests〔J〕. The New English Teacher, 2017（1）.

99. Klippel F. Teaching Method〔A〕. In M. Bybram（ed.）. Routledge Encyclopedia of Language Teaching and Learning〔C〕. New York: Routledge, 2000.

100. Kraishan O M& Almaamah I. Evaluation of the Third Class Science Text Book from the Teacher's Perspective at Madaba Municipality〔J〕. International Education Studies, 2016, 9（3）: 123～130.

101. Kristeva J. The Kristeva Reader〔C〕 Oxford: Blackwell, 1986.

102. Kumaravadivelu B. Beyond methods: Macrostrategies for Language Teaching〔M〕. USA: Yale University Press, 2003.

103. Labov W. Sociolinguistic Patterns〔M〕. Philadelphia: University of Pennsylvania Press, 1972.

104. Lakoff G. 1972. Hedges: A Study in Meaning Criteria and the Logic of Fuzzy Concepts〔A〕. In P. Peranteau, J Levi& G Phares（eds）, Papers from the Eighth Regional Meeting, Chicago Linguistics Society〔C〕. Chicago: Chicago Linguistics Society,1972.

105. Lakoff G. Cognitive Phonology〔M〕. Chicago: University of Chicago Press, 1993.

106. Lawton D& Gordon P. A History of Western Educational Ideas〔M〕. London: Woburn Press, 2005.

107. Lozanov G. Suggestology and Outlines of Suggestopedy〔M〕. New York. Gordon and Breach, 1978.

108.（英）M.A.K.Halliday. Language as Social Semiotic : the Social Interpretation of Language and Meaning〔M〕. 北京：外語教學與研究出版社, 2001.

109. Mackey W F. Language Teaching Analysis〔M〕. Great Britain: Longmans, 1965.

110. Manelis L , Meyer B J F . The Organization of Prose and Its Effects on Memory〔J〕. American Journal of Psychology, 1978, 91（1）:146.

111. Mann W C& Thompson S A. Rhetorical Structure Theory: A Theory of Text Organization〔M〕. California: Information Science Institute, 1987.

112. Mao L R. I Conclude Not: Toward a Pragmatic Account of Metadiscourse〔J〕. Rhetoric Review, 1993（2）: 265～289.

113. Marcu D. The Theory and Practice of Discourse Parsing and Summarization〔M〕. Boston: MIT Press, 2000.

114. Markkanen, R., & H. Schroder. Hedging and Discourse: Approaches to the Analysis of a Pragmatic Phenomenon in Academic Text〔M〕. Berlin, De Gruyter, 1997.

115. Matthiessen C M& M A K Halliday. Systemic Functional Grammar: A First Step Into the Theory〔M〕.Beijing: Higher Educational Press, 2009.

116. Mauranen A. Contrastive ESP rhetoric: Metatext in Finnish-English Economics Texts〔J〕. English for Specific Purposes, 1993（12）: 3～22.

117. McCarthy M& R Carter. Language as Discourse Perspectives for Language Teaching〔M〕. New York: Longman, 1994.

118. McConachy, Troy. Critically engaging with cultural representations in foreign language textbooks〔J〕. Intercultural Education, 2018:1～12.

119. McDonough J& Shaw C. Materials and Methods in ELT: A Teacher's Guide〔M〕. Oxford: Blackwell, 1993.

120. McGrath I. Materials Evaluation and Design for Language Teaching〔M〕. Edinburgh: Edinburgh University Press, 2002.

121. Mukundan J. Evaluation of English Language Textbooks: Some Important Issues for Consideration. Journal of NELTA, 2010（1）.

122. Newmeyer F J. Language Form and Language Function〔M〕. Untied States: the MIT Press, 1998.

123. Nunan D. Discourse Analysis〔M〕. London: Penguin Group, 1993

124. Nunan D. Task-Based Language Teaching〔M〕. UK: Cambridge University Press, 2004.

125. Ong W. Rhetoric, Romances, and Technology〔M〕. Ithaca: Cornell University Press, 1971.

126. Palmer FR. Mood and Modality. New York: Cambridge University Press, 1986.

127. Patel M F& Jain P M. English Language Teaching（Methods, Tools& Techniques）〔M〕. India: Sunrise Publishers & Distributors, 2008.

128. Quirk R&Greenbaum G et al. A Comprehensive Grammar of the English Language. London: Longman. 1985.

129. Randall J H. The Making of the Modern Mind（50th anniversary ed.）〔M〕. New York: Colombia University Press, 1976.

130. Renkema J. Introduction to Discourse Studies〔M〕. Amsterdam: John Benjamins Publishing Company, 2004.

131. Riazi A M& Mosalanejad N. Evaluation of learning objectives in Iranian high-school and pre-University English textbooks using Bloom's taxonomy〔J〕. TESL-EJ: The Electronic Journal for English as a Second Language, 2010:13（4）.

132. Richards J C& Rodgers T S. Approaches and Methods in Language Teaching〔M〕. UK: Cambridge University Press, 2001.

133. Rubdy, R. Selection of materials〔A〕. In B Tomlinson（ed.）, Developing Materials for Language Teaching〔C〕. London: Continuum: 2003: 46.

134. Schffrin D. Discourse Markers: Language, Meaning and Context〔A〕. In D Schiffrin & D Tannen（eds.）, Handbook of Discourse and Analysis〔C〕. Malden, Mass: Blackwell, 2000.

135. Schiffrin D. Conversation Analysis〔A〕. In F J. Nermeyer（ed.）. Lingustics: the Cambridge Survey IV〔C〕. Cambridge: Cambridge University Press, 1988.

136. Searle J R. Speech Acts〔M〕. Cambridge mass: Harvard University Press, 1969.

137. Skierso A. Textbook Selection and Evaluation〔J〕. Teaching English as a second or foreign language, 1991（2）: 432～453.

138. Solnyshkina M I& Vishnyakova D et al. English Textbooks for Russian Students: Problems and Specific Features〔J〕. Journal of Social Studies Education Research, 2017, 8（3）: 215～226.

139. Spencer H. Education Intellectual, Moral, and Physical〔M〕. New York: D. Appleton, 1920.

140. Spencer H. The Principles〔M〕. Cambridge: Cambridge University Press, 2009.

141. Stern H H. Fundamental Concepts of Language Teaching〔M〕. Oxford: Oxford University Press, 1983.

142. Stevick E W. Memory, Meaning and Method: Some Psychological Perspectives on Language Learning〔M〕. Rowley Mass: Newbury House, 1976.

143. Sultan Q. Scholarly teaching - Application of Bloom's taxonomy in Kentucky's Classrooms〔Z〕. The Third Annual Conference on Scholar- ship and Teaching, Bowling Green: KY, 2001.

144. Svoboda A. Diatheme〔M〕Brno: Masaryk University, 1981.

145. Tomlinson B& Masuhara H. Research for materials development in language learning: Evidence for Best Practice.〔C〕London: Continuum, 2010.

146. Tomlinson B. Developing Materials for Language Teaching.〔C〕London; NY: Continuum, 2003.

147. Tomlinson B. English Language Learning Materials: A Critical Review〔C〕London; NY: Continuum, 2008.

148. Van den Branden K. Task-Based Language Education: From Theory to Practice〔M〕.Cambridge: Cambridge Applied Linguistics, 2006.

149. Van Dijk T A. Discourse and Context: A Sociocognitive Approach〔M〕. Cambridge: Cambridge University Press, 2008.

150. Van Dijk T A. Macrostructure: An Interdisciplinary Study of Global Structures in Discourse, Interaction, and Cognition〔M〕. Hillsdale: Lawrence Erlbaum Associates, 1980.

151. Van Dijk T A. Macrostructures〔M〕. Hillsdale: Lawrence Erlbaum Associates, Inc., 1980.

152. Van Dijk T A. Macrostructures〔M〕. New Jersey: Laurence Erlbaum Associates, 1980.

153. Van Dijk T A. Text and Context: Explorations in the Semantics and Pragmatics of Discourse〔M〕. New York: Longman, 1977.

154. Van Dijk T A.Ideology: a multidisciplinary approach〔M〕: London: sage publications, 1998.

155. Vande kopple W J. Some Exploratory Discourse on Metadiscourse〔J〕. College Composition and Communication, 1985（1）:82～93.

156. Waters M. Globalization 〔M〕. London: Routledge, 1995.

157. Weinbrenner P. Methodologies of Textbook Analysis used to date〔A〕. In H Bourdillon（ed.）. History and Social Studies- Methodologies of Textbook Analysis〔C〕. Amsterdam: Swets and itlinger, 1992.

158. Williams J M. Style: Ten Lessons in Clarity and Grace〔M〕. Boston: Scott Foresman, 1981.

159. Williams R. The Long Revolution〔M〕. UK: Penguin Books Ltd, 1965.

160. Winter E. Clause Relations as Information Structure: Two Basic Text Structures in English〔A〕. In M Coulthard（eds.）., Talking About Text: Studies Presented to David Brazil on His Retirement〔C〕. Birmingham: English Language Research.

161. Wodak R. What is Critical Discourse Analysis?〔J〕. Forum Qualitative Social Research, 2007（2）: 4.

162. Zhang M& Zhu W& Wan M. Corpus-Based Evaluation on Instrumental Texts in Textbook〔J〕. Higher Education Studies, 2018（8）: 104～112.

163.（英）Halliday M A K，功能語法導論〔M〕，北京：外語教學與研究出版社，2010。

164.（俄）Лотман 等著；（美）Daniel P L 編譯，Soviet Semiotics〔M〕，USA：Baltimore，1977。

165.（法）埃利亞（Elisa）、薩爾法蒂（Sarfati）著；曲辰譯，話語分析基礎知識〔M〕，天津：天津人民出版社，2006。

166.（蘇）巴赫金（M.M.Бахтин）著；錢中文主編；曉河等譯，巴赫金全集〔M〕，石家莊：河北教育出版社，1998。

167.（古希臘）柏拉圖著；朱光潛譯，文藝對話集〔C〕，北京：人民文學出版社，1963。

168. 北京師聯教育科學研究所，師訓思想與《德國教師教育指南》〔M〕，北京：中國環境科學出版社，2006。

169. 北京圖書館編，民國時期總書目 1911～1949 中小學教材〔M〕，北京：書目文獻出版社，1993。

170. 陳剛，文學多體裁翻譯〔M〕，杭州：浙江大學出版社，2015。

171. 陳衡哲著，西洋史〔M〕，瀋陽：遼寧教育出版社，1998。

172. 陳麗江，文化語境與政治話語 政府新聞發布會的話語研究〔M〕，北京：中國廣播電視出版社，2007。

173. 陳平，現代語言學研究 理論·方法與事實〔M〕，重慶：重慶出版社，1991。

174. 陳新仁著，禮貌理論與外語學習〔M〕，北京：外語教學與研究出版社，2013。

175. 陳雪芬，中國英語教育變遷研究〔M〕，杭州：浙江大學出版社，2011。

176. 陳月茹，教科書內容屬性改革研究〔D〕，華東師範大學，2005。

177. 成曉光，姜暉. Metadiscourse：亞言語、元話語，還是元語篇？〔J〕，外語與外語教學，2008（5）：45～48。

178. 程曉堂，語言學理論對制定中國外語教育政策的啟示〔J〕，外語教學與研究，2012（2）：298～307。

179. 程曉堂，英語教材分析與設計〔M〕，北京：外語教學與研究出版社，2002。

180. 程雨民，英語語體學〔M〕，上海：上海外語教育出版社，1989。

181. 褚洪啟著，杜威教育思想引論〔M〕，長沙：湖南教育出版社，1998。

182. 崔剛、盛永梅，語料庫中語料的標注〔J〕，清華大學學報（哲學社會科學版），2001（1）：92～93。

183.（美）大衛·寧（David Ling）等著；常昌富，顧寶桐譯，當代西方修辭學 批評模式與方法〔M〕，北京：中國社會科學出版社，1998。

184.（美）戴維·L 瓦格納，中世紀的自由七藝〔M〕，長沙：湖南科學技術出版社，2016。

185.（英）戴維·克里斯特爾（David Crystal）編；沈家煊譯，現代語言學詞典〔M〕，北京：商務印書館，2000。

186.（德）第斯多惠著；袁一安譯，德國教師培養指南〔M〕，北京：人民教育出版社，1990。

187. 丁爾蘇，語言的符號性〔M〕，北京：外語教學與研究出版社，2000。

188. 丁建新，敘事的批評話語分析 社會符號學模式 第 2 版〔M〕，重慶：重慶大學出版社，2014。

189. 董憶南，周越然與《英語模範讀本》〔J〕，浙江檔案，2006（3）：58～59。

190. 方成智，艱難的規整 新中國十七年（1949～1966）中小學教科書研究〔M〕，長沙：湖南師範大學出版社，2013。

191. 方琰，系統功能語法與語篇分析〔A〕，載彭漪、柴同文（編），功能語篇分析研究〔C〕，北京：外語教學與研究出版社，2010。

192.（瑞士）費爾迪南·德·索緒爾（Ferdinand de Saussure）著；高名凱譯，普通語言學教程〔M〕，北京：商務印書館，1980。

193. 高莉著，基於語料庫的立法篇章可理解性研究〔M〕，北京：中國民主法制出版社，2014。

194. 顧明遠，教育大辭典（上）〔M〕，上海：上海教育出版社，1991。

195.（英）韓禮德（Halliday）著；潘章仙等譯，語篇和話語的語言學研究〔M〕，北京：北京大學出版社，2015。

196.（英）韓禮德，（英）哈桑著；張德祿等譯，英語的銜接〔M〕，北京：外語教學與研究出版社，2006。

197. 何炳松，歷史研究法 第 4 版〔M〕，商務印書館，1947。

198. 何東，國際理解教育視角下的大學英語教材研究〔M〕，廣州：廣東世界圖書出版有限公司，2016。

199.（德）赫爾巴特著；李其龍譯，普通教育學、教育學講授綱要〔M〕，杭州：浙江教育出版社，2002。

200. 胡范鑄，漢語修辭學與語用學整合的需要、困難與途徑〔J〕，福建師範大學學報（哲學社會科學版），2004（6）：8～13。

201. 胡明揚，外語學習和教學往事談〔J〕，外國語：上海外國語大學學報，2002，21（5）：2～9。

202. 胡明揚，語言和語言學 修訂版〔M〕，北京：語文出版社，2004。

203. 胡曙中，現代英語修辭學〔M〕，上海：上海外語教育出版社，2004。

204. 胡曙中，英漢修辭跨文化研究〔M〕，青島：青島出版社，2008。

205. 胡曙中，語篇語言學導論〔M〕，上海：上海外語教育出版社，2012。

206. 胡曙中，英語語篇語言學研究〔M〕，上海：上海教育出版社，2005。

207. 胡壯麟，語篇的銜接與連貫〔M〕，上海：上海外語教育出版社，1994。
208. 胡壯麟，理論文體學〔M〕，北京：外語教學與研究出版社，2000。
209. 胡壯麟，系統功能語法概論〔M〕，長沙：湖南教育出版社，1989。
210. 黃昌寧，李涓子，語料庫語言學〔M〕，北京：商務印書館，2001。
211. 黃國文，韓禮德系統功能語言學40年發展述評〔J〕，外語教學與研究，2000a（1）。
212. 黃建濱，英語教材研究〔M〕，杭州：浙江大學出版社，2015。
213. 黃勤，英漢新聞語篇中的元話語對比研究〔M〕，武漢：武漢大學出版社，2014。
214. 黃衍，試論英語主位和述位〔J〕，外國語（上海外國語學院學報），1985（5）：34～38。
215. 姜望琪，語言學的前沿領域——語用學〔J〕，福建外語，2001（4）：9～15。
216. 姜望琪，再論當代語言學的發展趨勢〔A〕，載陳新仁（編），外國語文研究〔C〕，上海：譯林出版社，2010。
217. 金宏宇，文本周邊 中國現代文學副文本研究〔M〕，武漢：武漢大學出版社，2014。
218.（法）克里斯蒂娃（Kristeva J.）著；史忠義譯，符號學符義分析探索集〔M〕，上海市：復旦大學出版社，2015。
219. 課程教材研究所，20 世紀中國中小學課程標準 教學大綱彙編——外國語卷 英語〔M〕，北京：人民教育出版社，2001。
220.（捷）誇美紐斯著；傅任敢譯，大教學論〔M〕，北京：教育科學出版社，1999。
221. 藍順德，20 年來博碩士論文教科書研究之分析〔J〕，國立編譯館，2004（10）：52。
222. 雷通群，西洋教育通史（下）〔M〕，福州：福建教育出版社，2011。
223. 李方，馬克思恩格斯全集（第二卷）〔M〕，廣州：廣東高等教育出版社，2007。
224. 李慧坤，德語專業篇章動態分析模式研究 基於計算機專業篇章的元交際及元語言手段評析〔M〕，北京：北京理工大學出版社，2013。

225. 李金航，中國近代大學教科書發展歷程研究〔D〕，蘇州：蘇州大學，2013。
226. 李良佑、張日昇、劉犁，中國英語教學史〔M〕，上海：上海外語教育出版社，1988。
227. 李秀明，漢語元話語標記研究〔M〕，北京：中國社會科學出版社，2011。
228. 李玉，英漢學術期刊中應用語言學書評比較研究：語類與元話語〔D〕，2018。
229. 李玉平，互文性研究〔D〕，南京：南京大學，2003。
230. 李悦娥、范宏雅，話語分析〔M〕，上海：上海外語教育出版社，2002。
231. 李子建、黄顯華，課程：範式、取向和設計〔M〕，香港：香港中文大學出版社，1994。
232. 李祖祥，小學思想品德教科書研究〔M〕，長沙：湖南師範大學出版社，2014。
233.（英）理查兹（Richards J）等編著；劉潤清等譯，朗曼語言學詞典〔M〕，太原：山西教育出版社，1993。
234. 梁茂成、李文中、許家金，語料庫應用教程〔M〕，北京：外語教學與研究出版社，2010。
235. 梁啟超，中國歷史研究法〔M〕，北京：東方出版社，1996。
236. 梁史義、車文博主，實用教育辭典〔M〕，長春：吉林教育出版社，1989。
237. 梁永平，張奎明，教育研究方法〔M〕，濟南：山東人民出版社，2008。
238. 廖益清，批評視野中的語言研究——Fairclough 批評話語分析理論述評〔J〕，山東外語教學，1999（2）：1～5。
239. 林漢達，標準英語〔M〕，上海：世界書局，1946。
240. 林慶元，福建船政局史稿〔M〕，福州：福建人民出版社，1999。
241. 林予婷、張政，再議術語翻譯的規範性問題——以「discourse」譯名為例〔J〕，外語研究，2013（3）：69～72。
242. 林語堂，開明第二英文讀本〔M〕，上海：開明書店，1928。
243. 劉辰誕，教學篇章語言學〔M〕，上海：上海外語教育出版社。
244. 劉榮，廖思湄，跨文化交際〔M〕，重慶：重慶大學出版社，2015。
245. 劉潤清，西方語言學流派〔M〕，北京：外語教學與研究出版社，1995。

246. 劉曉華，英語專業綜合英語教材研究〔M〕，北京：北京理工大學出版社，2006。

247. 柳華妮，基於體例演變影響因素分析的大學英語教材編寫研究〔D〕，上海：上海外國語大學，2013。

248. 陸步青，國民英語讀本〔M〕，上海：世界書局，1932。

249. 羅維揚，羅維揚文集 1 學術卷〔M〕，武漢：武漢出版社，2014。

250. 錢軍，布拉格學派的句法語義學〔J〕，外語學刊，1994（2）。

251. 錢軍，結構功能語言學 布拉格學派〔M〕，長春：吉林教育出版社，1998。

252. 錢敏汝，篇章語用學概論〔M〕，北京：外語教學與研究出版社，2001。

253. 錢敏汝著，篇章語用學概論〔M〕，北京：外語教學與研究出版社，2001。

254.（美）喬姆斯基（Chomsky）著；黃長著、林書武、沈家煊譯，句法理論的若干問題〔M〕，北京：中國社會科學出版社，1986。

255. 人民教育教育出版社 課程教材研究所 英語課程教材研究開發中心，義務教育教科書 教師教學用書〔M〕，北京：人民教育出版社，2014。

256. 單中惠，西方教育思想史〔M〕，北京：教育科學出版社，2007。

257. 石鷗，百年中國教科書論〔M〕，長沙：湖南師範大學出版社，2013。

258. 時麗娜，意識形態、價值取向與大學英語教材選材——一種教育社會學分析〔D〕，上海：復旦大學：V。

259. 束定芳、華維芬，中國外語教學理論研究（1949～2009）〔M〕，上海：上海外語教育出版社，2009。

260. 蘇本銚，共和國民英文讀本〔M〕，上海：商務印書館，1914。

261. 蘇一沫，文學常識〔M〕，北京：新世界出版社，2012。

262.（英）泰勒著；蔡江濃編譯，原始文化〔M〕，杭州：浙江人民出版社，1988。

263. 唐華君，林漢達小傳〔M〕，寧波：寧波出版社，2012。

264. 唐磊，外語教材編制理論初探〔J〕，課程 教材 教法，2000（12）：22～31。

265. 滕大春、姜文閔，外國教育通史 第 2 卷〔M〕，濟南：山東教育出版社，1982。

266. 童廣運，人文社會科學概論〔M〕，北京：北京師範大學出版社，2015。

267. （荷）圖恩・梵・迪克（Teun A. Van Dijk），萬卷方法 話語研究 多學科導論〔M〕，重慶：重慶大學出版社，2015。
268. 瓦海克（Vachek J），布拉格語言學派〔M〕，北京／西安：世界圖書出版公司，2016。
269. 王得杏，英語話語分析與跨文化交際〔M〕，北京：北京語言文化大學出版社，1998。
270. 王建軍，中國近代教科書發展研究〔M〕，廣州：廣東教育出版社，1996。
271. 王久安，開明書店的成功之路〔J〕，出版發行研究，1994（2）：46～48。
272. 王克菲等，雙語對應語料庫研製與應用〔M〕，北京：外語教學與研究出版社，2004。
273. 王立忠，改革開放3年中國基礎教育英語教科書建設研究〔D〕，湖南：湖南師範大學，2010。
274. 王強，交往行為理論視角下英語學術語篇中元話語對主體間性的建構研究〔D〕，吉林：東北師範大學，2016。
275. 王熙梅，潘慶雲著，文學的語言〔M〕，北京：文化藝術出版社，1990。
276. 王宗炎，英漢應用語言學詞典〔M〕，長沙：湖南教育出版社，1988。
277. 吳弛，由「文」到「語」——清末民國中小學英語教科書研究〔D〕，湖南：湖南師範大學，2012。
278. 吳懷祺，中國史學思想通論 歷史文獻思想卷〔M〕，福州：福建人民出版社，2011。
279. 吳曉威，人教版高中英語教科書中文化內容的選擇及其呈現方式研究〔D〕，東北師範大學，2014。
280. 吳豔蘭，北京師範大學圖書館館藏師範學校及中小學教科書書目 清末至1949年〔M〕，北京：北京師範大學出版社，2002。
281. 吳振國，漢語模糊語義研究〔M〕，武漢：華中師範大學出版社，2003。
282. 伍謙光編著，語義學導論〔M〕，長沙：湖南教育出版社，1988。
283. （日）西殑光正，語境研究論文集〔M〕，北京：北京語言學院出版社，1992。
284. 夏穎，跨文化視角下的大學英語教育探索〔M〕，哈爾濱：哈爾濱工程大學出版社，2014。

285. 夏徵農、陳至立等，辭海（第6版）〔M〕，上海：上海辭書出版社，2008。
286. 現代漢語詞典〔M〕，北京：商務印書館，2002。
287. 謝世堅，莎士比亞劇本中的話語標記語的漢譯〔M〕，北京：外語教學與研究出版社，2010。
288. 辛斌，李曙光，漢英報紙新聞語篇互文性研究〔M〕，北京：外語教學與研究出版社，2010。
289. 辛斌，體裁互文性與主體位置的語用分析〔J〕，外語教學與研究，2001（5）：348～352。
290. 熊明安，中華民國教育史〔M〕，重慶：重慶出版社，1997。
291. 熊月之，上海廣方言館史略（上海地方史資料4）〔M〕，上海：上海人民出版社，1986。
292. 籲思敏，中國雙語教學發展軌跡略探〔J〕，外語教學理論與實踐，2017（2）：57～61。
293. 徐赳赳，關於元話語的範圍和分類〔J〕，當代語言學，2006（4）：345～353。
294. 徐赳赳，現代漢語篇章語言學〔M〕，北京：商務印書館，2010。
295. 徐麗嫦，培根及其哲學〔M〕，北京：人民出版社，1987。
296. 徐烈炯，功能主義與形式主義〔J〕，外國語，2002（2）：8～14。
297. 徐盛桓，主位和述位〔A〕，載王福祥、白春仁（編），話語語言學論文集〔C〕，北京：外語教學與研究出版社，1989。
298. 許家金，青少年漢語口語話語標記的話語功能研究〔M〕，北京：外語教學與研究出版社，2009。
299. 許余龍編，對比語言學〔M〕，上海：上海外語教育出版社，2002。
300. 閆濤，中國英語教師課堂元話語研究〔D〕，上海外國語大學，2011。
301. 楊惠中主編；衛乃興等編著，語料庫語言學導論〔M〕，上海：上海外語教育出版社，2002。
302. 楊建民，昨日文壇的別異風景〔M〕，西安：西安出版社，2013。
303. 楊敏，愛國主義語境的話語重構〔M〕，北京：中央編譯出版社，2013。
304. 楊信彰，系統功能語法與語篇分析〔A〕，載彭漪、柴同文（編），功能語篇分析研究〔C〕，北京：外語教學與研究出版社，2010。

305. 楊玉成，奧斯汀：語言現象學與哲學〔M〕，北京：商務印書館，2002。
306. 楊治平，教科書的技術形態演變〔J〕，全球教育展望，2006，35（4）：35～38。
307. 姚喜明，西方修辭學簡史〔M〕，上海：上海大學出版社，2009。
308. 奕訢等，總理各國事務奕訢等折〔R〕，北京，1862-08-20。
309. 郁達夫文集 第 12 卷：譯文、其他〔M〕，廣州：花城出版社，1981。
310. 袁振國，教育研究方法〔M〕，北京：高等教育出版社，2000。
311. 曾天山，教材論〔M〕，南昌：江西教育出版社，1997。
312. 詹文滸，邵鴻鑫，初中活用英語讀本指導書（第二冊）〔M〕，上海：世界書局，1937。
313. 張德祿，苗興偉，李學寧，功能語言學與外語教學〔M〕，北京：外語教學與研究出版社，2005。
314. 張光軍，解放軍外國語學院亞洲研究中心編，東方語言文化論叢 第 24 卷 國家外語非通用語種本科人才培養基地學術文集〔M〕，北京：軍事誼文出版社，2005。
315. 張美平，民國外語教學研究〔M〕，杭州：浙江大學出版社，2012。
316. 張樹錚，語言學概論〔M〕，武漢：武漢大學出版社，2012。
317. 張英，啟迪民智的鑰匙一商務印書館前期中學英語教科書〔M〕，上海：中國福利會出版社，2004。
318. 張志公，張志公語文教育論集〔M〕，北京：人民教育出版社，1994。
319. 章兼中，章兼中外語教育文庫 外語教育學〔M〕，福建閩教圖書有限公司，2016。
320. 趙建中，文章體裁學〔M〕，南京：南京大學出版社，1990。
321. 鄭貴友，漢語篇章語言學〔M〕，北京：外文出版社，2002。
322. 中國大百科全書一教育卷〔M〕，北京：中國大百科全書出版社，1989。
323. 中國人民政治協商會議全國委員會文史資料研究委員會. 文史資料選輯 第 31 輯〔M〕，北京：中華書局，1962。
324. 鍾敘河，朱純，過去的學校（回憶錄）〔M〕，長沙：湖南教育出版社，1982。
325. 周明強，現代漢語實用語境學〔M〕，杭州：浙江大學出版社，2005。

326. 周淑萍，語境研究 傳統與創新〔M〕，廈門：廈門大學出版社，2011。

327. 周越然，英語模範讀本〔M〕，上海：商務印書館，1918。

328. 周志培，陳運香，文化學與翻譯〔M〕，上海：華東理工大學出版社，2013。

329. 莊智象，構建具有中國特色的外語教材編寫和評價體系〔J〕，外語界，2006（6）：49～51。

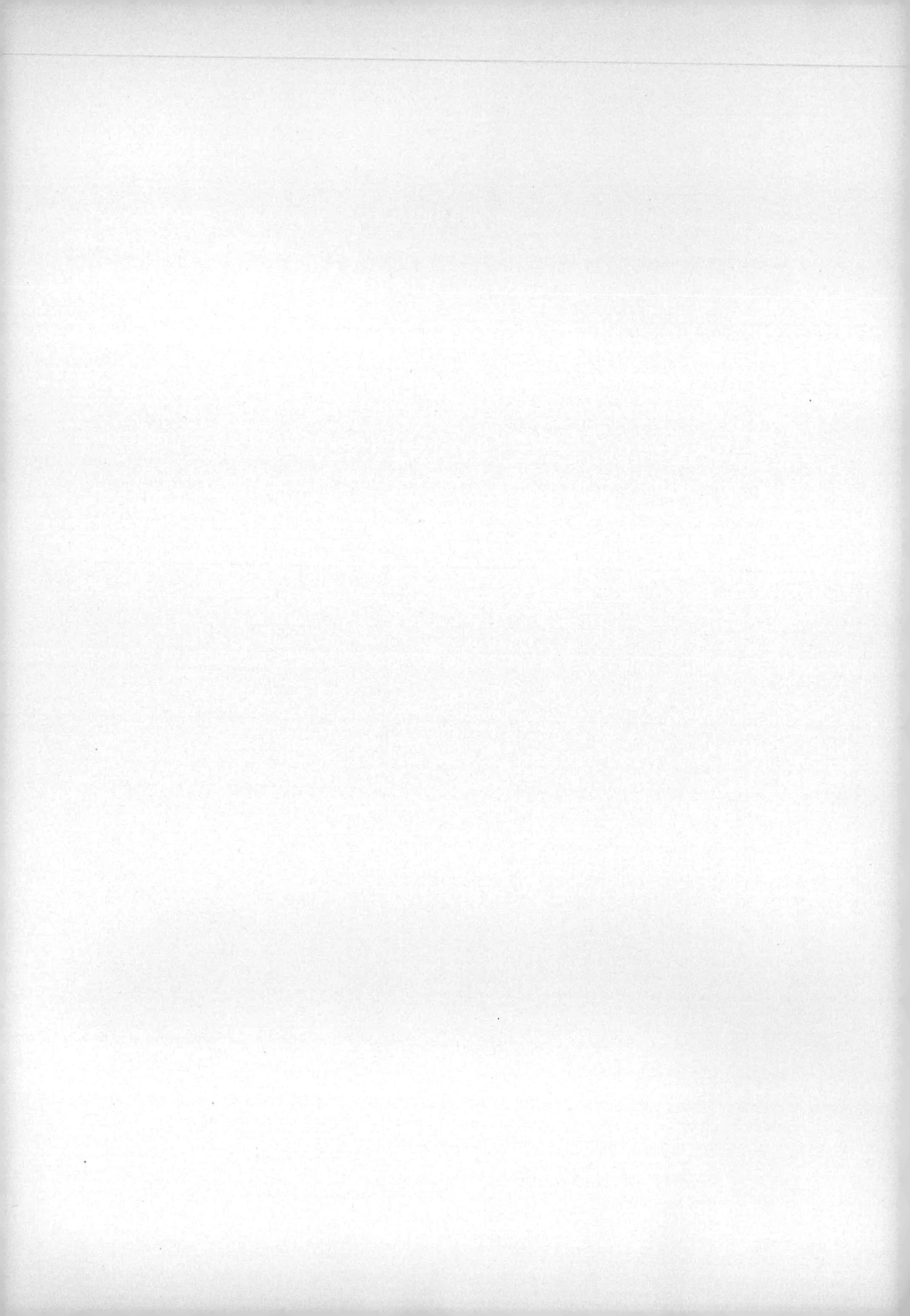

附錄 1　textbook／教科書研究主題列表

WOS 數據庫			CNKI 數據庫		
主　題	頻次	中心性	主　題	頻次	中心性
content analysis	127	0.24	教科書	394	0.7
history textbooks	103	0.14	人教版	100	0.16
school textbooks	97	0.09	歷史教科書	98	0.15
foreign language	64	0.06	課程標準	78	0.14
science textbooks	53	0.14	中小學	78	0.27
secondary education	46	0.19	教科書編寫	60	0.17
mathematics textbooks	44	0.04	語文教科書	46	0.06
textbook author	40	0.26	清末	43	0.04
electronic textbooks	40	0.03	義務教育	43	0.03
secondary schools	39	0.1	數學教科書	42	0.06
comparative analysis	37	0.07	地理教科書	40	0.02
introductory textbooks	30	0.1	出版社	38	0.09
chemistry textbooks	29	0.09	化學教科書	37	0.04
secondary school	29	0.09	語文	34	0.03
high school	29	0.08	美國	33	0.02
high school textbooks	27	0.1	小學語文教科書	28	0.08
learning process	27	0.1	高中課程	28	0.02
primary education	27	0.05	中華人民共和國	26	0.03
digital textbooks	25	0.04	插圖	23	0.04

primary school	24	0.09	美利堅合眾國	22	0
open textbooks	24	0.02	北美洲	22	0
physical education	23	0	教科書制度	19	0.02
english textbooks	23	0.03	小學語文	18	0.01
scientific knowledge	21	0.06	國文教科書	17	0.02
science education	20	0.14	教科書體系	17	0

附錄 2　元話語考察項目參考〔註 1〕

1. 引導式元話語

語碼注解語：

-, ( ), as a matter of fact, called, defined as, e.g., for example, for instance,I mean, i.e., in fact, in other words , indeed , known as , namely , or X , put another way , say , specifically , such as ,that is , that is to say , that means , this means , viz , which means

內指標記語

(In) Chapter X , (In) Part X , (In) Section X , (In) the X chapter , (In) the X part , (In) the X section , (In) This chapter , (In) This part , (In) This section , Example X , Fig. X , Figure X , P.X , Page X , Table X , X above , X before , X below , X earlier , X later

言據語

(date)/(name) , (to) cite X , (to) quote X , [ref.no.]/[name] , according to X , cited , quoted

框架標記語

(in) chapter X , (in) part X , (in) section X , (in) the X chapter , (in) the X part , (in) the X section , (in) this chapter , (in) this part , (in) this section　, finally , first , first of all , firstly , last　, lastly , listing(a,b,c,etc.) , next , numbering(1,2,3,etc.) ,

〔註 1〕（英）Hyland K. Metadiscourse〔M〕，北京：外語教學與研究出版社，2008：224；xiv。

second , secondly , subsequently , then , third , thirdly , to begin , to start with , all in all , at this point , at this stage , by far , for the moment , in brief , in conclusion , in short , in sum , in summary , now , on the whole , overall , so far , thus far , to conclude , to repeat , to sum up , to summarize , (in) this chapter , (in) this part , (in) this section , aim , desire to , focus , goal , intend to , intention , objective , purpose , seek to , want to , wish to , would like to , back to , digress , in regard to , move on

過渡語

accordingly , additionally , again , also , alternatively , although , and , as a consequence , as a result , at the same time , because , besides , but , , by contrast , by the same token , consequently , conversely , equally , even though , further , furthermore , hence , however , in addition , in contrast , in the same way , leads to , likewise , moreover , nevertheless , nonetheless , on the contrary , on the other hand , rather , result in , similarly , since , so , so as to , still , the result is , thereby , therefore , though , thus , whereas , while , yet

2. 互動式元話語

態度標記語

! , admittedly , agree , agrees , agreed , amazed , amazing , amazingly , appropriate , appropriately , astonished , astonishingly , correctly , curious , curiously , desirable , desirably ,disappointed , disappointing , disappointingly , disagree , disagreed , disagrees , dramatic , dramatically , essential , essential , essentially , even x , expected , expectedly , fortunate , fortunately , hopeful , hopefully , important , importantly , inappropriate , inappropriately , interesting , interestingly , prefer , preferable , preferably , preferred , remarkable , remarkably , shocked , shocking , shockingly , striking , strikingly , surprised , surprising , surprisingly , unbelievable , unbelievably, understandable , understandably , unexpected , unexpectedly , unfortunate , unfortunately , unusual , unusually , usual

增強語

actually , always , believe , believed , believes , beyond doubt , certain , certainly , clear , clearly , conclusively , decidedly , definite , definitely , demonstrate , demonstrated , demonstrates , doubtless , establish , established , evident , evidently , find , finds , found , in fact , incontestable , incontestably , incontrovertible , incontrovertibly , indeed , indisputable , indisputably , know , known, must(possibility) , never , no doubt , obvious , obviously , of course , prove , proved , proves , realize , realized , realizes, really , show , shown , shows , sure , surely , think , thinks , thought , true , truly , undeniable , undeniably , undisputedly , undoubtedly , without doubt

自我標記語

I , me , mine , my our , us , we , the author , the author's , the writer , the writer's

參與標記語

(,? , (the) reader's , add , allow , analyse , apply , arrange , assess , assume , by the way , calculate , choose , classify , compare , connect , consider , consult , contrast , define , demonstrate , determine , do not , develop , employ , ensure , estimate , evaluate , find , follow , go , have to , imagine , incidentally , increase , input , insert , integrate , key , let us , let x=y , let's , look at , mark , measure , mount , must , need to , note , notice , observe , one's , order , ought , our(inclusive) , pay , picture , prepare , recall , recover , refer , regard , remember , remove , review , see , select , set , should , show , state , suppose , take(a look/as example) , think about , think of , turn , us(inclusive) , use , we(inclusive) , you , your

模糊制語

about , almost , apparent , apparently , appear , appeared , appears , approximately , argue , argued , argues , around , assume , assumed , broadly , certain amount , certain extent , certain level , claim , claimed , claims , could , couldn't , doubt , essentially , estimate , estimated , fairly , feel , feels , felt , frequently , from my perspective , from our perspective , from this perspective , generally , guess , indicate , indicated , indicates , in general , in most cases , in most instances , in my opinion , in my view , in this view , in our opinion , in our view , largely , likely , mainly , may , maybe , might , mostly , often , on the whole, ought , perhaps , plausible , plausibly , possible , possibly , postulate , postulated , postulates , presumable , presumably , probable , probably , quite , rather x , relatively , roughly , seems , should , sometimes , somewhat , suggest , suggested , suggests , suppose , supposed , supposes , suspect , suspects , tend to , tended to , tends to , to my knowledge , typical , typically , uncertain , uncertainly , unclear , unclearly , unlikely , usually , would , wouldn’t

附錄3 《開明英文讀本》語料標記樣本

< title>KMYWDB< / title>< author> LYT < / author>< publisher> KMSD < / publisher>< time>02< / time>< grade>02< / grade>

<PRE>preface to revised edition<Tra-cons>Since</ Tra-cons> the publication of these english books six years ago, the thought of putting out a revised edition has constantly been in <Sel-pp>the author'</ Sel-pp>s mind. <End>their universal adoption </ End>throughout the schools of <End>this</ End> country has fully justified <Sel-pp>the author'</ Sel-pp>s pains in preparing <End>this series</ End>,<Tra-comp>but</ Tra-comp> has <Tra-add>also</ Tra-add> placed on <Sel-pp>him</ Sel-pp> a great responsibility. it <Hed-nonfa>seems</ Hed-nonfa> <Boo-cer>only</ Boo-cer> <Hed-deg>fair</ Hed-deg> to give these books the st<Tra-add>and</ Tra-add>ard of perfection, <Fra-top>as regards </ Fra-top>printing <Tra-add>and</ Tra-add> language, which their popularity deserves. <Sel-pp>The author</ Sel-pp> was <Hed-fre>usually</ Hed-fre> <Att-emo>fortunate</Att-emo> in securing the help of Mrs. Davies of University College, London, in <End>the work of revision</ End>. Her unique experience in teaching foreign students english <Tra-add>and</ Tra-add> her special knowledge of the grammar of spoken english are her the ideal person for this work.

With <End>this revision </ End>, which has extended over two years, <Tra-add>and</ Tra-add> with the Kaiming English gramophone records, spoken by Prof. Daniel Jones <Tra-add>and</ Tra-add> giving the <Att-eva>essentials</ Att-

eva> of English sounds <Tra-add>and</ Tra-add> sound combinations, <Fra-goa>these books</ Fra-goa> possess <Fra-top>now</ Fra-top> a volume which they did not have before.

It is the <Sel-pp>author's </ Sel-pp> belief that the unique <Att-eva>success</ Att-eva> of these readers is <Tra-cons>due to</ Tra-cons> the fact that they combine the teaching of living, spoken english with more imaginative reading material. talks about the weather, the colors, the sun <Tra-add>and</ Tra-add> the moon <Hed-pro>could</ Hed-pro> be made <Hed-deg>quite</ Hed-deg> poetic if <Sel-pp>we</ Sel-pp> wanted to. it is <Att-emo>hoped<Att-emo> that the <Eng-aom>teacher</ Eng-aom>s will use these books in the classroom <Tra-comp>in the same spirit</ Tra-comp>.

Thanks are <Tra-cons>due to</ Tra-cons> Mr. Chang Pei-lin for compiling the Glossary of Words <Tra-add>and</ Tra-add> Phrases <Tra-add>and</ Tra-add> for very <Boo-cer>valuable </ Boo-cer> assistance in seeing the book through the press.

<Hed-deg>general</ Hed-deg> principles of teaching english

<Fra-seq>1. </ Fra-seq>in the beginning of learning english, use imitation <Tra-add>and</ Tra-add> repetition as the <Boo-cer>surest</ Boo-cer> ways of getting results.

<Fra-seq>2. </ Fra-seq>fight shy of the abstract, theoretical <Tra-add>and</ Tra-add> analytical method approach(like grammar, translation <Tra-add>and</ Tra-add> phonetic theory).

<Fra-seq>3. </ Fra-seq> make the students learn whole sentences, <Tra-add>and</ Tra-add> not individual words. <Eng-dir> let </ Eng-dir> them absorb the sentences as a whole, with their grammatical structure, pronunciation, intonation <Tra-add>and</ Tra-add> all.

<Fra-seq>4. </ Fra-seq>create an atmosphere wherein the students <Hed-pro>would</ Hed-pro> feel free to try <Tra-add>and</ Tra-add> talk, <Tra-add>and</ Tra-add> not be afraid of making mistakes. if the fear low marks is an actual hindrance to their freedom of talking, do away with the marks during the practice.

<Fra-seq>5. </ Fra-seq>it is not sufficient that a student <Eng-dir>should</ Eng-dir> learn the meaning of individual words; it is much more <Att-eva>important</ Att-eva> that he <Eng-dir>should</ Eng-dir> learning to use a word at least in one way correctly. emphasize its proper use in a correct sentence, <Tra-comp>rather than</ Tra-comp> its abstract meaning.

<Fra-seq>6.</Fra-seq> merry work is <Hed-app>just</ Hed-app>as <Att-eva>important</Att-eva> in learning a foreign language as in learning ancient Chinese.

<Fra-seq>7. </ Fra-seq>encourage talking. all students have a natural desire to talk. arouse their interest in the subject talked about. when interest has ben aroused, <Tra-add>and</ Tra-add> the students <Hed-ten>feel</ Hed-ten> they want to say something, help them to say it, <Tra-comp>even if</ Tra-comp> it involves words not in the lessons. words <Tra-comp>thus</ Tra-comp>learnt when there is a living need for them will be remembered more vividly.

<Fra-seq>8. </ Fra-seq>teaching living english as it is <Boo-cer>actually</ Boo-cer> spoken by educated Englishmen.

to the <Eng-aom>teacher</ Eng-aom>

teaching is an art, <Tra-add>and</ Tra-add> its success <Eng-dir>must</ Eng-dir> necessarily depend more on the <Eng-aom>teacher</ Eng-aom>'s methods <Tra-add>and</ Tra-add> personality than on the choice of a textbook. obviously, the <Sel-pp>writer</ Sel-pp> of a textbook can do <Boo-fre>no more than</ Boo-fre> undertake the choice, grading <Tra-add>and</ Tra-add> arrangement of reading <Tra-add>and</ Tra-add> drill material, <Tra-add>and</ Tra-add> broadly determine <Boo-cer>certain</ Boo-cer> lines of emphasis <Tra-add>and</ Tra-add> types of drills. the oral treatment <Tra-add>and</ Tra-add> handing of <End>this</ End> mass of material in class <Eng-dir>must</ Eng-dir> vary with individual <Eng-aom>teacher</ Eng-aom>s. <Tra-comp>however</ Tra-comp>, <Tra-comp>while</ Tra-comp> the experienced <Eng-aom>teacher</ Eng-aom> has developed his or her methods <Tra-add>and</ Tra-add> devices, <Hed-fre>often</ Hed-fre> the <Boo-cer>most</ Boo-cer> valuable part of the teaching technique, there are <Boo-cer>certain</ Boo-cer> <Hed-deg>general</ Hed-deg>

principles which lie at the back of all good modern language teaching <Tra-add>and</ Tra-add> which are not affected by personal differences of method. the <Sel-pp>author</ Sel-pp> <Hed-ten>suggests</ Hed-ten> the following points for consideration.

<Fra-seq>1. </ Fra-seq>oral work. it is <Hed-ten>assumed</ Hed-ten> at the outset that language is primarily something spoken, <Tra-add>and</ Tra-add> to teach it <Boo-cer>only</ Boo-cer> as a combination of <Boo-cer>certain</ Boo-cer> written signs <Tra-add>and</ Tra-add> symbols is to miss some very <Att-eva>essential</ Att-eva> element of the language . <Boo-cer>no</ Boo-cer> student can be said <Boo-cer>truly</ Boo-cer> to know a language until he knows it in its living form, <Tra-add>and</ Tra-add> is acquainted with the ways in which the words <Tra-add>and</ Tra-add> phrases are tumbled about in everyday speech. <Tra-add>furthermore</ Tra-add>, oral work <Eng-dir>must</ Eng-dir> not be regarded as something opposed to reading,<Tra-comp>but</ Tra-comp> as something very vitally helping it. the time spent upon oral work is not taken away from reading,<Tra-comp>but</ Tra-comp> <Hed-pro>may be</ Hed-pro> counted upon to return profits, <Tra-cons>so to</ Tra-cons> speak. it is <Hed-deg>generally</ Hed-deg> <Boo-fac>agreed</ Boo-fac> now that the <Boo-cer>quickest</ Boo-cer> way to ensure the student's gaining a correct <Tra-add>and</ Tra-add> firm foothold on the language material is to <Eng-dir>let</ Eng-dir> the student daily hear it <Tra-add>and</ Tra-add> speak it, <Tra-add>as well as</ Tra-add> see it <Tra-add>and</ Tra-add> write it on paper. <End>this</ End> multiple approach strengthens the memory by building up auditory <Tra-add>and</ Tra-add> muscular, <Tra-add>as well as</ Tra-add> merely visual association. oral practice further forces the student to h<Tra-add>and</ Tra-add>le <Tra-add>and</ Tra-add> become familiar with the stock phrases of the language, <Tra-add>and</ Tra-add> <Boo-cer>in this way</ Boo-cer> develops that indefinable linguistic sense or "instinct" which, after all, is what distinguishes pure, idiomatic english form the <Boo-cer>impossible</ Boo-cer> outlandish linguistic atrocities to <Hed-fre>commonly<Hed-fre> met with <Tra-cons>as the result of</ Tra-cons> wring methods of instruction. it further makes abundant practice

possible. when one comes to think of it, the written sentences a student <Hed-pro>may be</ Hed-pro> expected to hand in as exercise during a whole semester's time <Hed-deg>hardly </ Hed-deg>exceed one or two hundred, <Tra-add>and</ Tra-add> <Tra-comp>therefore</ Tra-comp>give no "exercise" at all.

<Fra-seq>2. </ Fra-seq>reading. the <Boo-cer>fastest</ Boo-cer> way to make students progress in reading is to make reading interesting to them. an interesting <Tra-comp>though</ Tra-comp> <Att-eva>difficult<Att-eva> lesson will give the students less actual difficulty than a lesson with less <Att-eva>difficult<Att-eva> words,<Tra-comp>but</ Tra-comp> in itself repellent to the learner. the selections given in <End>this</ End> book have been chosen with <End>this</ End> point in mind, <Tra-add>and</ Tra-add> while the <Sel-pp>author</ Sel-pp> <Boo-ten>believes</ Boo-ten> there <Eng-dir>must</ Eng-dir> <Boo-cer>always<Boo-cer> be enough difficulty for the student to overcome as matter of educational principle, the <Eng-aom>teacher</ Eng-aom> <Eng-dir>should</ Eng-dir> help to arouse the student's interest in the lessons. as will be easily seen, the stories are all so much <Hed-fre>common </ Hed-fre>heritage of the west, of which the student of english has a right to be told. one characteristic is that they are all "just-so stories" with <Boo-fre>no</ Boo-fre> morals to teach.

<Fra-seq>3. </ Fra-seq> grammar. the teaching go grammar is <End>the part</ End><Hed-deg>generally</ Hed-deg> least understood. the <Sel-pp>author</ Sel-pp> has <Hed-ten>assumed</ Hed-ten> throughout that grammar is the correct <Tra-add>and</ Tra-add> <Att-eva>accurate</ Att-eva> observation of the forms <Tra-add>and</ Tra-add> usage of words. to be <Boo-cer>truly </ Boo-cer>effective, therefore, the teaching of grammar <Eng-dir>must</ Eng-dir> <Boo-cer>always<Boo-cer> involve a <Boo-cer>certain</Boo-cer> amount of "botanizing" on the part of the student. a grammatical rule is <Hed-deg>generally</ Hed-deg> a formula to answer <Boo-cer>certain</ Boo-cer> doubts <Tra-add>and</ Tra-add> difficulties of the student, a solution to a <Boo-cer>certain</ Boo-cer> problem, <Tra-add>and</ Tra-add> before the doubts <Tra-add>and</ Tra-add> difficulties are felt, the rule has <Boo-cer>no</ Boo-cer> actual meaning for him, <Tra-add>and</ Tra-add> will be forgotten as soon as it is learnt.

<End>this</ End> involves <Boo-cer>certain</ Boo-cer> changes in the method of presenting grammatical facts <Tra-add>and</ Tra-add> terminology. there are today grammar-readers which begin by calling “a” <Tra-add>and</ Tra-add> “the” indefinite <Tra-add>and</ Tra-add> definite articles in <End>the first lesson</ End>, <Tra-comp>although</ Tra-comp> <Boo-fac>it is a known fact</ Boo-fac> that the use or omission of a word like “the” is <Hed-pro>probably</ Hed-pro> <Fra-seq>the last</ Fra-seq> thing a person who has studied english for twenty years can be <Boo-cer>sure</ Boo-cer> about. abutter book tells the students such learned nonsense as “the personal pronouns are thirty-two in number.” the <Eng-aom>teacher</ Eng-aom> who goes in for comprehensive formulas <Tra-add>and</ Tra-add> systematic terminology defeats his own ends. <Eng-dir>let</ Eng-dir> the students observe accurately the changes of word-forms <Tra-add>and</ Tra-add> formal elements as they go along, <Eng-dir>let</ Eng-dir> the rules come <Boo-cer>only</ Boo-cer> as cleaning-up of his doubts, <Tra-add>and</ Tra-add> <Eng-dir>let</ Eng-dir> the terms themselves come <Boo-cer>only</ Boo-cer> as enlightening economies of expression, slowly arrived at, <Boo-cer>it is true</ Boo-cer>,<Tra-comp>but</ Tra-comp> pregnant with life <Tra-add>and</ Tra-add> meaning when the arrive.

<Fra-top>another implication</ Fra-top> of the theory is that the observation <Eng-dir>must</ Eng-dir> be kept on <Tra-comp>even</ Tra-comp>after the terms are found <Tra-add>and</ Tra-add> definitions given, <Tra-add>and</ Tra-add> <Eng-dir>should</ Eng-dir> not be discontinued once they have been dealt with, as in the old method, in which <Sel-pp>we</ Sel-pp> speak entirely in the pluperfect one week, <Tra-add>and</ Tra-add> change over completely to the gerund in the next.

<Fra-seq>4. </ Fra-seq> pronunciation. it is the <Eng-aom>teacher</ Eng-aom>’s duty to recognize pronunciation defects <Tra-add>and</ Tra-add> correct them, <Tra-add>and</ Tra-add> to give the students a vivid <Tra-add>and</ Tra-add> accurate idea of the normal sound values of the vowels, diphthongs <Tra-add>and</ Tra-add> consonants. the <Boo-cer>best</ Boo-cer> way to do <End>this</ End> is to take the Broad Notation of the International Phonetic Alphabet as the

basis(<Tra-cons>because</ Tra-cons> the I.P.A. is the <Boo-cer>simplest</ Boo-cer> <Tra-add>and</ Tra-add> <Boo-cer>most </ Boo-cer>scientific among those now in use), <Tra-add>and</ Tra-add> drill students upon them one by one as they proceed with the lessons, <Att-att>preferably</ Att-att> by means of contrast <Tra-add>and</ Tra-add> comparison. it <Hed-pro>would</ Hed-pro> be a good idea to <Eng-dir>let</ Eng-dir> the students practice phonetic analysis by making them transcribe given words <Evi>according to</ Evi> he International Phonetic Alphabet, with the phonetic scheme in h<Tra-add>and</ Tra-add>, as given on pp. 16-27 of <End>this book</ End>. <Boo-cer>in this way</ Boo-cer>, the students get <Hed-deg>pretty</ Hed-deg> definite notions about the sound-values.

the <Eng-aom>teacher</ Eng-aom> has <Boo-cer>no</ Boo-cer> right to bother the students with technical terms of phonetics. he <Eng-dir>should</ Eng-dir> however have an elementary knowledge of phonetic facts <Tra-add>and</ Tra-add> principles, <Cod>such as</ Cod> are given in Walter Ripman's sounds of spoken english, <Tra-add>and</ Tra-add> Daniel Janes's an english pronouncing dictionary.

the style of pronunciation taught <Eng-dir>should</ Eng-dir> be the conversational, <Tra-comp>rather than</ Tra-comp> the declamatory, style, <Tra-add>also</ Tra-add> , the actual pronunciation of an Englishman's speech, <Cod>such as</ Cod> is recorded in jones's dictionary(accurately reproduced in 中華書局"英華正音詞典")<Eng-dir>should</ Eng-dir> be taught, <Tra-add>and</ Tra-add> not any imaginary, ideal pronunciation. <End>this</ End> implies the teaching go proper phrasing, slurring, linking, <Tra-add>and</ Tra-add> the actual changes involved in the natural flow of speech, as distinct from the pronunciation of isolated words.

<Fra-seq>5. </ Fra-seq> division of time. some points are offered here by way of <Hed-ten>suggestion</ Hed-ten> as to <Hed-pro>probably</ Hed-pro> the ideal way in which to spend the time in class. the book is intended for one year's work, with thirty-three lessons to each semester. with the regulation of four periods per week allowed to english, <Hed-app>just</ Hed-app>two lessons <Hed-pro><Hed-pro>may be</ Hed-pro><Hed-pro> taken for each week, with allowance for a

<Hed-deg>general</ Hed-deg> review after every four or five lessons. the work of these two periods <Hed-pro>may be</ Hed-pro> roughly divided into (a)reading proper, (b) oral development of the reading material, <Tra-add>and</ Tra-add>(c) special exercises for any time left. in the reading proper, <Boo-fre>no more than</ Boo-fre> a sufficiently clear understanding of the text <Tra-add>and</ Tra-add> an awakened interest in the story <Eng-dir>should</ Eng-dir> be aimed at, while the real mastery of the language material involved <Eng-dir>must</ Eng-dir> come from the oral development by means of question <Tra-add>and</ Tra-add> answers, etc.

<Fra-seq> (A) </ Fra-seq>reading proper:-

<Fra-seq>1. </ Fra-seq>going over the lesson with class before assigning it; if possible, preceded by-

<Fra-seq>2. </ Fra-seq>telling the story orally to class in language that the students can understand.

<Fra-seq>3. </ Fra-seq>reading individually, as "recitation".

<Fra-seq>4. </ Fra-seq>reading in unison to give everybody a chance.

<Fra-seq>5. </ Fra-seq>brief remarks on words, phrases, idioms <Tra-add>and</ Tra-add> grammar.

<Fra-seq>6. </ Fra-seq>correction of pronunciation defects.

<Fra-seq> (B) </ Fra-seq> oral development: <Fra-goa>-</ Fra-goa>

<Fra-seq>7. </ Fra-seq> <Eng-aom>teacher</ Eng-aom> asks questions. make students give complete sentences by way of answers. <End>this</ End> more in the spirit of assisting students to express themselves than as mere "quiz".

<Fra-seq>8. </ Fra-seq>students ask one another questions. <Eng-dir>should</ Eng-dir> students <Hed-ten>feel like</ Hed-ten> formulating new questions, help them along.

<Fra-seq>9. </ Fra-seq>developing the use of words <Tra-add>and</ Tra-add> idioms.

<Fra-seq>10. </ Fra-seq>free development of new vocabulary not in text, as occasions arise.

(C)special exercises-

<Fra-seq>11. </ Fra-seq><Eng-aom>teacher</ Eng-aom> says sentences for students to translate, to practice learning <Tra-add>and</ Tra-add> test underst<Tra-add>and</ Tra-add>ing(oral dictation).

<Fra-seq>12. </ Fra-seq>written dictation to test accuracy of learning <Tra-add>and</ Tra-add> spelling.

<Fra-seq>13. </ Fra-seq>spelling exercises.

<Fra-seq>14. </ Fra-seq> memory work. some sentences or rhymes as given in <End>this</ End> book <Hed-pro>may be</ Hed-pro> assigned as memory work each week. to ensure correct pronunciation, smooth phrasing, proper intonation <Tra-add>and</ Tra-add> in<Tra-add>still</ Tra-add> correct models of sentence structure.

<Fra-seq>15. </ Fra-seq>finding parts of speech; <Tra-add>and</ Tra-add> other forms of “botanizing” (collecting samples) in grammar.

<Fra-seq>16. </ Fra-seq>phonic drills, as given in <End>this</ End> book.

<Fra-seq>17. </ Fra-seq> finding given sounds in text, <Tra-add>and</ Tra-add> phonetic analysis of given words(transcription into I.P.A).

<Fra-seq>18. </ Fra-seq>sentence-making on blackboard.

<Fra-seq>6. </ Fra-seq>some <Hed-deg>general</ Hed-deg> principles.

<Fra-seq>1. </ Fra-seq>build a sound oral foundation. to <End>this</ End> end, any means employed <Hed-pro>would</ Hed-pro> <Hed-nonfa>seem</ Hed-nonfa> justified.

<Fra-seq>2. </ Fra-seq> insist on the students' active participation in the discussion. to make <End>this</ End> possible, <Fra-seq>first</ Fra-seq> the students' interest in the story <Eng-dir>must</ Eng-dir> be aroused.

<Fra-seq>3. </ Fra-seq> make the students learn their vocabulary by a combination of speaking, hearing , reading <Tra-add>and</ Tra-add> writing.

<Fra-seq>4. </ Fra-seq> the english language is to be used in the classroom as much as possible, <Tra-cons>so as to</ Tra-cons> increase the chances for the students to hear english <Tra-add>and</ Tra-add> unconsciously absorb english ways of expression.

<Fra-seq>5. </ Fra-seq>count every language on imitation <Tra-add>and</ Tra-add> repetition insure correct habits of expression, <Tra-add>and</ Tra-add> fight shy of a too intellectual method of approach, <Cod>such as</ Cod> transliteration <Tra-add>and</ Tra-add> memorizing of rules.

<Fra-seq>6. </ Fra-seq>use translation <Boo-cer>only</ Boo-cer> for making clear the <Hed-deg>general</ Hed-deg> meaning <Tra-add>and</ Tra-add> for showing how differently the same idea <Hed-pro>may</ Hed-pro>, or <Eng-dir>must</ Eng-dir>, be expressed in different languages.

<Fra-seq>7. </ Fra-seq>emphasize not so much the meaning as the usage of words <Tra-add>and</ Tra-add> regard word-meaning as something constantly changing <Tra-add>and</ Tra-add> flexible <Evi>according to</ Evi> context <Tra-add>and</ Tra-add> usage. teach not so much what a word means, as how that word is used in sentences.

<Fra-seq>8. </ Fra-seq>concentrate on idioms <Tra-add>and</ Tra-add> common, everyday turns of expression <Tra-add>and</ Tra-add> <Eng-dir>let</ Eng-dir> the long <Tra-add>and</ Tra-add> <Att-eva>difficult<Att-eva> words take care of themselves.

<Fra-seq>9. </ Fra-seq><Boo-cer>never</ Boo-cer> stifle a student's effort at self-expression.

<Fra-seq>10. </ Fra-seq>insist on complete sentences in order the the students <Hed-pro>may</ Hed-pro> readily become familiar, <Tra-comp>although</ Tra-comp> unconsciously, with the laws of english sentence structure.

<Fra-seq>11. </ Fra-seq> teach grammar inductively by on constantly reminding the students of word-forms occurring in the reading text.

<Fra-seq>12. </ Fra-seq>get enough written work done.

<Fra-seq>13. </ Fra-seq>develop accuracy in spelling <Tra-add>and</ Tra-add> pronunciation,

<Fra-seq>14. </ Fra-seq>by means of the I.P.A, teach a clear analysis of word-sounds.

<Fra-seq>15. </ Fra-seq>give individual help <Tra-add>and</ Tra-add> "coaching" to backward students.

<Fra-seq>16. </ Fra-seq> <Boo-cer>always<Boo-cer> allow enough difficulty in the lessons for the students to overcome as the <Boo-cer>best</ Boo-cer> means of sustaining interest in the work. the <Boo-cer>best</ Boo-cer> incentive to work is the feeling that one is <Boo-cer>actually</ Boo-cer> leaning something.

學習英文要訣

<Fra-seq>一 </ Fra-seq>學英文時<Boo-cer>須</ Boo-cer>學全局，<Boo-cer>勿</ Boo-cer>專念單字。學時<Boo-cer>須</ Boo-cer>把全句語法、語音及腔調整個學來。

<Fra-seq>二</ Fra-seq>學時<Boo-cer>不可</ Boo-cer>以識字為足。識<End>之<End>必須兼能用<End>之<End>。<Tra-cons>凡<Tra-cons>遇新字，<Boo-cer>必</ Boo-cer><Hed-app>至少<Hed-app>學得該字之一種正確用法。以後見又多種用法，<Tra-cons>便</ Tra-cons>多記住。

<Fra-seq>三 </ Fra-seq>識字<Boo-cer>不可</ Boo-cer>強記。得其句中用法，<Tra-cons>自然</ Tra-cons>容易記得。

<Fra-seq>四 </ Fra-seq> 讀英文時<Boo-cer>須</ Boo-cer>耳目口手並到。耳開、目見、口講、手抄，缺一<Boo-cer>不可</ Boo-cer>，四者備，字句<Boo-cer>自然</ Boo-cer>容易記得。

<Fra-seq>五</ Fra-seq> “四到”中以口到為<Hed-deg>主要<Hed-deg>。英語便是英國話，如果不肯開口，<Eng-que>如何</ Eng-que>學得說話？

<Fra-seq>六</ Fra-seq> 口講<Boo-cer>必須</ Boo-cer>重疊練習，凡學一字一句，<Boo-cer>必須</ Boo-cer>反覆習誦十數次至數十次，到口音純屬為止。學外國語與學古文同一道理，<Boo-cer>須</ Boo-cer>以背誦為入門捷徑。每課中取一二句背誦之，日久<Boo-cer>必</ Boo-cer>有大進。

<Fra-seq>七</ Fra-seq> 口講練習有二忌。<Fra-seq>(一)</ Fra-seq><Boo-cer>忌</ Boo-cer>怕羞。學者在課堂上怕羞，<Tra-comp>則</ Tra-comp>他處<Boo-ten>更無</ Boo-ten>練習機會。<Fra-seq>（二）</ Fra-seq><Boo-cer>忌</ Boo-cer>想分數。一想分數，<Tra-cons>便</ Tra-cons>怕說錯；怕說錯，<Tra-cons>便</ Tra-cons>開口不得。<Fra-stag>最後</ Fra-stag>的勝利者，<Tra-cons>還是</ Tra-cons>不怕羞、不怕錯、充分練習的學生。若得教員隨時指正，<Tra-cons>自然</ Tra-cons>課由多錯二少錯，由純正<Tra-add>而</ Tra-add>流利，

<Tra-add>甚至</ Tra-add>流利<Tra-add>而</ Tra-add>精通。<End>此是</ End>先苦後甘之法。

<Fra-seq>八</ Fra-seq> 讀書<Boo-cer>要</ Boo-cer>精。讀音拼寫，<End>皆</ End><Boo-cer>須</ Boo-cer>注意。馬馬虎虎，糊塗了事，<Tra-comp>不但<Tra-comp>英文學不好，<Boo-cer>任何</ Boo-cer>學位<Tra-comp>亦</ Tra-comp>學不好。

<LES01>an idiom, “a wise man of gothtam”- a fool.

these words “I”, “me”, “<Eng-aom>you</ Eng-aom>”, “she,” etc. are <Cod>called</ Cod> pronouns

the words “dare” <Tra-add>and</ Tra-add> “need” are more <Hed-fre>often </ Hed-fre>used in the <End>following</ End> way without “to” <Tra-add>and</ Tra-add> without adding “-s” <Eng-que>when</ Eng-que> used with “he.”

<Sel-pp>we</ Sel-pp> notice that in questions <Tra-add>and</ Tra-add> in negative sentences, the words “need” <Tra-add>and</ Tra-add> “dare” can be used like “must” <Tra-add>and</ Tra-add> “can,” without “to” <Tra-add>and</ Tra-add> without “-s” <Eng-que>when</ Eng-que> used with “he.” <Eng-que>when</ Eng-que> the meaning is negative, <Sel-pp>we</ Sel-pp> can <Boo-fre>always</ Boo-fre> do so, <Tra-comp>even</ Tra-comp> in the <End>following</ End><Tra-cons>:-</ Tra-cons>

notice that <Sel-pp>we</ Sel-pp> do not say [z] after [p], [t], [k]

a verb is a word which tells <Eng-que>what</ Eng-que> <Sel-pp>we</ Sel-pp> do. in english, a verb <Hed-pro>may</ Hed-pro> have different forms in the three <Att-eva>important</ Att-eva> tenses: <Fra-seq> (1) </ Fra-seq> present, <Fra-seq> (2) </ Fra-seq>past, <Fra-seq> (3) </ Fra-seq> present perfect(<Boo-fre>always</ Boo-fre> with “have” or “has”). <Tra-comp>but</ Tra-comp> some verbs <Boo-cer>only</ Boo-cer> add an “-ed” in (2) <Tra-add>and</ Tra-add> (3).

do not learn all at once. they will come gradually <Tra-add>and</ Tra-add> easily with practice. <Tra-comp>but</ Tra-comp> <Boo-fre>always</ Boo-fre> look carefully to see <Eng-que>what</ Eng-que> word is used for the present, <Eng-que>what</ Eng-que> for the past, <Tra-add>and</ Tra-add> <Eng-que>what</ Eng-que> word is used after “has” or “have”

<Sel-pp>we</ Sel-pp> have <Tra-add>also</ Tra-add> many words which are the names of things or persons. such words are <Cod>called</ Cod> nouns. the <End>following</ End> words are nouns:
a, e, i, o, u are <Cod>called</ Cod> vowels in english. <Sel-pp>we</ Sel-pp> use "an" <Fra-seq>before</ Fra-seq> all vowels expect <Eng-que>when</ Eng-que> they begin with w, y sounds.
<Eng-aom>you</ Eng-aom> <Boo-ten>konow</ Boo-ten> that <Sel-pp>we</ Sel-pp> use a different form of the verb after "has" <Tra-add>and</ Tra-add> "have." just use that form <Tra-add>and</ Tra-add>, instead of "have," "has", put "is," "are," etc. before it, <Tra-add>and</ Tra-add> <Eng-aom>you</ Eng-aom> have the Passive voice.
<Eng-aom>you</ Eng-aom> <Boo-ten>konow</ Boo-ten> there is one form of the verb which is used after"have" <Tra-add>and</ Tra-add> "has." <End>this</ End> form is <Tra-add>also</ Tra-add> used after "is," "was" etc. in the passive voice. <End>this</ End> form is <Cod>called</ Cod> the past participle.
<Fra-top>so</ Fra-top> <Eng-aom>you</ Eng-aom> see every verb has three principle parts: <Fra-seq> (1) </ Fra-seq>the present, <Fra-seq> (2) </ Fra-seq>the past, <Tra-add>and</ Tra-add> <Fra-seq> (3) </ Fra-seq>the past participle
the verb with "-ing" <Boo-fac>shows</ Boo-fac> <Eng-que>what</ Eng-que> he is doing now<Tra-cons>:-</ Tra-cons>
the words "long" "big" "small" "shy" "straight", etc. all tell <Sel-pp>us</ Sel-pp> <Eng-que>what</ Eng-que> a thing is like, or they tell <Sel-pp>us</ Sel-pp> <Eng-que>what</ Eng-que> kind go a thing it is. these words are <Cod>called</ Cod> adjectives.
the verb "to be" is one of the <Boo-cer>most</ Boo-cer> <Att-eva>important</ Att-eva> verbs in english. <Sel-pp>we</ Sel-pp> <Eng-dir>must</ Eng-dir> <Boo-ten>konow</ Boo-ten> <Eng-que>how</ Eng-que> to use it, <Tra-add>and</ Tra-add> understand <Eng-que>how</ Eng-que> it is used by others. it changes like any other verb. learn <End>this</ End> well.
"a lot of" "lots of" "a whole lot of" "quite a lot of" are <Boo-fre>very common</ Boo-fre> idioms. they <Hed-pro>can</ Hed-pro> be used instead of "much" <Tra-

add>and</ Tra-add> “many” for both countable <Tra-add>and</ Tra-add> uncountable words.

notice that <Hed-fre>sometimes</ Hed-fre> a verb is used as in adjective.

<Eng-que>when</ Eng-que> a verb is used as an adjective <Tra-add>and</ Tra-add> has an “-ing,” it is <Cod>called</ Cod> a present participle.

notice that with words like “next” “last” “every” <Sel-pp>we</ Sel-pp> <Eng-dir>don’t</ Eng-dir>use “on” “at” etc.- <End>this</ End> sunday, every monday, next thursday, last week, another time, next time.

<Hed-deg>generally</ Hed-deg>form used for the present tense with <Boo-cer>most</ Boo-cer> verbs, <Tra-comp>while<Tra-comp> the form without “-ing” more <Hed-fre>often</ Hed-fre>describes a habit or <Eng-que>what</ Eng-que> is true at any time. Compare He is smoking now” with “He smokes,” <Tra-add>and</ Tra-add> <Tra-add>also</ Tra-add> “He goes to school everyday” with “He is going to school now.”

The verb “To BE” is used to help form two <Att-eva>important</ Att-eva> groups of verb-forms:

<Fra-seq> (A) </ Fra-seq> With the past participle (<Hed-fre>often</ Hed-fre> with -ed) to form the Passive Voice.

<Fra-seq> (B) </ Fra-seq>With the present participle (<Boo-fre>always</ Boo-fre> with -ing) to <Boo-fac>show</ Boo-fac> that a thing is going on <Tra-add>and</ Tra-add> <Tra-cons>so</ Tra-cons>is not completed <Tra-cons>yet</ Tra-cons> . <Cod>this is</ Cod> <Cod>called</ Cod> the Progressive Tense.

Underline the changing forms of the verb “To BE” in the following sentences: —

<Fra-seq>1. </ Fra-seq> <Eng-que>what</ Eng-que> is a thief?

<Fra-seq>2. </ Fra-seq>A thief is one who steals.

<Fra-seq>3.</ Fra-seq>Do cats <Tra-add>and</ Tra-add> monkeys <Hed-fre>often</ Hed-fre> steal?

<Fra-seq>4. </ Fra-seq>Yes, <Cod>that is</ Cod> why <Sel-pp>we</ Sel-pp> call them thieves.

<Fra-seq>5. </ Fra-seq><Eng-que>what</ Eng-que> did <End>these</ End> two thieves try to steal?

<Fra-seq>6. </ Fra-seq>They tried to steal some chestnuts which the Monkey found in the fire.

<Fra-seq>7. </ Fra-seq> Why did the Monkey ask the Cat to pull out the chestnuts?

<Fra-seq>8. </ Fra-seq><Tra-cons>because</ Tra-cons> he was afraid of burning his hands, <Tra-add>and</ Tra-add> <Tra-cons>so</ Tra-cons>he tried to make the Cat bear the brunt.

<Fra-seq>9. </ Fra-seq> Did the Cat agree to pull the chestnuts out of the fire in order to share the grand dinner?

<Fra-seq>10. </ Fra-seq> Yes, that's why she burnt her paws.

<Fra-seq>11. </ Fra-seq> <Eng-que>what</ Eng-que> did she think <Eng-que>when</ Eng-que> her paws were burnt?

<Fra-seq>12. </ Fra-seq> She thought: "Oh, never mind, <Sel-pp>I</ Sel-pp> shall soon be compensated by the delicious dinner."

<Fra-seq>13. </ Fra-seq> <Tra-comp>but<Tra-comp> did she get her delicious chestnuts?

<Fra-seq>14.</ Fra-seq>Oh no, she was fooled by the Monkey, who ate them all.

<Fra-seq>15. </ Fra-seq><Fra-top>Now</ Fra-top> <Sel-pp>we</ Sel-pp> speak of a man who bears the brunt for some one else as "cat's-paw."

<Fra-seq>16.</ Fra-seq><Eng-dir>don't</ Eng-dir> let others make a cat's-paw of <Eng-aom>you<Eng-aom>.

Writing a Letter

In writing an English letter, <Sel-pp>we</ Sel-pp> <Boo-fre>always</ Boo-fre> write <Fra-seq>first</ Fra-seq> our own address at the right-hand top corner, <Tra-add>and</ Tra-add> <Tra-add>then</ Tra-add> the date. <Tra-add>then</ Tra-add> <Sel-pp>we</ Sel-pp> write "My dear So-<Tra-add>and</ Tra-add>-So" at the left, <Tra-add>and</ Tra-add> begin the letter on the next line a little below that.

At the end, <Sel-pp>we</ Sel-pp> write "Yours sincerely," or "Yours very sincerely" (to familiar friends), or "Yours lovingly" or "Yours affectionately" (to one's own mother or brother), <Tra-add>and</ Tra-add> <Tra-add>then</ Tra-add> sign our name below at the right-hand side.

<Tra-add>then</ Tra-add> <Sel-pp>we</ Sel-pp> write the address on the envelope (<Sel-pp>we</ Sel-pp> address the letter). <Sel-pp>we</ Sel-pp> <Boo-fre>always</ Boo-fre> write the person’s name <Fra-seq>first</ Fra-seq>, <Tra-add>then</ Tra-add> the house number <Tra-add>and</ Tra-add> the name of the street on the next line, a little to the right, <Tra-add>and</ Tra-add> <Tra-add>then</ Tra-add> the name of the city on the next line.

If it is an <Att-eva>important</ Att-eva> letter, <Sel-pp>we</ Sel-pp> register it (send it as a registered letter). If <Sel-pp>we</ Sel-pp> want it to <Tra-cons>so</ Tra-cons>quickly, <Sel-pp>we</ Sel-pp> send it as an express letter.

<End>these</ End> are names of countries. Names of places <Tra-add>and</ Tra-add> persons (like John, Cho-sze, Mary) are Proper Nouns. <Sel-pp>we</ Sel-pp> <Boo-fre>always</ Boo-fre> begin proper nouns with capital letters. The <Fra-seq>second</ Fra-seq> column gives the adjectives made from <End>these</ End> nouns.

<Sel-pp>we</ Sel-pp> <Tra-add>also</ Tra-add> <Hed-deg>generally</ Hed-deg> use <End>these</ End> adjectives as nouns to speak of the peoples <Tra-add>and</ Tra-add> their languages. <Tra-cons>thus</ Tra-cons> <Sel-pp>we</ Sel-pp> say, “<Sel-pp>I</ Sel-pp> am a Chinese,” “He knows German,” “The Japanese in Shantung.” <Tra-comp>but<Tra-comp> in the case of English, French, <Tra-add>and</ Tra-add> Spanish people, <Sel-pp>we</ Sel-pp> say “an Englishman,” “a Frenchman” <Tra-add>and</ Tra-add> “a Spaniard.”

The Slur-Vowel [ə]

The slur-vowel is <Tra-cons>so</ Tra-cons><Att-eva>important</ Att-eva> that <Eng-aom>you<Eng-aom> <Eng-dir>must</ Eng-dir> learn it well. In every line or sentence of English, there are <Hed-deg>generally</ Hed-deg> four or five places <Eng-que>when</ Eng-que> <End>this</ End> vowel occurs.

The slur-vowel is an <Boo-cer>unclear</ Boo-cer> sound, as “a” in “again,” “about” [ə’gein, ə’baut], or “<Eng-aom>you<Eng-aom> <Tra-add>and</ Tra-add> <Sel-pp>I</ Sel-pp>” [ju:əndai], or “o” <Tra-add>and</ Tra-add> “e” in “of the king” [əvðə;’kɪŋ].

<Fra-seq> (1) </ Fra-seq> There are sounds which are <Boo-fre>always</ Boo-fre> slurred. It <Hed-pro>would</ Hed-pro> be <Att-eva>wrong</ Att-eva> to pronounce <End>these</ End> sounds in <Tra-comp>other</ Tra-comp> ways:<Fra-seq> (2) </ Fra-seq>Some words are slurred <Eng-que>when</ Eng-que> they have <Boo-fre>no</ Boo-fre>accent, <Tra-add>and</ Tra-add> <Eng-que>when</ Eng-que> spoken quickly. They are not slurred <Eng-que>when</ Eng-que> spoken slowly or alone, or <Eng-que>when</ Eng-que> accented.<Fra-seq> (3) </ Fra-seq><Eng-dir>don't</ Eng-dir> slur every sound. <Cod>for instance</ Cod>, <Sel-pp>we</ Sel-pp> <Boo-fre>never</ Boo-fre> slur accented vowels, or the words "not <Tra-add>and</ Tra-add> "on."

<End>these</ End> words on, in, at, upon, after, for, to, etc. arc <Cod>called</ Cod> Prepositions. They tell the positions or relations of people or things to one another. Prepositions are followed by nouns, <Tra-add>and</ Tra-add> by me, him, us, etc.

<Fra-seq>1. </ Fra-seq>Who was Yang Ho? (one of the)

<Fra-seq>2.</ Fra-seq>How powerful was he? (<Tra-cons>so</ Tra-cons>powerful that)

<Fra-seq>3. </ Fra-seq> Did he know Confucius very well? (knew)

<Fra-seq>4. </ Fra-seq>Did they like each other? (didn't)

<Fra-seq>5. </ Fra-seq>Were they polite to each other?

<Fra-seq>6. </ Fra-seq>Was Confucius <Boo-fre>always</ Boo-fre> polite?

<Fra-seq>7. </ Fra-seq> Was Confucius at home, <Eng-que>when</ Eng-que> Yang called?

<Fra-seq>8.</ Fra-seq>Was Yang at home, <Eng-que>when</ Eng-que> Confucius called?

<Fra-seq>9. </ Fra-seq>Was Confucius a clever man?

<Fra-seq>10.</ Fra-seq>Do <Eng-aom>you<Eng-aom> <Boo-ten>believe</ Boo-ten> he was <Hed-app>just</ Hed-app> a bookworm（書呆子）？

<Fra-seq>11. </ Fra-seq><Eng-que>what</ Eng-que> is a return call?

<Fra-seq>12.</ Fra-seq> Do <Eng-aom>you<Eng-aom> call on <Eng-aom>you<Eng-aom>r friends <Hed-fre>often</ Hed-fre>?

<Fra-seq>13. </ Fra-seq> <Sel-pp>we</ Sel-pp> leave a card <Eng-que>when</ Eng-que> the man is not at home.

<Fra-seq>14.</ Fra-seq> <Eng-que>what</ Eng-que> do <Eng-aom>you<Eng-aom> say <Eng-que>when</ Eng-que> friends come to <Eng-aom>you<Eng-aom>r house?

<Fra-seq>15. </ Fra-seq> <Eng-que>what</ Eng-que> do <Eng-aom>you<Eng-aom> say <Eng-que>when</ Eng-que> <Eng-aom>you<Eng-aom> offer <Eng-aom>you<Eng-aom>r friends something-tea, <Cod>for instance</ Cod>?

<Fra-seq>16. </ Fra-seq> <Eng-que>what</ Eng-que> do <Eng-aom>you<Eng-aom> say <Eng-que>when</ Eng-que> <Eng-aom>you<Eng-aom> say good-bye to <Eng-aom>you<Eng-aom>r friends <Tra-add>and</ Tra-add> ask them to come again?

<Fra-seq>17. </ Fra-seq> <Sel-pp>we</ Sel-pp> <Boo-cer>don't</ Boo-cer> say "不要客氣" in English. <Cod>that is</ Cod> a Chinese expression. <Eng-dir>don't</ Eng-dir> translate it. <Sel-pp>we</ Sel-pp> simply say in English: "Make <Eng-aom>you<Eng-aom>rself at home."

These are the abbreviations for Sunday, Monday, Tuesday, Wednesday, Thursday, Friday <Tra-add>and<Tra-add> Saturday. You know them already, <Eng-que>don't</ Eng-que> <Eng-aom>you<Eng-aom>? But <Eng-aom>you<Eng-aom> <Eng-dir>must</ Eng-dir> practice more. You <Eng-dir>need</ Eng-dir> more practice. "Q" stands for "Question"; "A" stands for "Answer.

The words in italics all tell us <Eng-que>how</ Eng-que> a thing is done. Is it done well, poorly, quickly slowly, soon, once, again, etc.? They modify or change the meaning of the verb. <Sel-pp>I</ Sel-pp> know that <Eng-aom>you<Eng-aom> can write, <Tra-comp>but<Tra-comp> do <Eng-aom>you<Eng-aom> write well or properly? You have told me something, now tell it more exactly. <End>these</ End> words are <Cod>called</ Cod> Adverbs.

Many adverbs are made from adjectives by adding -ly. Adjectives modify nouns (A), <Tra-comp>but<Tra-comp> adverbs modify verbs (B).

Not all adverbs are formed by adding -ly.

Notice that <Hed-fre>sometimes</ Hed-fre> several words are used instead of one. <End>these</ End> are <Cod>called</ Cod> conjunctional phrases.
<Hed-fre>sometimes</ Hed-fre> <Sel-pp>we</ Sel-pp> use words to <Boo-fac>show</ Boo-fac> our surprise, fear, wonder or anger. <End>these</ End> words are <Cod>called</ Cod> Interjections (or Exclamations). <Hed-fre>sometimes</ Hed-fre> they are single words; <Hed-fre>sometimes</ Hed-fre> they are groups of words. See <Eng-que>how</ Eng-que> many of the following interjections <Eng-aom>you<Eng-aom> can understand or remember. They are <Boo-fre>always</ Boo-fre> followed by an exclamation mark (!).
<LES02> conversation
<Fra-goa>here</Fra-goa> is a song that foreign children sing in school. learn it by heart. <End>It</ End> is <Att-eva>good</ Att-eva> for pronunciation.
put "going to" <Tra-add>and</ Tra-add> "want to" in the <End>above</ End> sentences <Tra-comp>instead of</ Tra-comp> "will" <Tra-add> <Tra-add>and</ Tra-add> "shall" for "shall I?" use "must I?"
put in the words "mine", etc. <End>in the following</ End>:<End>-</ End>
study these
use "he" <Tra-add>and</ Tra-add> "his" <Tra-comp>instead of</ Tra-comp> "taffy" <Tra-add>and</ Tra-add> "taffy's"
punctuation marks
<End>here</ End> are <Hed-fre>some</ Hed-fre> <Boo-fre>very common</ Boo-fre> idioms. say <End>them</ End> over <Tra-add>and</ Tra-add> over again. <End>they</ End> are very useful. <Sel-pp>we</ Sel-pp> use <End>them</ End> <Boo-fre>all the time</ Boo-fre>.
say <End>these</ End> over <Tra-add>and</ Tra-add> over again. <Sel-pp><Sel-pp>we</ Sel-pp></ Sel-pp> use <End>them</End> <Hed-fre>so often</ Hed-fre>.
spell them right. <Eng-aom>the teacher</ Eng-aom> will dictate <End>them</ End> tomorrow.
put the story into the present tense(leaving out the word "once" <Tra-add>and </ Tra-add>the phrases "long, long ago" <Tra-add>and</ Tra-add> "one day"). remember to say "he comes, looks, goes, thinks" etc.

<Fra-seq>1. </ Fra-seq> <Eng-que>can </ Eng-que><Eng-aom>you</ Eng-aom> repeat <Eng-que>what</ Eng-que> the old man said? <Eng-que> <Eng-que>how</ Eng-que> </ Eng-que> did he ask for a cake?

<Fra-seq>2. </ Fra-seq><Eng-que>can </ Eng-que> <Eng-aom>you</ Eng-aom> repeat <Eng-que>what</ Eng-que> the woman said by herself>

learn to pronounce the <End>following</ End> words correctly.

study <Eng-que>how</ Eng-que> <End>these words</ End> are spelt <Tra-add>and</ Tra-add> pronounced

spell the <End>following</ End>:<End>-<-End>

complete the <End>following</ End> sentences: <End>-</ End>

<Fra-seq>1. </ Fra-seq>make sentences with the phrases <Fra-goa>in the last two columns</ Fra-goa>.

<Fra-seq>2. </ Fra-seq>find out <Eng-que><Eng-que>what</ Eng-que></ Eng-que> verbs <End>in this lesson</ End> have three forms, <Eng-que>what</ Eng-que> verbs have two forms <Boo-cer>only</ Boo-cer>, <Tra-add>and</ Tra-add> <Eng-que>what</ Eng-que> verbs do not change, <Tra-comp>but</ Tra-comp> <Boo-cer>only</ Boo-cer> take an "-ed."

<Fra-seq>1. </ Fra-seq> study the <End>following</ End>, <Tra-add>and</ Tra-add> make sentences with them<Tra-cons>:-</ Tra-cons>

<Fra-seq>2. </ Fra-seq>answer the questions with "yes" or "no"<Tra-cons>:-</ Tra-cons>

<End>in the last lesson</ End>, <Sel-pp>we</ Sel-pp> have many words which tell <Sel-pp>us</ Sel-pp> <Eng-que>what</ Eng-que> a thing or person does. these words are <Cod>called</ Cod> verbs. tell <Sel-pp>us</ Sel-pp>:

so <Sel-pp>we</ Sel-pp> have ten verbs here. tell <Sel-pp>us</ Sel-pp> <Eng-que>what</ Eng-que> other verbs <Eng-aom>you</ Eng-aom> <Boo-ten>konow</ Boo-ten>.

notice that <Sel-pp>we</ Sel-pp> say:

<Eng-aom>you</ Eng-aom> can already say "狗咬豬" in english. now <Eng-que>how</ Eng-que> do <Eng-aom>you</ Eng-aom> say "豬被狗咬" in english.

make some sentences, using the <End>above</ End> passive forms. change the <End>following</ End> into the passive voice<Tra-cons>:-</ Tra-cons>
in <End>this</ End> book <Eng-aom>you</ Eng-aom> will learn many Greek stories, stories told be the Greeks of long ago. <Eng-que>when</ Eng-que> <Eng-aom>you</ Eng-aom> <Boo-ten>konow</ Boo-ten> these stories, <Eng-aom>you</ Eng-aom> will begin to love the Greek people. here is a <Att-eva>pretty</ Att-eva> one about the bird <Cod>called</ Cod> the kingfisher.
review the <End>following</ End> adjectives<Tra-cons>:-</ Tra-cons>
study the <End>following</ End>, <Tra-add>and</ Tra-add> notice <Eng-que>how</ Eng-que> <End>this</ End> verb changes just like other verbs<Tra-cons>:-</ Tra-cons>
<Eng-que>how</ Eng-que> other verb change
<Eng-que>how</ Eng-que> "to be" changes
make some sentences with<Tra-cons>:-</ Tra-cons>
study these words<Tra-cons>:-</ Tra-cons>
study the <End>following</ End> useful expressions. learn to use them correctly.
make sentences with the <End>following</ End> words <Tra-add>and</ Tra-add> phrases(<End>see</ End> lesson 41, 42)<Tra-cons>:-</ Tra-cons>
make sentences with<Tra-cons>:-</ Tra-cons>
<Eng-que>how</ Eng-que> the ugly ducking took a long time to hatch
<Eng-que>how</ Eng-que> the ugly ducking was treated at home
<Eng-que>how</ Eng-que> he got into the woman's hut
<Eng-que>how</ Eng-que> the cat <Tra-add>and</ Tra-add> the hen snubbed him
<Eng-que>what</ Eng-que> became of the ducking
<Eng-que>how</ Eng-que> the ducking became a swan
translate the <End>following</ End> into english<Tra-cons>:-</ Tra-cons>
<End>Below</ End> are some of the conjunctions <Hed-fre>commonly<Hed-fre>/ used.
We talk everyday, and every time we talk, we both ask and answer questions. We must ask correctly and must answer correctly. We may answer politely, or, if we do not know how, we may answer impolitely. There are certain expressions or idioms

which we have to learn. These idioms are very useful, because we need them everyday.

How would you answer, if somebody asked you to go with him? Here are some nice ways of answering. You say either “yes” or “no”, but you must say something more than that. You say, for instance:—

In English, we sometimes use the words “yes” and “no” in a different way from in Chinese. We cannot say, “Yes, he will not come.” Whenever we use “not” in the answer, we must say “No.” For example:—

(We have many folk-tales in China [’tʃainə]. These tales are not written, but are told by grandfathers to their children and their children’s children. That is why they are called folk-tales, or people’s tales. Here is an English folk-tale.)

In English, the form with “-ing” is really the common form used for the present tense with most verbs, while the form without “-ing” more often describes a habit or what is true at any time. Compare He is smoking now” with “He smokes,” and also “He goes to school everyday” with “He is going to school now.”

<AFT>偏左字為音母，有氣有音

偏右字為氣母，有氣無音

<Tra-cons>凡</ Tra-cons>音母與氣母成對者，<End>其</ End>發音機關，<Tra-add>及</ Tra-add>狀況皆同。

舌端<Cod>即</ Cod>舌尖<Tra-add>及</ Tra-add>略後一帶；舌前<Tra-add>即</ Tra-add>舌之前部；舌後<Tra-add>即</ Tra-add>舌之後部。

<End>第一冊</ End>已見字不錄。各段中字依字母為序。<End>此</ End>表可作溫習字詞之用。<Eng-aom>學生</ Eng-aom>可臨時將<End>此</ End>表中已學過之字作勾號<Tra-comp>或</ Tra-comp>加晝。

<End>This list</ End> includes not only the new words, <Tra-add>but also </ Tra-add>phrases <Tra-add>and</ Tra-add> idioms that either require more careful study or <Eng-dir>should</ Eng-dir> be practiced upon.

<End>below</ End> are the <Att-eva>important</ Att-eva> facts of grammar taught in <End>this</ End> book, with a few new terms.

The English words are classified into eight Parts of Speech: nouns, pronouns, verbs, adjectives, adverbs, prepositions, conjunctions <Tra-add>and</Tra-add> interjections.

<Fra-seq>1. </ Fra-seq> NOUNS（名詞）. Nouns are the names of things, as dogs, tables, trees, dinners, lessons, men, books.
Some nouns which are the names of <Boo-cer>only</ Boo-cer> one person or thing are <Cod>called</ Cod> Proper Nouns, as John, Halcyone, Andersen, England. <Tra-comp>The others</ Tra-comp> are <Cod>called</ Cod> Common Nouns.
Things that cannot be seen <Hed-pro>may</ Hed-pro> <Tra-add>also</ Tra-add> be nouns, as goodness, air, voice, fear, day, peace, beauty, manners, skill diseases, cares. Nouns are either Singular or Plural in number.
<Fra-seq>2. </ Fra-seq>PRONOUNS（代名）. Pronouns are words used to take the place of nouns, as he for Mr. A, it for a book <End>this</ End> for <End>this</ End> book, another for another match.
The <Boo-cer>most</ Boo-cer> <Att-eva>important</ Att-eva> pronouns are those relating to persons, or Personal 7Pronouns <End>these</ End> are<Fra-seq>3. </ Fra-seq> VERBS（動詞）. The <Boo-cer>most</ Boo-cer> <Att-eva>important</ Att-eva> class of words are the verbs, words which tell <Eng-que>what</ Eng-que> <Sel-pp>we</ Sel-pp> do, or <Eng-que>what</ Eng-que> others do, as eat, sleep, read, think.
Verbs have different Tenses, as <Sel-pp>I</ Sel-pp> go (Present), <Sel-pp>I</ Sel-pp> went (Past), <Sel-pp>I</ Sel-pp> shall go (Future). All <End>these</ End> three tenses <Hed-pro>may</ Hed-pro> again have three different tenses each, as present simple, present progressive, present perfect.
The <Att-eva>important</ Att-eva> changes to notice are in the three tenses:—
Some verbs are Regular Verbs, <Tra-add>and</ Tra-add> form their past <Tra-add>and</ Tra-add> past participles by adding -ed, as talk, talked, (have) talked. <Tra-comp>Others</ Tra-comp> are not regular (Irregular), <Tra-add>and</ Tra-add> their principal parts have to be learned separately .
Verbs <Tra-comp>in the same<Tra-comp> tense <Hed-pro>may</ Hed-pro> have two voices, the Active Voice <Tra-add>and</ Tra-add> the Passive
The passive voice is <Boo-fre>always</ Boo-fre> formed by using some form of the verb "to be" (am, was, shall be, have been, etc.) <Tra-add>and</ Tra-add> the past participle (seen, etc.).

The <Boo-cer>most</ Boo-cer> <Att-eva>important</ Att-eva> thing to remember <Tra-add>and</ Tra-add> practice is to add an “s” to the verb after he, it, a book (thing in singular), etc. in the present tense, as he comas, it changes, it rains, school closes.

When <Sel-pp>we</ Sel-pp> speak of something which is not finished <Tra-cons>yet</ Tra-cons> (progressive tense), <Sel-pp>we</ Sel-pp> use some form of the verb “to be” <Tra-add>and</ Tra-add> the Present Participle (the verb in -ing), as <Sel-pp>I</ Sel-pp> am coming, he is speaking.

<Fra-seq>4. </ Fra-seq> ADJECTIVES（形容）. Words which <Boo-fac>show</ Boo-fac> <Eng-que>what</ Eng-que> a person or thing is like are <Cod>called</ Cod> adjectives, as good, bad brave, fair, narrow, beautiful, ugly. They <Hed-deg>generally</ Hed-deg> (<Tra-comp>but<Tra-comp> not <Boo-fre>always</ Boo-fre>) follow the verb “to be”: the boy is good, <Tra-comp>but<Tra-comp> a good boy. Adjectives modify mouns.

To compare persons <Tra-add>and</ Tra-add> things, <Sel-pp>we</ Sel-pp> use the words more, <Boo-cer>most</ Boo-cer>, less, least, or the endings -er, -est. <Hed-deg>generally</ Hed-deg>, the shorter words are used with -er, -est (greater, <Eng-aom>you<Eng-aom>nger, older), <Tra-add>and</ Tra-add> the longer words (<Hed-deg>generally</ Hed-deg> of three or more syllables) are used with more, <Boo-cer>most</ Boo-cer>, etc. (more beautiful, <Boo-cer>most</ Boo-cer> wonderful).

<Fra-seq>5. </ Fra-seq>ADVERBS （狀詞）. Words used to modify the meaning of verbs, adjectives or <Tra-comp>other</ Tra-comp> adverbs are <Cod>called</ Cod> adverbs, as (listen) carefully, very (good), quite (carefully). They <Hed-fre>often</ Hed-fre> <Boo-fac>show</ Boo-fac> <Eng-que>how</ Eng-que> or <Eng-que>when</ Eng-que> or <Eng-que>when</ Eng-que> a thing is done. <Hed-fre>sometimes</ Hed-fre> a phrase is used as an adverb: all of a sudden=suddenly.

<Fra-seq>6. </ Fra-seq>PREPOSITIONS（前置詞）. Prepositions are words which <Boo-fac>show</ Boo-fac> the relations or positions of things or persons, as above, under, in, from, of, to. <Hed-fre>sometimes</ Hed-fre> a phrase is used, as

on the top of=above. A prepositional phrase is <Boo-fre>always</ Boo-fre> used as an adjective or an adverb, as "<Sel-pp>I</ Sel-pp> saw a book on the table" (as adj.), or "She kicked him with her fool" (as adv.).

<Fra-seq>7. </ Fra-seq>CONJUNCTIONS（連詞）. Words used to join words, phrases or parts of sentences together are <Cod>called</ Cod> conjunctions, as and, or, if, but, although, yet, because, since, when. <Hed-fre>sometimes</ Hed-fre> a phrase is used, as in case (=if).

<Fra-seq>8. </ Fra-seq>INTERJECTIONS（感歎詞）. <End>these</ End> are word or phrases that express surprise, fear, anger, etc, as oh/ ah/dear me! hullo! (L. 65)